산사에서 찾은 보물 이야기

한국불교 보물 50선

이분희 지음

동국대학교
출판문화원

저자 소개 _ 이분희

동국대학교 대학원 미술사학과에서 불교조각사를 전공하여
〈한국 석탑 불상 봉안 연구〉로 박사학위를 받았다.

불교중앙박물관에서 오랜기간 근무하였다.

〈불교문화재 도난 백서〉를 만드는 등 현재 조계종 총무원
문화부에서 한국 불교문화 발전을 위해 일하고 있다.
문화재청 문화재전문위원과
서울시와 대전시 문화재위원으로도 활동 중이다.

산사에서 찾은 보물 이야기
한국불교 보물 50선

초판	1쇄 발행 2023년 12월 29일
	2쇄 발행 2024년 3월 4일
지은이	이분희
펴낸이	박기련
펴낸곳	동국대학교 출판문화원
출판등록	제2020-000110호(2020.7.9.)
주소	04626 서울시 중구 퇴계로36길2 신관1층 105호
전화	02-2264-4714
팩스	02-2268-7851
Homepage	http://dgpress.dongguk.edu
E-mail	abook@jeongjincorp.com
디자인	design 멋짓
인쇄	네오프린텍
ISBN	979-11-91670-53-0 (03220)

값 31,000원

이 책의 무단 전재나 복제 행위는 저작권법 제98조에 따라 처벌받게 됩니다.

산사에서 찾은 보물 이야기

한국불교 보물 50선

이분희 지음

동국대학교
출판문화원

머리글

이 땅에 불교가 전래된 지 1,700여 년의 세월이 흘렀고, 우리나라 문화재의 대부분은 사찰 문화재가 차지하고 있다. 최근 국립중앙박물관 '사유의 방'에 전시하고 있는 '국보 78호, 83호 반가사유상'은 한국 고대 문화의 절정을 보여주는 대표적인 불상으로, 사색에 잠겨있는 모습은 보는 이에게 심오한 질문과 감동을 주었다. 이 문화재에 대한 우리 국민들의 남다른 사랑은 불교라는 틀을 뛰어넘어 우리 문화에 대한 자긍심과 애정을 보여주는 것이다.

현재 우리는 전 세계가 문화주도권을 잡기 위한 전쟁을 소리없이 진행하고 있는 21세기에 살고 있다. 한국은 수준 높은 문화선진국으로 위상을 드러내고 있고, 전통문화의 깊이와 격조 높은 수준을 우리 스스로도 각성하고 있다. 한류 열풍으로 전 세계의 시선이 한국으로 모이고 있는 가운데 한국 문화의 씨알이자 핵심인 한국 불교도 큰 관심을 받고 있다.

불교미술사를 연구한 필자는 불교문화에 대한 좋은 콘텐츠와 아이디어로 한국 문화를 발전시키는데 자그마한 섬돌이라도 되고자 현직에서 열심히 일하고 있다. 또한 불교문화재를 살피고 연구하면 할수록 우리 한국 전통 불교문화의 자랑스러움이 더해가는 것에 대해 부처님의 가피와 꽤 많은 즐거움을 느끼고 있다.

여기 실린 글은 '사찰성보문화재 50선'이라는 제목으로 〈불교신문〉에 연재한 것이다. 코로나19로 모두가 힘들었던 2021년 1월에 시작해서 2022년 6월 14일까지 1년 반이라는 시간이 흐르는 동안 50편이 모아졌다.

주말마다 매달려서 고단했지만 나름 정성들여 글을 썼었다. 불교문화재에 대한 애정과 의욕만으로 쓴 보기 힘든 글을 읽어주신 독자들께 이 기회를 빌려 두 손 모아 감사의 말씀을 전하고 싶다.

사찰문화재를 어떻게 소개하면 좋을까 고민하였다. 일단 명품 50선의 대상*은 누구나 접해보면 그 아름다움과 높은 품격에 감동할 수 있는 동산문화재(움직일 수 있는 문화재)로 한정하였다. 이런 범주에서 찾다 보니 사찰문화재 가운데에서도 그 가치가 높은 국가지정문화재(국보·보물)가 대부분이 되었다.

각각의 문화재에 대한 글은 불자만이 아니라 일반인도 부담 없이 공감할 수 있도록 학자들의 전문적 소견보다는 평이한 논조로 쓰고자 노력하였다. 또한 문화재에 대한 일반 정보와 더불어 소장되어 있는 사찰도 간단히 소개하였다. 사찰문화재는 그 문화재가 탄생한 사찰에 대한 이해가 있어야만 제대로 볼 수 있고, 지금도 현장에 문화재가 생생히 자리하고 있기 때문이다.

※ 이 책의 대상 불교문화재는 불교신문에 게재한 50선 가운데 다수 소개된 사찰의 문화재 하나를 빼고, 추가로 다른 한 곳 사찰의 문화재를 포함시켜 50선으로 정리하였다.

부족하고 서툰 글이지만 이렇게 하나의 결실로, 책으로 발간할 수 있게 된 것은 필자로서는 고마운 일이다. 보잘 것 없는 일이라도 나 혼자서 이루어낸 일은 없다. 많은 분들의 도움을 받았다.

불교미술사의 커다란 기둥으로 늘 의지하고 있는 문명대 교수님과 필자에게 늘 응원과 학문에 도움을 주시는 최응천, 임영애 교수님께도 고마움을 전하고 싶다.
〈불교신문〉에 기획연재물로 게재할 수 있도록 기회를 만들어주고, 이해하기 쉽게 편집해 준 〈불교신문〉 어현경, 김선두 기자님과 이 글들이 책으로 나올 수 있게 도와주신 동국대출판문화원 박기련 대표에게 감사의 마음을 전한다. 또 이 책에 실린 사진들 중 많은 컷이 필자가 오랫동안 근무했던 불교중앙박물관이 소장한 사진이다. 사진 사용을 허락해준 불교중앙박물관 관계자분들께도 감사의 인사를 전하고 싶다.

그리고 매주 글을 읽어주고 교정해 준 남편 박재호 씨와 항상 엄마를 지지해주는 딸 혜원, 아들 지원이에게도 고맙다는 말을 전하고 싶다.

가을이 가고 겨울로 오는 바람이 불고 있다. 자연이 주는 선물에 풍성함을 느낀다. 나도 이 책 발간을 통해 또 한걸음 성장해 나가길 기대한다.

2023년 12월 이분희(연경) 합장

목차

머리글 4

01 가평 수종사 사리탑 사리장엄구 12
02 강진 무위사 극락보전 내벽사면벽화 22
03 경주 기림사 건칠보살반가상 30
04 경주 불국사 석가탑 사리장엄구 38
05 고성 옥천사 지장보살도 및 시왕도 48
06 공주 마곡사 석가모니불 괘불 56
07 구례 천은사 금동불감 64
08 구례 화엄사 비로자나삼신불회도 72
09 구례 화엄사 화엄석경 80
10 군위 인각사 출토 공양구 일괄 88
11 김제 금산사 오층석탑 사리장엄구 96
12 남원 실상사 약수암 목각아미타여래설법상 106
13 대구 동화사 염불암 극락구품도 114
14 대구 동화사 지장시왕도 122
15 대구 파계사 원통전 건칠관음보살상 130
16 밀양 표충사 삼층석탑 출토 유물 일괄 138
17 부산 범어사 소장본 삼국유사 146
18 부안 내소사 백지묵서묘법연화경 154
19 부여 무량사 오층석탑 출토 금동불상 일괄 166
20 상주 남장사 감로도 176
21 서울 개운사 아미타목조여래좌상과 복장유물 186
22 서울 수국사 목조아미타여래좌상과 복장유물 194
23 서울 조계사 대웅전 상량 유물 202
24 서울 흥천사 감로도 212
25 속초 신흥사 극락보전 영산회상도 220

26	순천 송광사	경패(經牌)	228
27	순천 송광사	화엄칠처구회도	238
28	안동 봉정사	목조관음보살좌상	246
29	안동 보광사	목조관음보살좌상과 복장물	254
30	안성 칠장사	오불회괘불도	262
31	양산 통도사	비로암 치성광여래도	270
32	양산 통도사	은제도금아미타여래삼존상	278
33	여수 흥국사	수월관음도	286
34	여수 흥국사	십육나한도	294
35	영광 불갑사	목조석가여래삼불좌상	304
36	영동 영국사	영산회상도	312
37	영암 도갑사	목조문수·보현동자상	320
38	영주 부석사	조사당 벽화	328
39	예산 수덕사	목조석가여래삼불좌상	336
40	예천 용문사	팔상도	344
41	익산 심곡사	칠층석탑 출토 금동불감 및 금동아미타여래칠존좌상	352
42	진주 청곡사	목조제석천·대범천의상	362
43	평창 월정사	석조보살좌상	370
44	평창 월정사	팔각구층석탑 사리장엄구	378
45	하동 쌍계사	대웅전 삼세불도	386
46	합천 해인사	건칠희랑대사좌상	394
47	해남 대흥사	관음보살좌상	402
48	해남 대흥사	서산대사 유물	410
49	화성 용주사	불설대보부모은중경판	420
50	화성 용주사	삼장보살도	430

산사에서 찾은 보물 이야기

한국불교 보물 50선

01 가평 수종사 사리탑 사리장엄구

금성대군 '정혜옹주 극락왕생 발원' 사리장엄 정수

한강을 바라보는 빼어난 풍광으로 유명한 수종사는 경기도 남양주시 운길산에 있다. 수종사에서 내려다보는 북한강과 남한강이 만나는 두물머리의 여유로운 전경은 보는 이의 눈과 마음까지 맑게 해준다. 정약용을 비롯해 조선시대의 여러 문인들이 이곳에 들러 그 아름다움을 시(詩)로 찬탄했던 것도 같은 이유였을 것이다.

남양주 수종사 사리탑 사리장엄구 일체 | 보물
용천 청자유개호, 금동구층탑, 수정사리병 안치 은제육각감, 백옥 같은 큰 사리 1립, 백·청색 작은사리 13립

왕실과 인연 깊은 사찰, 수종사

수종사는 왕명에 의하여 중창된 사찰이다. 〈수종사중수기〉와 〈봉은사본말사지〉에 의하면 1459년에 세조가 이곳에 행차했을 때 암굴 속에서 18나한상을 발견하였고, 바위틈에서 떨어지는 물소리가 마치 종소리처럼 들렸다 하여 수종사(水鐘寺)라 칭하게 되었다고 한다.

수종사에는 1439년에 세워진 사리탑(舍利塔)이 있다. 사리탑의 옥개석 낙수면에 명문이 남아있어 1439년에 세워졌음을 알 수 있다. 이 사리탑에 봉안되었던 사리장엄구는 1439년 탑을 건립할 당시 봉안되었던 것으로 판단되며, 그 가치가 뛰어나 한국 공예사에서 매우 중요한 성보이다. 이 사리장엄구는 1939년 이 탑을 중수할 때 발견되어 현재 불교중앙박물관에 소장되어 있다. 이 사리장엄구는 중국 용천지방의 가마에서 구웠다고 알려진 청자로 만든 뚜껑이 있는 호(靑磁有蓋壺)와 금동으로 만든 9층탑(金銅製九層塔), 은제에 금을 입힌 육각으로 된 감(銀製鍍金六角龕)으로 구성되어 있다. 또한 은제육각감 안에는 수정으로 만든 사리병이 안치되었고, 사리병 안에는 백옥 같은 큰 사리 1립(粒)과 백·청색의 작은 사리 13립이 전한다. 일부 탑 파편과 침향목도 안치되어 있었다고 하나 지금은 남아 있지 않다.

정혜옹주 위해 세운 사리탑

사리탑에 새겨진 명문 내용부터 살펴보자. 옥개석 낙수면에는 '태종태후정혜옹주사리탑시주◯◯유씨금성대군정통4년을미

남양주 수종사 사리탑 | 보물

십월일입(太宗太后貞惠翁主舍利塔施主○○柳氏錦城大君 正統四年乙未十月日立)'이라는 명문이 새겨져 있다. 이 명문을 통해 시주자는 유씨와 금성대군이며 묘탑주는 정혜옹주이고, 사리탑은 1439년에 왕실의 발원으로 건립되었음을 알 수 있다. 이처럼 조선 초기에는 승탑의 부재에 간단히 묘탑주와 건립 연대를 새긴 사례들이 있다.

명문에 등장하는 태종태후는 의빈 권씨(懿嬪 權氏)이다. 이 사리탑의 시주자로 등장하는 금성대군(錦城大君, 1426~1457)은 세종의 6남으로, 의빈 권씨와 인연이 각별하다. 의빈 권씨가 낳은 정혜옹주는 태어난 해는 알 수 없으나 1419년에 결혼하고, 1424년에 일찍 요절했다. 그리고 의빈 권씨는 금성대군을 친어머니처럼 맡아 길렀다고 한다. 이러한 은혜에 대해 금성대군이 보여준 의빈 권씨에 대한 애틋함은 〈조선왕조실록〉 기록에 몇 차례 등장한다.

의빈 권씨는 1493년 수종사 8각5층석탑에 봉안된 석가여래좌상을 시주했던 명빈 김씨(明嬪 金氏), 효령대군(1396~1486) 등과 함께 정암산 법천사 아미타삼존불(1458년, 흑석사아미타불상)을 조성하는 등 불사를 많이 한 신심이 깊었던 불자였다. 이전부터 수종사와 매우 특별한 인연이 있었던 의빈 권씨는 이후 왕실의 비빈들이 수종사에 불사를 하도록 동기를 제공했던 인물이다.
수종사 사리탑은 금성대군이 의빈 권씨와 그녀의 외동딸인 정혜옹주의 극락왕생을 바라며 세운 것으로 짐작된다.

금동으로 만든 9층탑(金銅製九層塔) | 보물
남양주 수종사 사리탑에서 발견되었다. (높이 12.7cm)

중국 용천요 호 사리함 사용

사리장엄구를 자세히 살펴보자. 청자로 만든 뚜껑이 있는 호(靑磁有蓋壺, 높이 31.4cm, 구경 25.7cm)는 원말명초에 중국 용천요(龍泉窯)에서 제작된 것으로 보인다.

표면 전체에 표현된 밀집된 주름무늬는 용천요의 독특한 특색이다. 전체적으로 청록의 유약이 발라져 있으나 굽 아래와 입가에는 유약이 없어서 고운 흑색의 태토가 드러나 있다. 뚜껑은 6엽의 연꽃모양이다. 표면에는 연화당초문이, 뚜껑 안 중앙에는 모란문이 새겨져 있으며, 색깔은 항아리보다 옅은 연둣빛에 가깝다. 청자유약 색깔이 다르고 뚜껑도 정확히 맞지 않는 점으로 미루어 보아, 청자항아리는 뚜껑과 함께 만든 것이 아니라 나중에 합쳐서 사리함을 넣는 항아리로 사용한 것으로 보인다.

금동으로 만든 9층탑(金銅製九層塔)은 기단부, 탑신부, 상륜부가 모두 완비되어 있다. 10cm 내외의 작은 탑으로, 탑 안에 넣기 위해 조성된 것으로 보인다. 기단부에는 뇌문*이 있는 금판이 둘러져 있어 난간을 대신하고 있다. 탑신은 전체 9층인데, 1층 탑신을 제외하곤 탑신의 형태만 구별할 수 있을 정도로 층간 간격이 매우 적어 밀집된 모습이다.

탑신은 빗살문의 창호 없이 휘장이 둘러진 문으로 표현되어 있다. 각 층의 난간과 공포 등은 모두 선각으로 표현되어 있는데, 기둥 위에만 공포가 표현된 것으로 보아 주심포양식의 목조건축을 모방했음을 알 수 있다. 이처럼 기둥과 공포의 표현뿐만

✽ 번개를 상징하는 네모꼴이나 마름모꼴을 여러 개 겹쳐 만든 무늬

은제에 금을 입힌 육각형 감 | 보물
남양주 수종사 사리탑에서 발견되었다. (높이 17.4cm)

아니라 옥개의 기왓골 표현, 풍탁 등 목조 건축의 세부 표현까지 세밀히 새겨져 있다.

제작 방법은 각 탑신층을 별도로 제작하여 쌓아 올렸다. 층간의 균형이 불안하지 않도록, 탑신 가운데로 둥근 원형의 기둥을 관통하게 하고 위아래 면을 고정시켜서 전체적인 균형을 잃지 않도록 하고 있다.

육각감에 수정사리병 안치

은제에 금을 입힌 육각형의 감(銀製鍍金六角龕)은 대좌, 탑신부, 옥개의 세 부분으로 구성되었다. 기단부는 육각으로 된 연꽃으로 장식된 받침을 두었고, 그 내부에 바닥이 둥근 사리병을 안치할 수 있도록 반구형의 자리를 마련했다. 탑신부가 위에서 뚜껑처럼 덮이도록 되어 있으며, 각 면마다 연화당초문과 칠보문을 번갈아 투조로 화려하게 장식했다. 옥개는 기왓골이 사실적으로 표현된 지붕모양이며, 금으로 장식했다. 탑신과 대좌는 0.5mm정도의 얇은 은판으로 제작되었다. 은판을 6각으로 접어 만나는 곳을 접합하였고, 위에 옥개석을 표현한 부분은 따로 제작하여 붙였다.

수정사리기는 대좌 부분이 사리탑과 비슷한 모양이다. 보주 형태의 상륜부와 육각으로 처리된 옥개형 뚜껑 부분, 그리고 원형의 몸체 부분으로 만들어졌으며 재질은 수정이다. 14립의 사리는 원형의 탑신 부분에 모셔져 있다. 각 부분은 따로 만들어 원통형의 기둥에 끼어 조립되어 있다.

은제육각감의 대좌 표현에 맞물리게 돌아가는 연꽃잎의 표현 방식은 중국 원대 이후 명대의 조각에서 나타나는 특징으로, 고려 말 조선 초기 무렵 우리나라에 수용된 후 불상과 승탑 등에서 많이 보인다. 또한 당초문과 칠보문 등의 빼곡한 표현 방법도 고려 말 조선 초기의 불감에서 중요한 모티브로 나타난다. 사리를 모시는 내부 공간을 화려하게 장엄하는 것은 왕실 발원 유물에서 보이는 공통적인 특징이다.

왕실에서도 수용한 사리신앙

이 시대는 다른 어느 시기보다 사리신앙이 크게 유행했다. 분신사리의 신이한 이적을 기록한 사례가 많은데, 이러한 사리신앙을 왕실에서도 적극 수용했던 것으로 보인다. 수종사 사리탑은 정혜옹주가 사망한 이후 약 15년이 흐른 뒤에 금성대군의 시주로 세워졌다. 이러한 인연으로 수종사가 왕실 여인들의 원찰이었던 전통이 이후에도 지속되었음을 알 수 있다. 서울과 지척에 있고, 경치가 빼어나 아름다운 사찰이라는 장점이 왕실의 비빈들 사이에 입소문으로 퍼져나갔으리라 짐작된다.

수종사에서 반짝이는 강물을 바라보며 마시는 차 한 잔은 마음을 따뜻하게 해준다. 전망이 시원하게 트인 수종사에 들러 자신에게 위로를 건네는 시간을 갖는 것도 좋을 듯하다.

용천 청자유개호 | 보물
남양주 수종사 사리탑에서 발견되었다.

02 강진 무위사 극락보전 내벽사면벽화

**극락정토,
이만큼 완벽하게 재현한 곳 있을까?**

봄빛은 남도에서 시작한다. 강진 무위사는 월출산 남쪽 기슭에 있는 고즈넉한 사찰이다. '달뜨는 산'이라는 월출산 자락에 있으며, 사찰이 있는 지명도 '월하리(月下里)'라 할 만큼 무위사에서 본 달은 크고 맑았던 기억이 난다.

불교미술사에 큰 의미 지닌 불화

무위사의 주불전인 극락보전(국보)은 조선 초기 불교 건축을 대표하는 매우 유명한 불전이다. 극락보전은 찾을 때마다 간결하면서도 단정한 기운을 전해준다. 이 극락보전은 여러 차례 보수됐다. 공사 중 나무 부재에서 묵서명(墨書銘)이 발견되

강진 무위사 극락보전 아미타여래삼존벽화 | 국보
강진 무위사 극락보전의 내벽 사면벽화(內壁四面壁畫)는 모두 보물로 지정됐다. 그중 아미타여래삼존벽화는 국보로 승격됐다(1476년). (사진제공·무위사)

어 이 건물이 효령대군의 시주로 1430년(세종12)에 건립되었음을 알게 됐다. 개인적으로는 이 극락보전에 봉안되어 있는 아미타삼존불상(보물)을 뵙고자 먼 거리를 마다 않고 여러 번 오갔던 인연 깊은 사찰이다.

극락보전 내부는 불교미술사에서 큰 의미를 가지는 불화들로 장식되어 있다. 가장 대표적인 불화는 후불벽화인 아미타여래삼존벽화(국보)와 뒷면의 백의관음도(보물)이다. 이 외에도 동벽의 아미타삼존벽화와 서벽의 아미타내영벽화, 오불도 2점, 관음보살도를 비롯한 보살도 5점, 주악비천도(奏樂飛天圖) 6점, 연화당초향로도(蓮華唐草香爐圖) 7점, 보상모란문도 5점, 당초문도 1점, 입불도 1점 등 총 29점(보물)으로 극락보전 사면을 가득 장식했다. 무위사는 1974년 극락보전을 보수하면서 벽면의 벽화들을 통째로 해체하였고, 이 벽화들은 성보박물관에 옮겨 전시하고 있다.

수륙재로 유명했던 무위사

〈무위사사적〉에 의하면 지금의 무위사는 원효대사가 관음사로 창건했다. 도선국사가 중창했을 때의 사찰명은 '갈옥사'로 전해진다. 통일신라 말에는 왕건과 가까웠던 선각대사 형미스님에 의해 크게 중창됐다. 이때는 무위갑사로 등장한다.
극락보전 옆에는 946년에 세워진 선각대사 탑비가 있어 당시에는 지역을 대표하는 선종 사찰이었다는 것을 알 수 있다. 조선 초기 태종이 전국 사찰을 재편할 때 나라의 복을 비는 자복사(資福寺)로 지정됐다.

강진 무위사 극락보전 백의관음도 | 보물 (사진제공:무위사)

〈신증동국여지승람〉에 "세월이 퇴락하였던 무위사를 이제 중수하고 이로 인해 수륙사(水陸社)로 한다."는 기록이 전한다. 이 사료로 보아 조선 초기에는 사찰명이 무위사로 바뀌었으며, 죽은 이의 영혼을 위로하는 수륙재로 유명한 사찰이었음을 알 수 있다. 수륙사로 지정된 후 이에 따른 의식을 행하기 위한 불서인 〈천지명양수륙잡문(天地冥陽水陸雜文)〉과 〈천지명양수륙재의찬요(天地冥陽水陸齋儀纂要)〉가 간행되었다. 이러한 정황으로 조선 초기 무위사는 사찰의 사세가 상당했음을 추정할 수 있다. 불심이 깊었던 효령대군이 극락보전 건립을 지원했다는 사실과도 무관하지 않다.

무위(無爲)는 불교에서 열반세계의 고요에 속하는 세계, 진리의 세계의 존재(법·法)를 통칭한다. 이런 진리를 구현하고자 했던 무위사는 온갖 전쟁과 풍파를 이겨내고, 불전인 극락보전이 현재까지 남아 있는 부처님 가피가 가득한 곳이다.

'아미타정토' 극락보전 벽화

극락보전의 벽화는 다른 사찰에서 흔히 볼 수 없는 불화로, 벽을 만들고 그 위에 그린 벽화이다. 극락보전 안에 그려진 벽화들은 일괄로 보물로 지정되었고, '아미타여래삼존벽화'는 후에 국보로 승격됐다. 그만큼 한국의 불교미술사에서 중요한 위치를 지닌 귀중한 작품이다.

이 벽화는 극락보전이 1430년에 설립된 이후 46년이 지난 1476년에 그려졌다. 극락보전에 이 벽화를 그리기 위해 후불벽을 만든 것이다. 이 불화에는 화기(벽화 좌우 하단에 묵서로

아미타불과 보살, 나한이 구름 위에서 좌우로 길게 늘어서서 왕생자를 맞이하는 모습의 '**아미타내영벽화**' (사진제공:무위사)

씌어짐)가 남아 있어 정확한 조성 연대와 작가를 알 수 있다. 이에 의하면 1476년(성종7)에 허순, 전 아산현감 강질, 강진군부인 등의 시주로 대선사 해련(海連)이 그렸다는 것이다.

화면 중앙에 앉은 아미타불을 중심으로 관음보살과 지장보살이 좌우에 서 있는 구도이다. 상단 구름 속에 상반신만 드러낸 여섯 나한과 2위의 화불을 배치한 간단한 구도이다.

등장인물들은 꼭 필요한 불·보살·나한을 선택하였고, 구름은 인물들을 구분하는 역할을 하며, 화면 속의 등장인물들 하나하나에 집중하게 만든다.

경전에 등장하는 아미타불의 협시보살은 관음보살과 대세지보살이다. 이 벽화에서는 고려 후기부터 유행한 아미타불 본존에 관음보살과 지장보살을 협시로 구성되어 있다.

이는 현실의 고통을 구제해주는 관음보살과 사후 극락으로 이끄는 지장보살이 함께 하는 정토신앙을 강조한 것이다. 조선 초기 수륙사였던 무위사의 당시 분위기를 보여주는 고려 후기 불화양식을 계승한 조선 초기 불화를 대표하는 벽화라고 할 수 있다. 전체적으로 은은하고 차분한 느낌을 주면서도, 밝고 부드러운 색채감과 자유자재의 생동감 넘치게 표현된 선들이 매우 아름답다.

극락보전의 측벽인 서벽 중앙에는 '아미타내영벽화'가 그려져 있다. 흙벽 위에 채색된 것으로, 사람이 죽을 때 아미타불이 마중 나와 서방극락으로 맞이해 간다는 내용을 그린 것이다. 아미타불과 보살, 나한이 구름 위에서 좌우로 길게 늘어서서 왕생자를 맞이하는 모습이다.

아미타불은 오른손을 내밀며 구원을 상징하고 있다. 여래의 왼쪽에는 백의를 입고 정병을 든 관음보살을 비롯한 여러 보살들과 나한들이 있다. 오른쪽에는 대세지보살을 비롯하여 보살들과 나한들이 구름 위에 둘러싸여 모두 오른쪽으로 향하고 있다. 전체적으로 구도가 자연스럽고 오른쪽을 향하여 나아가는 듯한 인물들의 동적인 자세와 자연스러운 필선이 돋보인다. 밝고 엷은 적색과 녹색 등 고려불화의 양식이 짙게 나타나 있다.

'아미타삼존불벽화'는 동쪽 벽 중앙에 위치해 있던 벽화이다. 가로로 긴 화면 가운데에 아미타불이 설법하고 있고, 좌우에 협시한 관음보살과 대세지보살이 앉아 있다. 삼존상 좌우에는 합장한 채 본존을 향하고 있는 두 보살상과 여섯 나한을 배치했다. 인물들은 모두 구름에 둘러싸여 있다. 화면 위에는 배경으로 바위산을 그려 넣었다. 옷 주름은 매우 자연스럽고, 인물 표현과 색감 등은 '아미타내영벽화'와 흡사하다.

'아미타내영벽화'와 '아미타삼존불벽화'는 '아미타후불벽화'와 색채감과 인물표현 등에서 비슷하다. 극락전은 후불벽이 세워지기 전인 1430년에 건립되었으므로, 설립 당시에 그려졌을 가능성도 있다.

이 외에도 극락보전에는 조선 후기에 이르기까지 오불도, 보살도, 주악비천도와 연화당초향로도 등 많은 벽화가 그려졌다. 이를 통해 우리나라 사찰벽화의 다양한 양식을 보여주고 있다.

극락보전은 서방정토의 주인인 아미타여래를 모신 공간이다. 극락보전의 벽화는 이러한 정토 세계를 극적으로 체감하게 해주는 장치이다. 아미타여래가 계시는 극락정토를 이만큼 완벽하게 재현한 곳이 있을까. 비 오는 소리에도 귀를 기울이게 해주는 무위사. 현세에 펼쳐진 극락세계를 체험하며 모든 근심 걱정을 내려놓길 바란다.

03 경주 기림사 건칠보살반가상

쌍꺼풀, 오뚝한 코 … 이국적 관음보살상

기림사는 경주 함월산 중턱에 있다. 경주는 불교인들에게 마음의 고향으로, 현세에서 불국토를 꿈꾸었던 신라인의 꿈과 이상이 생생하게 남아 있는 곳이기도 하다.

기림사 가는 길에는 "죽은 후 나라를 지키는 용이 되어 불법(佛法)을 받들고 나라를 지킬 것"이라는 문무왕의 유언을 받들어, 신문왕이 세운 감은사가 있다. 그리고 산 너머는 토함산(吐含山) 석굴암이 있다. 신라는 일찍부터 경주 인근의 산 가운데 오악(五岳)을 정해 국가와 왕실의 안녕을 비는 제사를 지내는 곳으로 신성시하였다. 이 오악 중에 하나가 바로 달을 삼켰다가 토한 모습과 닮은 함월산(含月山)이다.

기원정사 이상향 기림사

사적기에 의하면 기림사는 643년(선덕여왕12)에 인도 스님인 광유선사(光有禪師)가 창건, 사찰 이름을 임정사(林井寺)라 하였다. 뒤에 원효대사가 주석하면서 사찰 이름을 기림사(祇林寺)로 바꾸었다.

그 뜻은 기원정사(祇園精舍)를 뜻하는 것이다. 석존이 생전에 제자들과 같이 수행하고 교화활동을 하던 최초의 가람인 기원정사를 이상으로 하여 세워진 사찰이 기림사이다.

경주 기림사 건칠보살반가상 | 보물
고려시대의 우아하고 장식적 경향이 있는 보살상에 비해 정제되고 단순화된 모습에서 조선시대의 미감(美感)이 잘 반영된 보살상이다.
(높이 93cm, 1501년)
(사진제공.기림사)

기림사는 고려시대에는 대선사 각유(覺猷)가 주석할 정도로 상당한 비중이 있었던 사찰이다. 조선시대에는 진남루를 중심으로 의승군 활동이 이루어졌다. 근대에 이르러서는 전국을 대표하는 30개 사찰 가운데 하나로 선정되기도 하였으니, 그 사세가 대단했었음을 짐작할 수 있다.

기림사 일주문을 따라 사찰로 올라가다보면 가람이 크게 신(新) 가람지역과 구(舊) 가람지역으로 나누어진다. 매번 갈 때마다 스님들이 수행하기 좋은 고즈넉한 곳임을 깨닫는다. 계절마다 도량을 수놓는 들꽃과 들풀의 향기가 산사의 고요함과 잘 어울린다. 왼쪽으로 올라가면 한단 높은 지역에 새롭게 조성된 가람 구역으로 천불전과 유물전시관 등이 있다. 오른쪽으로 접어들면 기림사의 오래된 전각들이 남아 있는 공간에 이른다. 진남루와 대적광전, 약사전, 응진전이 있는 곳이다.

예부터 신라의 주요 사찰이 자리했던 신성한 터에 위치한 기림사는 대적광전을 비롯한 많은 보물을 품고 있다. 대적광전 안에는 비로자나삼신불이 봉안되어 있다. 이 삼신불상은 대형 불상으로 복장에서 〈대반야경〉 등 고려시대 금·은 사경과 조선시대에 만든 경전 등 엄청난 양의 전적 등이 발견됐다. 이 때 나온 많은 복장유물들은 기림사유물전시관에 보관되어 있다.

이 유물전시관에 특별한 보살상이 모셔져 있어 주목된다. 바로 '기림사 건칠보살반가상(祇林寺 乾漆菩薩半跏像)'이다. 이 보살상은 건칠기법으로 조성되었으며, 반가좌(半跏坐) 자세를 취하고 있다는 점에서 귀한 작품이다. 또한 목조대좌(木造臺座)에 묵서명(墨書銘)이 있어, 이 보살상의 조성 연대가 1501년임이 밝혀져 불교미술사에 기준작이 되었다.

건칠로 조성한 '유희좌' 관음상

이 건칠보살반가상은 높이 93cm에 왼쪽 다리는 반가하고 오른쪽 다리는 아래로 내려 대좌 위에 앉아 있다. 결가부좌에서 한쪽 다리를 풀어 대좌 밑으로 내린 자세인 유희좌의 모습이다. 오른쪽 손은 무릎 위에 올리고 왼손은 무릎 뒤의 대좌를 짚고 있다. 이 보살반가상은 긴 머리를 틀어 상투를 올렸다. 두 단으로 된 아름다운 관을 쓰고 있는데 보관에는 당초문을 새겼다. 고개를 숙인 얼굴은 뺨이 통통하고 눈매는 또렷하다. 이 보살상이 다른 보살상들과 다른 가장 큰 특징은 쌍꺼풀이 있는 눈이다. 그래서 오뚝한 코와 야무지게 다문 입술과 어울려 이국적인 인상을 준다.

옷은 가운을 걸친 듯이 양 어깨를 감싸고 내려온 천의를 입었다. 천의 자락은 양 손목을 한번 휘감아 아래로 내려졌다. 가슴에는 승각기(僧脚崎)를 띠 매듭으로 묶었고, 허리에는 띠를 둘렀다. 군의의 옷 주름이 넓게 흘러내려 대좌를 덮고 있다. 옷 주름은 몇 가닥으로 정리하듯 표현하여 단정한 느낌을 준다. 얼굴의 뺨과 가슴과 배, 그리고 무릎에서 부드러운 신체가 드러나도록 팽만감을 주었다. 꽃모양의 귀걸이를 달았으며, 세 가닥의 장식이 달린 목걸이를 하고 있다. 손과 발은 작은 편으로 사실적으로 묘사했다.

조선시대 미감 반영된 보살상

고려 말 조선 초기의 보살상은 머리에 상투를 틀고 나머지는 양 어깨로 갈라져 내려오게 표현했다. 반면 이 보살상은 상투머리만 표현되고 어깨로 흘러내린 머리카락을 생략했다. 이는 16세기 들어서면서 나타나는 특징이다. 또한 앞 시대의 보살상보다 옷 주름을 간략하게 표현했다. 몸을 장식하던 목걸이, 귀걸이, 팔찌 등의 장신구와 영락 장식도 부분적으로만 착용하여 전체적으로 심플한 경향을 보이는 것도 마찬가지이다.

수월관음을 연상케 하는 암반형의 대좌에는 묵서가 남아 있어 정확한 조성 연대와 존명을 알 수 있다. '홍치십사년신유정월시지사월초파일신라함월산서수암당주조낙산○관음보살조불(弘治十四年辛酉正月始至四月初八日新羅含月山西水庵堂主造洛山○觀音菩薩造佛)'이라고 쓰여 있다. 1501년(연산군7)에 조성된 관음보살상으로 서수암의 본존으로 모셔졌음을 알 수 있다.

관음보살은 중생의 고통에 귀 기울이며, 특히 아미타여래와 함께 극락으로 인도해준다. 중생들에게 자비로운 보살님으로 언제나 사랑받았다. 〈화엄경〉 '입법계품(入法界品)'에는 관음보살이 남방 해상(海上) 보타락가산(普陀洛迦山) 아름다운 연못가 바위 위에 앉아 선재동자의 방문을 받는 내용을 설하고 있다.

이 보살상의 모습은 고려시대부터 가장 인기 있었던 고려불화에 등장하는 모습과 흡사하다. 고려불화에 등장하는 관음보살상이 측면으로 약간 몸을 틀고 왼쪽 다리를 아래로 내리고 있는 반면, 이 보살상은 몸을 정면으로 보고, 오른쪽 다리를 아래로 내린 것이 차이라 할 수 있다.

고려시대에 유행했던 우아하고 장식적인 경향이 있는 보살상에서 보다 정제되고 단순화된 모습으로 표현된 조선시대의 미감(美感)이 잘 반영된 보살상이라 할 수 있다.

당대 최고 장인이 조성한 작품

'기림사 건칠보살반가상'은 건칠기법으로 조성됐다. 건칠기법은 삼베에 옻칠을 여러 번 반복하는 까다로운 기법으로, 그만큼 많은 정성이 필요하다. 고려 말 조선 초에는 건칠상이 많이 조성되었으나, 조선 전기 이후 점차 감소하는 추세를 보이고, 대신 나무와 흙으로 불상을 제작하는 것이 크게 유행한다.

건칠상의 주재료로 사용되는 옻은 비용이 워낙 비쌀 뿐만 아니라 국가의 허락 없이 마음대로 사용할 수 없는 재료였다. 이러한 옻을 구입하여 향유할 수 있는 계층은 왕실 및 고위 관료층으로 제한되었다. 대좌의 묵서에는 대 화주자로 '전태내군수 이원림(前太內郡守李園林)'이 등장하는데 정3품의 품계를 받은 관료였던 것으로 추정된다.

X선 투과를 통해 과학적으로 조사한 결과 이 보살상은 옻칠에 황도, 목분, 호분 등을 혼합하고 반죽해서 이 재료로 외형을 만든 후에, 그 위에 옻칠을 도포한 방식으로 조성한 것으로 보인다. 이러한 건칠기법은 옻칠을 올려 일정한 두께까지 쌓아 올

리는 기법보다 건조 시간과 공정을 줄여 제작 기간을 크게 단축시킨 것으로 추정된다. 그래서 대좌의 묵서에 '正月始至四月初八日(정월시지사월초팔일)'이라 하여 1월부터 4월까지 약 3개월의 기간에 조성을 마칠 수 있었을 것이다.

'기림사 건칠보살반가상'은 이국적이고도 단아한 아름다운 상호와 세련되고 간략한 옷 주름의 표현, 균형 잡힌 신체의 표현에서 당대 최고의 장인이 조성하였음을 알 수 있다. 경주에 가면 달을 토해내는 함월산 기림사에 들러 '5분 부처'라도 되시기를 권해 본다.

04 경주 불국사 석가탑 사리장엄구

도굴사건으로 세상에 드러난 '무구정광대다라니경'

불국사 석가탑 사리장엄구 | 국보

무구정광대다라니경 | 국보
742년 무렵 간행된 것으로 추정되는 세계에서 가장 오래된 현존하는 목판 권자본이다. 1966년 10월 경주 불국사 석가탑 보수 공사 중 2층 탑신부에서 금동제 사리함 등과 함께 발견되었다.

'사리장엄구' 모르면 석가탑 제대로 볼 수 없다

경주 불국사! 누구나 여러 차례 다녀올 만큼 한국의 대표적 사찰이다. 한국 고대가람을 보여주는 귀한 곳이다. 첫 번째로 방문했던 때는 고등학교 수학여행이었던 것 같다. 그때는 역사와 문화에 대해 진지하게 생각하지 않았지만 평생 지니고 갈 만큼의 추억을 갖고 왔다.

불국사는 통일신라시대의 화려했던 불교의 전성기를 보여주는 세계문화유산이다. 일연스님이 집필한 〈삼국유사〉에 의하면 김대성은 가난한 집안의 아이로 태어났지만 보시 공덕을 쌓아 다음 생에는 귀족인 김문량의 아들로 태어났다. 그는 현세의 부모를 위해 불국사를 짓고, 전생의 부모를 위해 석굴암을 지었다고 한다.

통일신라시대 문화의 황금기에 국가 권력으로 세웠던 불국사는 사찰명에서 나타나듯이 '불국(佛國)', 즉 부처님의 나라를 경주에 만들고자 한 바람으로 이루어진 사찰이다. 이러한 구상으로 불국사 경내에 진입하는 구조조차도 청운교, 백운교를 통해 불국토에 닿을 수 있도록 하였다. 불국사에는 그 찬란한 시대를 대변하는 문화재로 가득하다. 이 가운데 특히 주목할 성보가 불국사 석가탑 안에서 발견된 '석가탑 사리장엄구'이다.

도굴사건으로 진면목 드러난 '무구정광대다라니경'

1966년 가을, 도굴범들은 국보인 석가탑의 사리함을 훔치고자 도굴을 자행했다. 대범하게 몇 차례 도굴을 시도했으나 실패했고, 탑의 일부가 훼손되는 상처를 남겼다. 당시 언론을 떠들썩하게 한 이 사건은 도굴의 주범들이 석가탑뿐만 아니라 황룡사, 남산사, 통도사 등 사찰과 고적을 집단적이고 지능적으로 도굴해 왔다는 사실이 드러나면서 더 큰 충격을 안겼다.

국민 여론은 허술한 문화재 보존 현실에 대한 당국의 책임 있는 대책을 요구했다. 또한 문화재 관련 기관에서는 문화재 수호에 대한 경각심 고취와 문화재 보존 대책을 요구하는 성명서

1966년 불국사 석가탑
해체 수리 모습

를 발표하기도 했다.

그런데 이 사건을 계기로 아니러니 하게도 역사적 가치나 그 규모면에서 우리나라 불교미술사의 한 획을 긋는 매우 중요한 일이 발생한다. 도굴 과정에서 상처가 난 석가탑을 보수하기 위해 2층 옥개석을 들어 올리자, 2층 탑신석 중앙에서 가로·세로 41cm, 깊이 19cm 크기의 사리공(舍利孔, 사리를 두는 공간)이 발견됐다. 그 안에서 사리를 봉안하기 위한 함과 사리를 공양하기 위해 넣은 각종 유물이 나온 것이다.

사리공 중앙에는 금동으로 만든 사리외함(舍利外函)이, 그 금동사리외함 안에서는 사리기와 여러 공양품이 발견됐다. 이 과정에서 세계에서 제일 오래된 목판 인쇄물인 〈무구정광대다라니경(無垢淨光大陀羅尼經)〉이 발견됐다. 다라니경은 비단에 싸인 상태로 금동의 네모난 사리함 위에 얹혀 있는 상태였다. 금동사리외함 밑에서도 비단에 싸인 떡처럼 된 종이뭉치가 발견됐다. 사리함 주변에는 청동거울[銅鏡], 향(香), 각종 구슬, 비천상, 동경, 채자, 청동화형뒤꽂이 등 다수의 공양품과 나무로 만든 작은 탑 등이 수습됐다.

석가탑 사리장엄구는 시기를 달리하여 대략 세 차례 이상 봉안했던 것으로 보인다. 한 세트는 금동으로 만든 외함과 금동의 합, 은으로 만든 내합과 외합, 녹색 유리 사리병이다. 사리병에는 46과의 사리기 안치되어 있었다. 두 번째는 은으로 만든 합과 사리병이다. 세 번째는 사리 1과를 담은 향목(香木)으로 만든 사리병과 금동합으로 분류할 수 있다.

세계 最古 목판인쇄물로 판명돼

이 가운데 가장 중요한 것은 〈무구정광대다라니경〉이다. 다라니경은 너비 약 8cm, 길이 약 620cm 되는 닥종이에 1행 8~9자의 다라니경문을 인쇄한 두루마리 형식이다. 이 경전의 내용은 '지옥의 고통에서 구제받기 위해서는 오래된 탑에 상륜당을 만들어 중수한 후 그 안에 다라니를 써서 넣고, 다라니를 일곱 번 외우면 마침내 도솔천궁에 왕생하리라'는 석가여래의 가르침이다. 모든 중생들의 수명을 연장하고 업장을 소멸케 할 여섯 장의 다라니와 다라니에 수반된 각종 의례를 행하면 선근복덕을 얻을 수 있음을 강조한다.

이 경전에 수록된 여섯 장의 다라니는 대체로 탑을 조성하고 고친 공덕의 중요함과 작은 탑을 안치하는 의미를 강조한다. 이 〈무구정광대다라니경〉에 의한 탑조성 신앙이 통일신라 8세기 중반에서 9세기까지 크게 유행했다. 이는 탑에서 법사리로 봉안된 〈무구정광대다라니경〉과 다수의 작은 소탑이 발견되는 것으로 알 수 있다.

〈무구정광대다라니경〉은 〈삼국유사〉에 기록된 751년(경덕왕 10) 불국사 창건설을 근거로 세계 최고(最古)의 목판인쇄물로 판명 났다. 당시까지 가장 오래된 목판인쇄물은 770년에 새겨진 일본의 〈백만탑다라니경〉으로 알려져 있었으나 이보다 20년 앞선 것임이 밝혀진 것이다. 특히 8세기 초반에만 중국에서 사용했었던 측천무후자(則天武后字)가 사용되고 있어서 동아시아 경전 연구에 귀중한 자료가 되었다.

사리장엄구
발견 당시 모습

고려시대 '잦은 지진'으로 보수한 사실도 확인

사리외함 밑에서 여러 겹으로 응고된 상태로 발견된 〈묵서지편〉은 처음 발견됐을 때에는 통일신라시대의 사리장엄구로만 여겨졌다.

그러나 지류의 판독과 역주 작업이 이루어지면서 고려 현종 15년(1024)과 정종 4년(1038) 때 불국사 석탑의 중수관련 내용을 담고 있음이 밝혀졌다. 보존처리 기술이 발전하지 않았던 시절이었던 터라 1997년에 이르러서야 한 장씩 떼어내는 작업이 가능했고, 2006년부터 제대로 된 보존처리를 할 수 있어 그 내용을 판독할 수 있었다.

이 문서들은 〈보협인다라니경〉 일부, 〈불국사무구정광탑중수기(佛國寺無垢淨光塔重修記, 1024년)〉, 〈불국사서석탑중수형지기(佛國寺西石塔重修形止記, 1038년)〉, 〈불국사탑중수

보시명공중승소명기(시주자 명단)〉인 것이 밝혀졌다.
〈불국사무구정광탑중수기〉는 1022년부터 1024년까지 2년간 무구정광탑을 중수한 경과와 참여 인원을 정리한 문서이다. 〈불국사서석탑중수형지기〉는 석가탑의 연혁과 중수 과정을 기록한 문서이다.

'형지기'에는 1036년과 1038년에 잇달아 발생한 지진으로 석가탑이 훼손되어 보수를 진행한다는 내용이 기록되어 있다. 당시 경주 지역에 지진이 자주 발생했음을 짐작할 수 있다. 이 두 문서에서는 석가탑의 조성 연대를 742년으로 적고 있어, 〈삼국유사〉 기록보다 9년이 빠르게 석가탑이 조성된 것을 알 수 있다. 또한 두 기록에서 석가탑을 '무구정광탑'과 '서석탑'으로 다르게 부르고 있어 석가탑 본래의 명칭이 궁금하다.

이 중수 문서들은 고려시대에 시행된 두 차례의 석가탑 중수 내용을 알려주는 중요한 문서일 뿐 아니라, 고려시대 불국사의 위치 및 운영을 이해할 수 있는 여러 단서를 제공한다. 또한 현재 남아있는 석가탑 사리장엄구와의 유물 현황을 비교·검토해 볼 수 있는 중요한 연구자료이다.

반세기만에 '환지본처' 한 석가탑 사리장엄구

국보 불국사 석가탑 사리장엄구는 도굴을 계기로 발견된 이후에도 여러 우여곡절을 겪게 됐다. 보존상 위기에 처하게 되면서 43년 동안 불국사를 떠나 국립중앙박물관에 보관되었다가, 불교중앙박물관의 개관과 함께 2009년 12월 조계종단으로 돌아올 수 있게 됐다. 이어 2018년 불국사 성보박물관이 건립된 후 본래의 자리로 돌아갈 수 있었다. 실로 반세기만의 귀환이었다.

부처님 사리에 대한 믿음은 한반도에서 불교가 시작된 당시부터 있어 왔으며 사리를 봉안하고 장엄하기 위하여 조성된 탑은 그 자체로 사리 신앙의 결정체라 할 수 있다. 탑 안에 봉안된 사리를 포함한 사리구 일체는 불교 종단의 교주를 모시는 가장 성스러운 보물이다. 그래서 사리를 모시는 사리장엄구는 제작 당시 모든 공력을 기울여 조성하므로, 무엇보다 뛰어난 예술성을 갖는다.

그러므로 '석가탑 사리장엄구'를 알지 못하면 불국사 경내에 있는 석가탑을 제대로 볼 수 없다. 불국사 성보박물관에 봉안된 '석가탑 사리장엄구'를 친견하고, 신라인이 꿈꿔왔던 불국토를 그려보시길 바란다.

경주 불국사 삼층석탑 | 국보

05 고성 옥천사 지장보살도 및 시왕도

우리에게 삶, 그 이후를 생각하게 하는 불화

고성 옥천사 지장보살도 | 보물
(1744년)

인간은 삶이 끝난 그 후의 세계에 대해 늘 고민해 왔다. 그래서 찾는 보살님이 있다. 바로 지장보살이다. 육도(六道) 가운데서도 가장 혹심한 고통을 받는 지옥 중생을 한사람도 빠짐없이 구원하겠다는 서원을 세운 대자대비한 보살이다. 우리는 죽은 뒤에 지옥에 떨어지는 고통을 면하게 해달라고, 또는 사랑하는 사람들이 세상을 떠났을 때 이들이 극락왕생 하기를 지장보살께 기도한다. 그래서 우리나라 사찰에는 망자의 영가천도(靈駕薦度)를 비는 명부전(冥府殿)이 없는 곳이 거의 없다.

특히 조선시대에 이르면 명부전에 지장보살과 시왕을 비롯한 존상들을 함께 봉안하고, 명부전은 사후세계를 관장하는 전각이 됐다. 명부전 안에는 지장보살과 무독귀왕, 도명존자를 중심으로 시왕과 시왕을 협시하는 동자들, 판관과 사자, 옥졸, 인왕 등 명부의 권속들이 불상 및 불화를 통해 체계적으로 모셔져 있다.

고성 옥천사 명부전에 모셔졌던 '옥천사 지장보살도 및 시왕도'는 1744년(영조20) 효안(曉岸)스님의 주도 하에 11명의 화원들이 참여하여 조성했다. 보물로 지정될 만큼 작품성이 뛰어난 그림이다.

연꽃을 닮은 사찰, 옥천사

경남 고성에 자리한 옥천사는 연꽃을 닮은 사찰이다. 사찰 지붕이 마치 연꽃무늬 같은 아름다운 사찰이다. 이 사찰을 품고 있는 연화산도 진흙 속에 뿌리를 내리고 잎을 뻗어 꽃을 피우는 연꽃을 닮았다고 해서 붙여진 이름이다. '옥천사'라는 이름은 바위에서 감로수가 나오는 옥샘[玉泉]이 있어 붙여졌다.

옥천사는 676년(문무왕16) 의상대사가 창건했다. 1300년을 훌쩍 넘긴 고찰로 정유재란(1597) 때 승병의 근거지였다. 당시 의승군의 활약이 알려지면서 왜군은 옥천사에 불을 질러 보복했고 이로 인해 옥천사는 전각이 몽땅 불타는 아픔을 겪어야 했다. '꽃향기가 점점 불어나 멀리 퍼져나가는 누각'이라는 의미를 가진 자방루(滋芳樓)는 승장이 훈련을 지휘하거나 비가 올 때 승군의 실내 교육장으로 쓰였던 건물이다.

일제강점기 때에는 독립운동가들의 은거지이자 거점이기도 했다. 전각들의 규모가 커 구한말까지 한때는 기거하는 스님이 300명이 넘었다고 한다. 속해 있는 암자도 12개나 됐던 큰 사찰이다. 현재는 이러한 명성을 뒤로 한 채 조용하고 고즈넉한 사찰이 되었다.

되찾은 시왕도와 추모 공간

옥천사 명부전에는 지장보살도를 중심으로 양쪽에 다섯 폭씩 시왕도가 걸려 있었다. 그러나 안타깝게도 보안이 취약하여 1976년에 옥천사 시왕도 열 폭 가운데 제1진광대왕도와 제2초강대왕도 두 폭을 도난당했다. 이 가운데 제2초강대왕도는 어느 프랑스인이 1981년 서울 인사동에서 구입해 35년간 소장하다가 2016년 9월에 기증하면서 다행히 국내로 환수되어 사찰품으로 돌아왔다.

현재 지장보살도와 시왕도 총 열 폭의 불화는 성보박물관으

고성 옥천사시왕도 中 제2 초강대왕

제5 염라대왕   제6 변성대왕

로 옮겨져 보존되고 있다. 옥천사는 1999년부터 성보박물관을 운영하면서 문화재 환수를 위한 노력을 펼쳐왔다. 그리고 최근 잃어버린 나한상 일곱 구 가운데 다섯 구를 회수했다. 또한 1744년에 '지장보살도 및 시왕도'와 함께 그렸던 '옥천사 삼장보살도'도 되찾는 등 큰 성과가 있었다.

명부전은 부모나 친지들이 사망했을 때 49재(齋)를 지내는 곳이다. 망자가 사후 중음(中陰, 중간세계)에서 헤매지 않고 육도윤회의 고통에서 벗어나 극락왕생하기를 기원하며 죽은 사람의 명복을 빌고, 불공을 드려 좀 더 안락한 곳으로 왕생하기를 비는 것이다. 남은 이들이 망자의 추도뿐만 아니라 이별의식을 하는 곳인 셈이다.

또한 살아생전에 명부전의 시왕에게 미리 재(예수재, 預修齋)를 올려 복을 닦아 사후 지옥의 고통에서 면하고자 기원하는 곳이기도 하다.

시왕과 지옥도 한 장면에 담아낸 작품

이 불화는 구체적으로 살펴볼수록 의미가 더 각별하게 다가온다. '옥천사 지장보살도 및 시왕도'는 한 세트로 그려진 그림이다. 중앙에는 명부전의 주인공인 지장보살을 그린 지장보살도를 두었다. 왼쪽(바라보면 우측)에는 제1·3·5·7·9왕인 홀수 왕이, 오른쪽(바라보면 좌측)에는 제2·4·6·8·10왕인 짝수 왕을 배열했다. 이제 열 폭의 시왕도 중에 '제1진광대왕도'만 되찾으면 본래의 11폭이 다 갖추어져 모습이 제대로 구현되는 셈이다.

중앙에 모셔진 '옥천사 지장보살도'는 중앙에 지장보살이 앉아 있다. 우측에 무독귀왕(無毒鬼王) 및 네 보살, 좌측에 도명존자(道明尊者)와 네 보살이 서 있다. 지장보살과 관련된 경전이나 의궤 등에서는 지장보살을 스님의 모습으로 묘사하고 있다. 불화에 표현된 형상은 스님의 모습과 머리에 두건을 쓴 모양 두 가지로 나타난다.

옥천사 본존 지장보살은 머리에 두건을 쓴 형태이다. 붉은색 두건을 귀 뒤로 늘어뜨리고, 오른손에 투명한 보주, 왼손에 석장(육환장, 六還杖)을 들고 있다. 둥근 얼굴에 가느다란 눈, 작은 입 등이 특징적이다. 잔잔한 꽃무늬로 가장자리를 장식한 붉은색 가사를 입고 있다. 지장보살과 함께 등장한 인물들 모두 지장보살의 얼굴과 닮아 있다. 둥글고 앳된 표정에 정제되고 평온한 분위기를 연출한다.

'옥천사 시왕도'는 한 폭에 각 한 명의 시왕을 각각 묘사했다. 시왕도는 용두가 장식된 의자에 앉아 있는 시왕과 그 주변 인물을 그림 상단에 크게 배치했다. 구름 문양으로 화면을 나누어, 하단에는 각 시왕이 관장하는 지옥 장면을 묘사했다. '옥천사 시왕도'는 남아 있는 시왕도 중에서도 지옥도를 함께 표현한 불화의 형식에서 가장 이른 예로 알려져 있다.

선업 쌓아야 지옥 면한다

명부의 시왕은 총 열 명이다. 제1 진광대왕(秦廣大王), 제2 초강대왕(初江大王), 제3 송제대왕(宋帝大王), 제4 오관대왕(五官大王), 그리고 우리에게 익숙한 제5 염라대왕(閻羅大王)이 있다. 제6 변성대왕(變成大王), 제7 태산대왕(泰山大王), 제8 평등대왕(平等大王), 제9 도시대왕(都市大王), 제10 오도전륜대왕(五道轉輪大王)이 있다.

시왕[十王]은 인간이 살아있을 때 지었던 죄를 죽은 후 최초의 7일에서 일곱 번째 7일에 이르기까지 일곱 번 심판한다. 그리고 죽은 지 100일 되는 날, 1년 되는 날, 3년 되는 날까지 총 열 번에 거쳐 심판한다. 죄의 대가를 치르게 하고, 그 마지막에는 육도윤회(六道輪廻)를 결정하는 왕들이다. 예를 들면 '제2 초강대왕도'의 '초강대왕'은 죽은 뒤 14일 만에 만나는 왕이다. 초강(初江)에서 망자의 죄를 심판하는 역할을 한다. 초강대왕의 지옥은 죄인의 사지를 기둥에 묶고, 창자를 빼내는 벌을 내리는 모습으로 묘사된다.

시왕 가운데 가장 잘 알려진 왕은 제5 염라대왕이다. 망자가 죽은 후 5칠일, 즉 35일째 되는 날 만나는 왕이다. 생전에 지은 업이 비춰진다는 업경대를 통해서 죄를 알아내 쇠절구에 넣고 빻는 벌을 내린다.

이처럼 시왕도 각 폭에 그려진 지옥의 모습은 생생하고도 무서운 장면이다. 이 불화를 통해 살아있을 때 선업을 쌓아야 죽은 뒤에 지옥에 떨어지지 않는다는 교훈적인 내용을 전하고 있는 것이다.

'옥천사 지장보살도'는 전체적으로 차분하고 조용한 분위기에 인물의 배치와 구성에서 안정감을 주고 있다. '옥천사 시왕도'는 시왕의 특징을 섬세하게 잘 묘사하였고, 지옥의 장면을 생동감 있고 사실적으로 표현했다. 이 불화를 통해 작가인 효안 스님의 매우 뛰어난 기량을 느낄 수 있다.

'옥천사 지장보살도 및 시왕도'는 지장보살 신앙과 관련된 경전 내용뿐만 아니라 직설적인 가르침을 준다. 유한한 삶을 살아가는 우리에게 삶, 그 이후를 생각하게 하는 것이다. 인생은 끝이 있다는 것, 죽음을 뚜렷하게 응시하는 자만이 삶을 온전하게 살아 갈 수 있다는 교훈을 주기 위함이 아닐까.

06 공주 마곡사 석가모니불 괘불

화려한 보관 쓰고 꽃을 든 부처님 보셨나요?

충남 공주시 태화산(泰華山) 동쪽 산허리에 자리 잡은 마곡사는 나무와 꽃들로 빼어나게 아름다운 곳이다. 봄 햇살에 생기가 움트는 마곡사의 봄 정경은 예로부터 '춘마곡(春麻谷)'이라 불렸을 만큼 아름답기로 유명했다.

640년(선덕여왕9) 당나라에서 귀국한 자장스님이 창건했다. 이 절을 짓고 낙성식을 할 때 그의 법문을 듣기 위해서 찾아온 사람들이 '삼대(麻)와 같이 무성했다'고 하여 마곡사라고 하였다는 설이 있다. 마곡사는 현대에 이르기까지 다채로운 역사를 담고 있는 사찰이다. 유구한 역사와 문화유산의 보고로 2018년에는 '산사, 한국의 산지승원'으로 유네스코 세계문화유산에 등재됐다.

마곡사는 마곡천을 허리에 두고 북쪽의 대웅보전과 대광보전을 중심으로 한 영역과 남쪽의 영산전을 중심으로 한 영역으로 나누어져 있는 독특한 가람배치를 하고 있다.

마곡사가 위치한 곳의 물과 산의 지세는 태극형이라고 하여 〈택리지〉와 〈정감록〉 등에서는 전란을 피할 수 있는 십승지지(十勝之地)의 하나로 꼽고 있다. 조선시대 세조도 마곡사를 조망하며 "만세토록 망하지 않을 터전"이라 감탄하였다고 했는데,

마곡사 석가모니불 괘불탱 | 보물
(1687년, 삼베 바탕 채색)
'꽃으로 전하는 가르침
- 공주 마곡사 괘불'
(국립중앙박물관) 도판 인용

현재까지 그 역사와 재미있는 설화들이 면면히 계승되고 있다. 마곡사 대광보전 앞에는 대부분 결실된 장방형의 돌이 남아 있다. 이 돌은 나무대를 세워 괘불을 걸기 위한 당간지주로, 이 마당에서 괘불을 걸고 의식이 행해졌음을 알 수 있다. 마곡사에는 실제로 높이 11m, 너비 7m에 이르는 보물, '공주 마곡사 괘불'이 전하고 있다. 괘불이란 뜻은 말 그대로 '불화를 건다'는 뜻이며, '절 마당에 거는 불화'라고 할 수 있다.

큰 법회 때 마당에 거는 대형 불화

괘불은 야외에서 큰 법회나 의식을 열 때 사찰 마당에 걸었던 대형 불화이다. 괘불은 평상시에는 괘불함에 보관되어 있다가 부처님오신날이나 수륙재 등 사찰의 주요 법회 때 마당에 등장하여 그 위용을 자랑한다. 법회에 참여한 대중들은 커다란 괘불을 보고 그들을 위해 부처님이 강림한 듯한 감동을 받았다. 괘불은 법회의 신성성을 더 부여하였으며, 한편으로는 커다란 축제 분위기를 자아내는데 일조했다. 마당에서 열리는 큰 법회에는 불상보다는 대형 불화를 그려 부처님을 모시는 것이 현실적으로 가능했다. 절 마당에 부처님을 모시기 위한 괘불을 조성해 거는 것은 한국 불교문화만의 독특한 특성이다.

괘불은 보통 마당에 걸기 때문에 바람 등의 손상에 비교적 강한 삼베를 많이 사용하는데, '마곡사 괘불'도 삼베 스물한 폭을 이어 붙여 조성했다.

존상의 명칭 기록되어 불화 연구에 중요

'마곡사 괘불'은 마곡사 사부대중의 간절한 마음을 모아 1687

년 5월에 만들어졌다. 이 괘불에는 많은 정보가 담겨져 있다. 특히 각 존상 옆에 붉은색 방형의 구획을 두어 존상의 이름을 기록한 것이다. 괘불에 등장하는 각 존상에 대해서 불화 연구자들 사이에 여러 이견이 있는데, 이것을 정리할 수 있는 중요 단서가 등장한 것이다.

마곡사 괘불을 찬찬히 살펴보자. 대형 화폭의 한 가운데는 석가여래가 한 송이 연꽃을 들고 화면을 압도하고 있다. 머리에는 화려한 보관을 쓰고, 얇고 하늘거리는 천의를 입고 있다. 이 존상이 석가여래라는 것을 알 수 있는 것은 머리 부분 광배에 '천백억화신석가모니불'이란 존명이 쓰여 있기 때문이다. 그런데 이는 우리가 아는 부처님의 모습이 아니라 보살님의 모습이다. 이를 설명할 필요가 있겠다.

불화의 도상(규범), 특히 주존의 모습은 불화를 그리는 작가가 마음대로 바꿀 수 있는 것이 아니다. 이는 불화의 화기(畵記)란에 증명을 하는 스님의 소임이 있는 것처럼 반드시 사찰의 큰 스님께 이러한 모습이 법도에 맞는지 확인 작업을 거쳐야 한다. 그러므로 불화에 등장하는 석가여래가 잘못된 모습으로 그려졌다고 보기에는 어렵다.
석가여래의 광배 상단 좌우에는 '청정법신(淸淨法身) 비로자나불', '원만보신(圓滿報身) 노사나불'이 연화대좌에 앉은 모습으로 작게 표현되어 있다. 이처럼 마곡사 괘불은 석가여래를 중심으로 삼신불(三身佛)을 표현한 것이다.

불교에서 삼신불 사상은 석가여래의 입멸 후 석가여래를 초월적인 존재로 신앙하면서 불신(佛身)에 대한 교리로 오래전에 정립됐다. 인도 샤카족의 왕자로 태어나신 석가여래는 역사적인 인물로, 중생을 구제하기 위해 잠시 인간의 몸으로 나타난 화신(化身)이다. 진리를 상징하는 절대적 존재는 법신(法身)인 비로자나여래이며, 오랜 수행의 결과 그 공덕을 쌓은 부처인 보신(報身)은 노사나여래이다. 결국 석가, 비로자나, 노사나여래는 같은 부처님인데, 이렇게 모습을 바꾸어 나타나는 것은 중생들의 처한 처지나 수준에 따른 것이다.

염화미소로 이심전심의 불법(佛法) 전수

석가여래가 연꽃을 들고 있는 것은 무슨 까닭일까. 이는 선종(禪宗)에서 '선(禪)'의 가르침과 관련이 깊다. 석가여래가 영취산에서 설법을 하던 중에 대중에게 잠시 연꽃을 들어 보였다. 다른 이들은 이것이 무슨 뜻인지 이해하지 못했을 때, 수행이 제일 뛰어났던 제자 가섭만이 그 뜻을 알아채고 미소를 지었다. 이를 염화미소(拈花微笑)라 한다. 마음이 통한다는 이심전심(以心傳心)과 같은 의미로, 글과 말로 표현하기 어려운 가르침이 마음을 통해 전해진다는 의미이다.

가섭이 선행을 쌓은 덕으로 부처님에게 법을 전수 받고, 또 제자들에게 이를 전함으로써 불교가 현재까지 전승되고 있는 것이다. 이처럼 불교의 전승과 발전에 중요한 역사적인 순간을 마곡사 괘불에서 표현하고 있는 셈이다.

보통 삼신불의 노사나여래가 보관을 쓴 화려한 모습으로 등장

석가모니불 괘불탱 도면
'꽃으로 전하는 가르침
- 공주 마곡사 괘불'
(국립중앙박물관) 도판 인용

하기도 한다. 석가여래가 보관을 쓴 화려한 보살의 모습으로 표현된 것은 불상 조각에서는 나타나지 않는 불화에서만 보이는 특징이다. 때문에 마곡사 괘불에 각 존명의 이름이 쓰여 있지 않았다면 아마 주존을 석가여래로 판단하기에는 어려웠을 것이다. 17세기에서 18세기에 충청도와 경상도 지역에서 조성된 무량사와 장곡사 괘불 등에서 화려한 보관을 쓰고 연꽃을 든 부처님이 많이 표현되는데, 비슷한 모습이지만 존명이 다르게 나타나기 때문이다.

괘불의 중앙에 서 있는 석가여래의 모습을 화면의 상단과 하단에 이르도록 압도적으로 크게 그리고, 석가여래를 중심으로 중간 부분에는 문수와 보현 등의 6대 보살을, 아랫부분에는 사천왕을, 윗부분에는 제석과 범천, 10대 제자와 아수라, 용왕 등을 좌우 대칭으로 화면 가득히 그렸다.

석가여래는 화염문과 구슬로 화려하게 장식된 보관을 쓰고 있는데, 보관 끝에는 7위의 여래가 표현되어 있다. 석가여래의 신체에서 나오는 빛을 상징하는 광배에는 아름다운 꽃을 꽉 차게 장식했다. 진한 붉은색과 녹색을 기본색으로 채색하여 보색의 선명함을 드러냈으며, 밝은 청록색을 써서 화면 부분 부분을 가볍게 했다. 또한 여래의 보관과 들고 있는 연꽃 등에 금을 사용하여 화려함을 더했다.

하단의 석가여래 두 발 사이에는 화기란이 있다. 여기에는 1687년 5월에 이 불화를 조성한 사실과 참여한 126명의 이름이 적혀 있다. 시주를 한 사람을 적은 시주질(施主秩)과 이 불화 조성에 참여했던 사람들의 이름과 맡은 역할과 불화를 그린 장인들의 이름을 적은 연화목록(緣化目錄), 그리고 당시 마곡사 주요 스님들 이름이 본사목록(本寺目錄)으로 나누어 적혀 있다. 시주자들에 대해서는 탱(幀), 바탕(波湯), 금(金) 등 물목까지 나와 있으며, 불화를 그린 능학, 계호, 유순 등 여섯 명 스님들이 기록되어 있다.

김구 선생, 일제 탄압 피해 출가한 사찰

마곡사는 한국인들이 가장 존경하는 인물로 꼽는 백범 김구 선생이 일제의 탄압을 피해 잠시 '원종(圓宗)'이라는 법명으로 출가했던 사찰이기도 하다. 해방 후 고국으로 돌아온 김구 선생은 마곡사를 방문해 향나무를 심었는데 지금도 그 자리를 지키고 있다. 김구 선생은 나라를 위해 가장 갖고 싶은 것으로 '문화의 힘'을 꼽았는데 예리한 혜안이 아닐 수 없다.

마곡사에 들러 평생 나라를 위해 헌신한 김구 선생의 바람과 더불어 석가여래가 연꽃을 들어 전하고 싶었던 가르침의 향기도 느껴 보시길 바란다.

07 구례 천은사 금동불감

현존 불감 중 가장 큰 미니어처, '이동불전'

구례 천은사 금동불감(金銅佛龕) | 보물
현존하는 불감 가운데 가장 큰 규모의 이동식 전각이라 할 수 있다.

물과 인연 깊은 천은사

많은 사연을 담고 있는 지리산 자락에 아름다운 천은사가 있다. 문화재 조사를 하거나 혹은 전시에 선보일 문화재를 대여하기 위해 방문했던 천은사는 지리산에 기대어 늘 사방으로 바람이 통했던 곳으로 기억된다. 특히 저수지의 물결은 평화로웠으며, 기분 좋은 향기가 나는 나무들로 가득했다. 물과 바람이 어우러진 호젓하고도 여유로운 분위기는 차안(현실 세계)과 피안(깨달음의 세계)의 경계를 느끼게 해주었다.

천은사는 물과 인연이 깊은 사찰이다. 사찰 이름에서도 이를 알 수 있는데, 828년(흥덕왕3) 인도에서 온 덕운(德雲)스님이 창건할 당시에는 앞뜰의 샘물을 마시면 정신이 맑아진다고 하여 '감로사(甘露寺)'로 불렀다고 전한다. 그 뒤 875년(헌강왕1)에 도선국사(道詵國師)가 중건하여 고려시대에는 대사찰의 사세를 누렸으나, 안타깝게도 조선시대에 임진왜란의 병화로 완전히 불타버렸다. 왜란 이후 1610년(광해군2)에 혜정(惠淨)스님과 1679년(숙종5)에 단유(袒裕)스님이 중건했다. 이때 사찰명이 바뀌었다. 당시 감로사의 샘가에는 큰 구렁이가 자주 나타나 이를 잡아 죽였더니 그 뒤로부터는 샘물이 솟아나지 않아, 샘이 숨었다 해서 천은사로 하였다고 한다.

천은사에는 보물인 극락보전과 극락보전의 후불탱인 아미타회상도를 비롯하여 중요 문화재가 많이 남아 있다. 그 중에 으뜸은 보물 '천은사 금동불감(金銅佛龕)'이다.

이 불감은 고려 말의 고승인 나옹 혜근(懶翁慧勤, 1320~1376)스님이 모시고 기도하던 원불(願佛)로 전해온다. 재질은 금동으로 금동판을 오리고 이어 붙여 전각의 모습으로 기본 형태를 만들었다. 타출기법으로 여러 불보살상과 화려한 문양들을 새긴 이 불감에는 여닫이식 문이 양쪽으로 달려 있다. 불감의 크기는 너비 34.7cm 높이 41.1cm 깊이 17.6cm로, 현재 남아 있는 불감 가운데 규모가 가장 크다.

나옹화상 원불 모신 '이동 전각'

불감은 불상을 안치한 전각을 이동이 가능하도록 작게 만든 것이다. 말하자면 불전의 미니어처 같은 것이다. 우리나라에 남아 있는 불감은 이동하기 쉽도록 여닫이문을 닫으면 동그란 작은 통과 같은 모양과 전각 모양이 있다.

불감의 종류는 호신불을 넣어 가지고 다니는 5cm 정도의 작은 불감에서부터 10~20cm 정도의 불상들을 넣어 봉안하는 비교적 큰 규모까지 다양하다. 재료는 금동, 은, 나무 등이 있다. 순천 송광사 불감, 동국대박물관 소장 불감, 전남 광양 상백운암 불감 등은 나무로 만든 것이다. 천은사 불감, 간송미술관 불감 등은 금동으로 만들어진 것인데 모두 희귀한 성보이다.

천은사 금동불감은 이른바 불전형식(佛殿形式)으로, 이런 형태의 불감은 고려시대부터 제작되기 시작했다. 불전의 지붕은 기왓골이 촘촘하게 파인 우진각지붕 형태이다. 앞으로 열리는 문짝에는 아름다운 화문으로 장식된 꽃살문이 표현되어 실제의 전각을 연상시킨다. 불감은 보상당초문이 새겨져 있는 방형의 기단 위에 올려져 있다.

문짝은 2중의 동판으로 이루어져 있다. 문을 열면 안쪽에는 돋을새김으로 양쪽에 불꽃모양의 광배를 하고 옷을 휘날리며 보검을 들고 있는 금강역사가 새겨져 있다. 부처님 세계를 호위하는 신장상인 금강역사를 입구에 가장 먼저 배치하여 불법(佛法) 수호를 상징하였다.

내부 각 면에 후불탱을 새기고 그 안에 불상을 봉안해 실제 불전을 보는 것 같은 느낌을 줘 집안에 모시고 싶은 마음이 일게 한다.

실제 전각 구현하고 내부에 후불탱 봉안

문을 열면 그야말로 부처님의 찬란한 세계를 불감 내부에 구현하고 있다. 불감 내부의 모든 면들을 금으로 입혀 화려하게 장식하였고, 천정을 포함한 각 면마다 빈틈없이 불보살의 세계를 다채롭게 새겼다.

여러 부처님이 설법하는 장면을 새긴 벽을 배경으로 하여, 현

천은사 불감의 정면 모습

불감 뒷면에 새겨진 명문

재 16.5cm 크기의 금동불좌상 두 구가 봉안되어 있다. 이 불상들의 대좌 밑면과 불감의 밑면에는 2개씩 구멍을 뚫어 고정시킨 흔적이 남아 있다. 다른 곳으로 이동할 때 불상이 움직이지 않도록 고정한 장치이다. 그런데 불감 밑면에 고정시킨 흔적이 다섯 군데가 남아 있어 원래 봉안된 불상은 5위였음을 알 수 있다.

두 구의 불상 수인은 모두 아미타설법인을 하고 있는데, 올린 손이 대칭이다. 대좌는 연주문(連珠文)이 돌려진 연화대좌이다. 상대의 앙련좌와 하대의 복련좌가 서로 마주 붙어있는 형태로, 고려 말부터 조선 초기에 걸쳐 유행했던 대좌 형식이다. 머리에는 나발이 표현되어 있고, 통통하고 둥근 얼굴에 목은 가늘고 좁고 둥그런 어깨에 대의를 입고 있다. 불상의 특징으로 보아 이 불감의 조성 시기는 고려 말로 추정된다.

전각에서 불상 뒤에 불화를 봉안하듯이, 불감 내부 중앙 벽에는 비로자나불회도가, 향우측 벽에는 약사불회도, 향좌측에는 아미타불회도가 각각 타출기법으로 조각되어 있다. 비로자나불회도에는 지권인을 하고 있는 비로자나불상 좌우에 협시보살상인 문수와 보현보살이, 그 주변에 십대제자입상이 새겨지고 뒤쪽의 구름 사이로 사천왕이 얼굴과 상체 일부만 드러내 보이고 있다. 약사불회도에는 약합을 든 약사불이 중앙에, 그리고 좌우에 협시보살인 일광, 월광보살상이 구름 위에 놓인 높은 대좌에 앉아 있다. 아미타불회도에는 아미타불이 설법인을 짓고 있으며, 관음과 대세지보살이 비슷한 구도로 새겨져 있다.

불감 천정에는 한 쌍의 봉황이 운문과 함께 표현되어 있고, 각 불회도의 아래에는 구름과 칠보 등의 보석 문양을 새겨 부처님이 계신 세계를 화려하게 장식했다.

이처럼 중앙 벽에 비로자나불회도가, 향우측 벽에 약사불회도, 향좌측에 아미타불회도를 모신 삼불상의 구성 형식은 조선 후기 유행했다. '천은사 금동불감'을 통해 이러한 구성이 여말선초부터 나타나고 있었음을 알려주고 있어 불교도상학적으로도 매우 중요하다.

법신불인 비로자나를 중심으로 동방정토를 주재하는 약사불과 서방극락정토의 아미타불이 결합된 모습이다. 이는 결국 대승불교가 발전한 이래 모든 시간과 모든 세상에 항상 여래가 존재한다는 다불(多佛) 신앙이 축약된 세 불상의 모습으로 나타난 것이다. 그러므로 천은사 불감은 모든 시간과 온 세상에 존재하는 여래가 모인 공간이라 할 수 있다.

제작·시주자 명문 남은 유일한 불감

천은사 불감에는 조성과 관련된 명문이 남아 있어 더욱 가치가 크다. 뒷면 왼쪽 상단에 조성한 작가와 시주자가 새겨져 있다. 남아 있는 불감 가운데 이러한 명문이 남아 있는 사례로는 유일하다.

명문에는 세로 여섯 줄로 "조상신승 조장금치 조수박어산 시주 박씨양주 연화신음중보 신선해옥(造像信勝 造藏金致 造手朴於山 施主朴氏兩主 緣化信音重寶 信禪海玉)"이라고 새겨져 있다. 이를 살펴보면 불상은 신승(信勝)이, 불감은 김치(金致)

와 박어산(朴於山) 등이 조성한 것으로, 불상과 불감을 만든 작가가 다르다는 것을 알 수 있다. 시주자로는 박 씨 부부, 신음, 중보, 신선, 해옥 등의 스님들이 등장한다.

정확한 제작 연대는 알 수 없지만, 이 불감은 조각 수법이 뛰어날 뿐만 아니라 불감을 제작한 장인과 불상을 조성한 스님, 발원자들의 이름이 쓰여 있어 조각사와 공예사 연구에 귀중한 자료이다.

'천은사 금동불감'은 나옹화상이 원불로 모셨던 것으로 알려져 있는데, 가시는 곳 어디나 늘 함께 모시고 다니며 경배 드렸던 것으로 보인다. 불감 안 각 면에 후불탱을 새기고 그 안에 불상을 봉안하여 마치 실제 불전에서 기도하는 것을 그대로 연상시킨다. 나도 이런 불감을 조성하여 내 집안에 모시고 매사에 여여하게 지내라고 기도 드리고 싶은 소망이 생긴다.

08 구례 화엄사 비로자나삼신불회도

삼신불상과 함께 봉안된 유일 '삼신불회도'

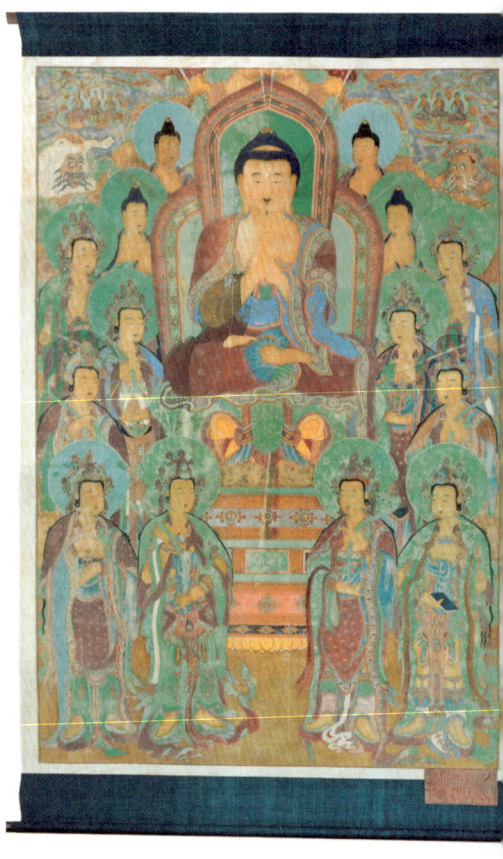

구례 지리산 화엄사 대웅전은 우리나라를 대표하는 목조 건축이다. 이 전각 안에는 가운데 비로자나불상, 향우측에 노사나불상, 향좌측에 석가모니불상으로 구성된 1635년 작(作) 비로자나삼신불상(三身佛像)이 봉안되어 있다. 그리고 세 불상 뒤에는 4m에 달하는 세 폭의 불화가 각각 걸려 있다.

이 불화는 1757년(영조33)에 조성된 '비로자나삼신불회도'이다. 이 명칭은 '비로자나불도(毘盧遮那佛圖)', '노사나불도(盧舍那佛圖)', '석가모니불도(釋迦牟尼佛圖)'이며, 총 세 폭으로

화엄사 대웅전 비로자나삼신불회도 | 보물
1757년, 세 폭, 18세기를 대표하는 화승 의겸스님의 마지막 작품으로 알려졌다. 왼쪽부터 석가모니불, 비로자나불, 노사나불.

이루어진 불화로, 가운데 주존이 비로자불인 삼신불을 그린 불화라는 뜻이다. 이처럼 대웅전에 삼신불상과 삼신불회도가 함께 봉안된 것은 화엄사에서만 찾아볼 수 있는 유일한 사례로 그 의미가 크다.

벽암 각성스님이 주도한 재건 불사

화엄사는 임진왜란과 정유재란으로 폐허가 되었다. 이에 1630년(인조8) 경부터 사찰이 복원되는데, 이때 중추적 역할을 수행한 인물이 벽암 각성(碧巖覺性, 1575~1660)스님이다. 벽암 각성스님은 임진왜란 당시 승병을 이끌고 전쟁에 참여하였고, 이러한 공로로 1624년에는 팔도도총섭(八道都摠攝)으로 임명되었다. 또한 정묘호란, 병자호란이 발발하자 화엄사에서 항마군(降魔軍)을 모집하여 대항하였고, 효종(재위 1649~1659)은 당시 스님이 주석하던 화엄사를 선종대가람으로 승격시켰다.

화엄사는 임진왜란 때 소실된 전각 재건 사업을 시작하여, 1636년 경에 대웅전이 먼저 중건되었다. 전쟁으로 어려웠던 시기에 큰 규모의 중창 불사가 가능했던 것은 벽암 각성스님과 친밀한 사이였던 신익성(申翊聖, 1588~1644)과 화엄사의 대웅전 편액(扁額)을 쓴 의창군 이광(義昌君 李珖, 1589~1649)의 후원이 있었기 때문이다. 의창군은 선조(재위 1567~1608)의 8남이다. 신익성은 선조와 인빈 김씨의 3녀인 정숙옹주(貞淑翁主, 1587~1627)와 혼인하여 동양위(東陽尉)에 봉해졌던 인물이다.

최근 화엄사 대웅전 '목조비로자나삼신불좌상(木造毘盧遮那三身佛坐像)'의 복장에 넣었던 시주질(施主秩)이 새로 발견되었다. 이 불상을 조성할 때 시주했던 사람들의 명단이다. 여기에서 화엄사 복원 사업에 위의 인물들이 실제적으로 후원하였다는 사실이 확인되었다. 이처럼 양란 이후 대웅전을 복원하면서 1635년에 삼신불상을 봉안하였고, 이후 1757년에는 불상의 존상과 같은 '비로자나삼신불회도'를 봉안하였음을 알 수 있다.

화엄사 상징하는 대표적 불화

삼신불은 모든 세상에 존재한 모든 부처님의 본바탕을 법신(法身), 보신(報身), 화신(化身)으로 구별한 것이다. 이는 삼라만상에 존재하는 일체제불(一切諸佛)을 상징하고 있다. 법신은 진리 그 자체를 상징하고, 보신은 원(願)과 행(行)을 성취한 공덕을 상징하고, 화신은 형상의 출현을 상징한다.

법신과 보신은 표현할 수 없는 존재임에도 불구하고 형상화하기에 이르게 되면서 삼신불상이 출현하게 된다. 삼신불상은 9세기 경 화엄사상의 영향으로 출현하게 되었다. 화엄종을 대표하는 사찰인 화엄사에 세계에서 유일한 도상을 한 삼신불상과 불화가 함께 조성되었다는 사실은 그 상징성이 더욱 크다.

찬찬히 불화를 살펴보자. 중앙에는 법신(法身)인 비로자나불을 그린 것이다. 화면 중앙 상단의 본존불을 중심으로 좌우협시인 문수·보현보살과 8대 보살, 4위의 타방불과 사자와 코끼리 탈을 쓴 신중(神衆)들이 원형으로 에워싸듯 배치되어 있다. 본존불은 키 모양의 광배를 배경으로 지권인의 손 모양을 하고 결가부좌한 채 앉아 있다. 귀·눈·입·코 등은 단정하게 표현되어 있고, 신체 비례는 무릎 폭이 넓어 안정감이 있어 보인다.

향우측에는 보신(報身)인 노사나불도이다. 노사나불은 두 손을 어깨까지 들어 올려 설법하는 손 모양에 보관을 쓴 보살형의 모습이다. 본존불을 중심으로 8대 보살과 사천왕상 2위, 4위의 타방불, 3위의 신장과 4위의 금강이 주위에 배치되어 있다. 단정한 귀·눈·입·코 등에 안정된 자세를 취하고 있다. 둥근 머리광배에 보관을 쓰고 귀걸이·목걸이·팔찌·구슬 등을 화려하게 장식하여 보살의 모습으로 나타난 친근한 여래로서의 모습이 돋보인다.

향좌측은 화신(化身)인 석가모니불도이다. 석가불은 몸 광배가 유난히 큼직한 키형 광배에 악귀를 물리치는 뜻을 지닌 항마촉지인의 손 모양을 하고 있다. 본존불을 중심으로 하단에는 문수·보현보살을 포함한 6대 보살과 함께 2위의 사천왕상을 그렸다. 그 위로는 가섭·아난존자를 비롯한 10대 제자 및 4위의 금강과 3위의 신장, 용왕·용녀를 배치하였다.

이 불화는 4m가 넘는 거대한 세 폭의 화면에 화엄사의 대표 사상인 화엄종의 주존 비로자나불을 비롯한 삼신불을 표현한 매우 드문 예이다. 18세기 삼신불도의 전형을 보여주는 불화이며, 18세기를 대표하는 화승인 의겸(義謙)스님이 마지막으로 그린 것으로 유명하다.

인물들의 상호 표현이 둥근 방형의 얼굴형에 이목구비의 사실적인 세부 표현과 안정적인 비례감을 보이는 단아한 인상이 특징이다. 이는 의겸스님의 독특한 화풍으로, 필선이 섬세하며 녹색을 많이 사용한 것도 마찬가지이다.

의겸스님은 '호선(豪仙)', '존숙(尊宿)'의 존칭을 받을 정도의 대가(大家)였다. 화엄사 비로자나삼신불회도의 '노사나불도'에는 '대정경(大正經)'이라는 칭호로 화기에 기록되어 있다.

불화에 복장낭과 동경 봉안

예배의 대상인 불화도 불상과 마찬가지로 복장의식(腹藏儀式)을 통해 불화 상단 혹은 뒷면에 복장낭(복장주머니)이나 방형(方形)의 후령통(候鈴筒)을 안치한다. 일제강점기에 촬영된 '비로자나삼신불회도'를 찍은 사진을 보면 불화 상단에 '복장낭'과 '동경(銅鏡)'을 안치했음을 알 수 있다. 현재 두 부분으로 나뉜 '복장낭(복장주머니)' 한 점과 '동경' 세 점은 화엄사성보박물관에 소장되어 있다.

'복장낭'은 비단으로 만들었으며 상단부는 녹색 바탕의 비단에 불법(佛法)의 청정함을 상징하는 연꽃과 신성성을 상징하는 범자(梵字)를 수놓았다. '복장낭' 하단부 뒷면에 '주(主)'라는 명문이 있어 본존인 '비로자나불도'의 '복장낭'임을 알 수 있다.

'동경'을 세 폭에 각각 걸었다. 이는 불법(佛法)을 법경(法鏡)에 비유했던 것에서 유래했을 것으로 짐작된다. '동경'은 모두 원형이며, 둥근 꼭지를 중심으로 육자진언(六字眞言)이 둘러져 있고, 글자 사이는 국화문으로 장식하였다.

이 불화는 웅장하고 장엄한 기품이 있어 삼신불상과 어울리는 대웅전의 후불탱으로 뛰어난 가치가 있다. 또 18세기 조계산 지역을 중심으로 활동했던 의겸스님의 마지막 작품으로도 그 의의가 크다.

복장낭(腹藏囊)과 동경(銅鏡)
비로자나불도에 있던 복장낭(복장주머니) 한 점과 삼신불회도
각각에 있던 동경 세 점은 현재 화엄사 성보박물관에 있다.

09 구례 화엄사 화엄석경

진리를 계승하는… 화엄종 사찰 화엄사의 상징적 유물

불(佛), 법(法), 승(僧) 삼보(三寶)를 통해 불교는 유구한 역사 속에서 오늘로 면면히 이어질 수 있었다. 부처님의 열반과 함께 설하신 법마저 현세에서 사라졌다면, 현재의 불교가 그 명맥을 유지할 수 있었을까. 부처님 말씀, 즉 법보(法寶) 신앙을 대표하는 성보 가운데 하나가 화엄사 '화엄석경'이다.

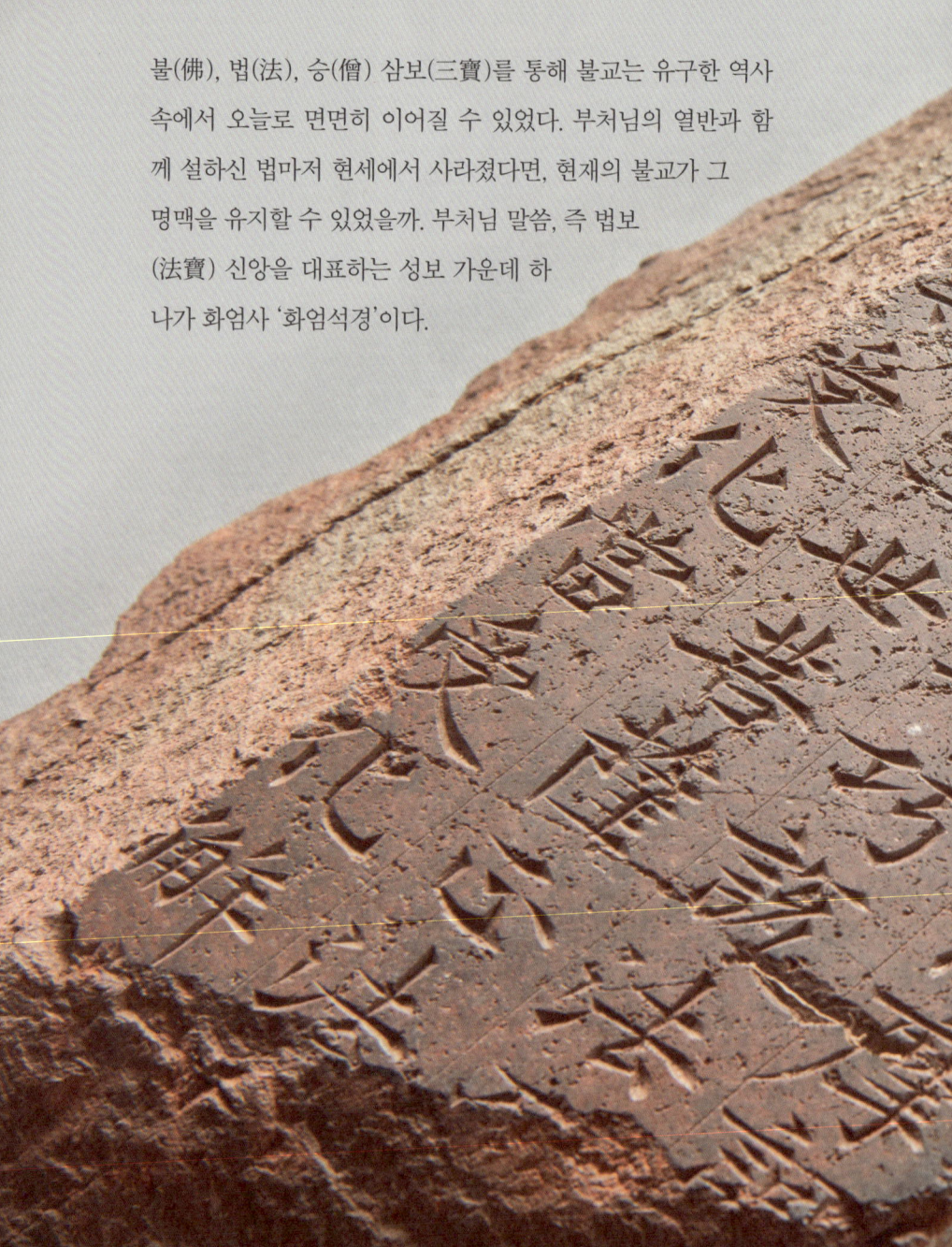

구례 화엄사 화엄석경(華嚴石經) | 보물
임진왜란 때 훼손돼 각황전 주변에 오랫동안 방치되어 있다가 일제강점기에 수습됐다. 현존하는 석경편은 1만 4000점으로, 상자 200여 개에 나뉘어 화엄사 성보박물관에 보관 중이다.

화엄종 사찰의 상징 '화엄석경'

부처님의 열반 이후 제자들이 한자리에 모여, 서로 전해 들었던 부처님 말씀을 모으고 검증한 뒤 암송으로 후대에 전했다. 후에 부처님의 말씀을 문자화하여 체계적으로 정리하게 된 것은 획기적인 문명의 전환점이 되었다. 불교 국가에서는 경전을 모으고, 베껴 쓰고[筆寫], 번역하고[譯經], 새겨서[彫版] 부처님이 가르쳐준 진리를 계승하는 것에 매진했다.

한국에서도 경전을 모으고 새기는 일을 소중히 했다. 고려시대에는 전란을 겪으면서도 세계적으로 훌륭한 대장경을 조성한 저력이 있다. 이전 시대부터 이러한 불법(佛法)을 널리 유포시키고 외호하고자 하는 경전에 대한 존숭사상이 발전해 있었다. 이러한 사실을 보여주는 것이 바로 화엄사 '화엄석경'이다. 이 '화엄석경'은 우리나라 화엄종 사찰의 상징적 유물일 뿐만 아니라 통일신라시대의 불교사 연구에 귀중한 자료이다.

화엄사는 통일신라시대의 화엄사상을 대표하는 사찰이다. 화엄사는 750년 무렵 불교계의 새로운 흐름인 화엄사상을 선양하는 중심 사찰이었으며, 이를 단적으로 보여주는 것이 '화엄석경'이다. 석경(石經)이란 경전의 원문을 돌판에 새긴 것으로, 〈화엄경〉을 돌에 새긴 것이 바로 '화엄석경'이다.
우리나라에서는 경주 창림사지(昌林寺址) 부근에서 출토된 '법화석경(法華石經)'과 경주 칠불암 '금강석경(金剛石經)', 그리고 최근에 발견된 '영국사지(도봉서원터) 법화석경'이 전부인 희귀한 문화재이다.

중국의 석경으로는 '방산석경(房山石經)'과 '석경산(石經山)'이 잘 알려져 있다. 베이징 인근 운거사의 방산석경은 1만 4278개의 돌에 경전을 새긴 방대한 양으로, 탑 속에서 출토됐다. 또 운거사에서 1.5km 떨어진 곳의 석경산은 수나라부터 명나라 시기까지 천년 동안 스님들이 석굴에 경전을 새긴 것으로 유명하다. 산 전체에 대장경을 새겼다는 의미에서 석경산이라 하였다. '방산석경'과 '석경산'의 석경은 불교 탄압으로 불법이 끊어질 것을 대비한 것이다.

불전 장엄으로 화엄사 상징성 부여

이와 달리 '화엄석경'은 법보로서 불전을 장엄하고 화엄사의 사격에 걸맞은 상징성을 부여하기 위해 조성되었을 것으로 보인다. 〈화엄경〉은 부처님이 깨달은 내용과 깨달음을 성취한 부처님의 광대한 공덕에 대해 설한 경전이다.

통일신라시대 의상대사(義湘大師, 625~702)가 화엄십찰(華嚴十刹)을 정하고 그 가운데 하나인 화엄사를 중창했다. 봉성지(鳳城誌)에 장육전(丈六殿, 현 각황전)을 건립하고 주위에 석각(石刻)의 〈화엄경〉을 둘렀다는 '화엄석경'에 관한 기록이 있다.

그러나 이 석경의 제작 연대는 통일신라 말로 추정된다. 이는 황룡사 연기(緣起)조사가 간행한 〈백지묵서대방광불화엄경〉(755)과 서체와 변상도가 유사하고, 해서체(楷書體)로 쓰인 글씨체 또한 최치원(崔致遠)이 쓴 하동 쌍계사 진감국사비문(眞鑑國師碑文)과 닮았기 때문이다. '화엄석경'에 새겨진 〈화엄경〉은 60화엄경으로, 이는 의상대사 생존 이후에 한역(漢譯)

된 것이다. 의상대사가 조성한 것과는 시기적으로 맞지 않는다.

화엄사는 사찰명에서 나타나듯이 화엄 도량으로서 위상을 갖추었음을 알 수 있다. 화엄사는 1593년(선조26) 왜병들에 의해 병화를 입게 되고, 이때 장육전을 두르고 있는 석경도 산산조각이 났다. 1702년(숙종28)에 장육전 건물을 다시 지어 '각황전(覺皇殿)'이라고 하였으며, 숙종이 직접 지어 현판을 내렸다고 한다.

'화엄석경'은 각황전 주변에 오랫동안 방치되어 있다가 일제강점기에 이르러 수습되었다. 현존하는 석경 편은 1만 4000점에 달하고 있다. 지금은 200여 상자에 나뉘어 화엄사 성보박물관에 보관 중이다.

한국 最古 변상도 있는 '화엄석경'

사경은 대체로 표지(表紙)·변상(變相)·경문(經文)·사성기(寫成記)의 형태로 이루어진다. 표지에는 경(經)의 제목이 들어간다. 경전 내용을 그림으로 그린 변상도는 표지 바로 뒤 즉, 경문의 맨 앞에 하나만 있는 경우도 있고, 경문 중간에 또 들어가는 경우도 있다. 경문 중간에 들어가더라도 한 권에 여러 품(品)이 있는 경우에는 주로 품이 시작하는 품수제(品首題)의 앞부분에 변상이 들어가게 된다.

'화엄석경'은 가로 65cm, 세로 52cm의 크기이다. 글씨 위쪽에 가로로 그은 천두선(天頭線)과 아래쪽에 가로로 그은 지각선(地脚線)을 새겼다. 세로로 행간을 구획하는 계선(界線)을 긋고, 그 안에 경전의 내용을 새겼다. 권을 구분하지 않고 품으로 구분했다. 품의 시작에는 품수제를 서사했다. 세로의 한 행에는 28자를 일정하게 새겼다. 품과 품 사이에 변상도가 있는 경우도 있는데, 변상도의 위치는 1품의 시작 전으로부터 설법 장소가 바뀌는 위치에 있었으며 모두 여덟 곳에 존재한다.

'화엄석경'의 변상도는 우리나라에서 가장 오래된 변상도인 연기법사가 간행한 국보 〈백지묵서대방광불화엄경〉(755)의 문양과

화엄석경 변상도의 부분

양식이 유사하다. 한국에서 가장 오래된 변상도라고 여겨진다.

'화엄석경'은 장육전의 벽면을 둘렀다고 했는데, 어떤 방식으로 벽체에 무거운 석경을 고정시켰을까. '화엄석경'을 자세히 보면 벽면에 석경을 고정하기 위한 장치와 관련된 구멍과 홈들이 있다. 이 화엄석경판을 연구한 결과 동그란 구멍이 뚫린 편들은 '화엄석경'을 배치할 때 맨 윗부분에 해당하는 것으로 밝혀졌다.

또 네모난 홈들이 있는 석경은 중간 부분에 위치하며, 그 홈들은 위아래 석경판들을 연결하는 고정 장치가 있었던 흔적으로 보인다.

아마도 위의 석판과 아래 석판을 연결하는데 나무를 이용해 나비장이음과 같은 짜맞춤 공법을 도입한 것으로 추정된다. '화엄석경'은 석경에 홈을 파서 위아래로 연결하고 옆으로 또 이와 같은 작업을 반복해서 완성했을 것이다.

'화엄석경'이 장육전에 어떠한 형태로 둘러졌는지, 위치가 외벽인지, 혹은 후불벽인지, 내벽인지 아직 정확히 밝혀지지 않았다. 최근 화엄사는 '화엄석경'을 보존하기 위해 다방면으로 노력하고 있다. 그간 유물 정리와 함께 〈화엄경〉의 내용, 구조, 그리고 배치에 관하여 학자들이 모여 논의하고 있다. 또한 어떻게 복원하여 활용한 것인가에 대한 고민을 하고 있다. 이러한 과정을 통해 '화엄석경'이 제대로 복원되고 보존될 것이라 기대된다.

'화엄석경'은 화엄종찰인 화엄사의 상징적인 유물이다. 통일신라시대에 〈화엄경〉을 돌에 새긴 의미가 무엇일까. 아마도 공력이 드는 꽤 까다로운 작업이었을 것이다. 〈화엄경〉을 돌에 새기기 위해서는 먼저 경전을 베껴 쓰는 과정이 필요하다.

〈화엄경〉의 서체는 이미 전통 사경의 모본이 될 정도로 뛰어난 서예가의 솜씨로 평가된다. 뛰어난 서예가의 명필이 필요할 뿐만 아니라 이를 잘 새기는 각수의 기법 또한 중요하다. 뛰어난 명필의 서예와 이를 제대로 새기는 각수의 솜씨가 어우러지고, 여기에 지극한 신심이 합이 되어 이루어낸 결과물이 '화엄석경'이라 할 수 있다.

통일신라시대에 화엄사에는 사경과 새기는 일을 전문적으로 하는 '사경원'이 존재했을 것으로 짐작된다. 이러한 방대한 작업이 가능하려면 전문 인력이 모일 수 있는 조직이 있어야 하기 때문이다.

이러한 전통을 이어 화엄사에서는 '화엄석경연구소'를 두어 '화엄석경'을 보존 관리하고 활용하여 화엄학을 연구하는 중심에 서고자 노력하고 있다. 전통사경연구원을 두어 일반인들에게 전통 사경을 가르치고, 이를 통해 수행하는 것을 돕고 있는 것도 이런 사업의 일환일 것이다.

10 군위 인각사 출토 공양구 일괄

우리나라 최초 승탑지 공양구…불교 금속공예 '진수'

입적한 큰스님께 우리는 무엇을 바치고 싶을까. 보각국사 일연(普覺國師 一然)스님이 〈삼국유사〉를 집필했던 군위 인각사에서 찬란한 과거를 돌이켜 보게 할 만한 일이 벌어졌다. 인각사는 천년고찰로 역사 속에서 빛났던 사찰이었으나 현대에는 사찰 터 일부만 남아 운영되는 조그만 가람이다.

군위 인각사 출토 공양구 일괄 | 보물
불교문화재연구소가 옛터를 복원하기 위해 발굴조사를 하던 2008년, 인각사 동쪽 승탑지(僧塔地)에서 통일신라 유물 18점을 발견했다.
(불교중앙박물관 기탁)

이에 옛 터를 복원하기 위해 불교문화재연구소에서 발굴조사를 실시하던 2008년, 세상을 놀라게 할 만한 유물들이 대량으로 발견됐다. 금속공예품과 도자류로 구성된 총 18점의 일괄 유물이 인각사 동쪽지역, 스님의 사리를 봉안하는 승탑이 있었던 자리 지하(僧塔址)에서 출토된 것이다. 제작 시기는 통일신라시대에 해당하는 것으로 매우 희귀한 유물들이다.

인각사 유물 발견 당시
현장 모습

세상을 놀라게 할 만한 유물의 발견

청동으로 만든 7층 탑 모양의 뚜껑이 있는 향을 넣는 향합(靑銅 香盒), 접시, 금동가릉빈가상이 한 면이 뚫린 북(靑銅 金鼓) 안에 놓여 있었다. 그 주변에 깨끗한 물을 담는 정병(靑銅 淨瓶) 2점, 손잡이가 달린 금동 향로(金銅 柄香爐)와 해무리굽이 있는 청자 찻잔(靑磁 盌) 7점, 발우(靑銅 鉢), 몸통과 뚜껑으로 된 원통형 그릇(靑銅 圓筒形 二重盒)이 함께 모여진 채 발견됐다. 이 유물들은 지표에서 약 5cm 지점에 손상 없는 상태로 묻혀 있었다. 둥그렇게 땅을 파고 바닥에 기와를 깐 다음 벽체에도 기와를 세워 쌓고, 그 안에 일괄유물을 매납한 후 위에 다시 기와를 덮은 형태로 묻었던 것으로 추정된다.

인각사는 643년(선덕왕12)에 원효스님이 창건했다. '기린의 뿔(麟角)'이라는 이름의 유래는 사찰 맞은편에 보이는 아찔한 벼랑에 기린이 뿔을 걸었다는 〈동국여지승람〉의 기록과 명부전 뒤로 뻗은 화산(華山) 자락이 기린의 뿔 형상을 하고 있어 '인각사'라고 불렀다는 두 개의 설이 전한다. 1307년(고려 충렬왕 33)에 일연스님이 중창한 뒤 5년간 머물면서 〈삼국유사〉를 저술하고 입적한 유서 깊은 가람이다. 그러나 고려시대 사찰 역사만 조명된 채 삼국유사가 집필되기 이전의 역사는 안개 속이었다. 이번 발굴 유물은 뛰어난 조형과 섬세한 기법이 돋보이는 우수한 공예품이다. 더욱이 출토지가 확실하며, 제작 시기도 통일신라시대의 유물이어서 고대에도 인각사가 높은 지위에 있었던 사찰이었음이 밝혀졌다.

왜 스님의 탑지에 묻었을까?

이 유물들은 스님의 무덤인 승탑의 지하층에서 발견된 것이다. 그런데 왜 묻었을까. 이 단서를 중국 하남성 낙양시 신회선사(神會禪師, 683~758) 승탑의 지하에서 발견된 유물들에서 찾을 수 있다. 신회선사는 선종의 6조 혜능(慧能)선사의 제자로, 중국 선종에 있어 매우 중요한 인물이다. 신회선사 탑지의 지하 약 1m 아래에 돌판을 길이 1.25m, 너비 1.13m, 높이 1.2m로 쌓은 방형의 석실 안에서 청동 정병, 청동 향로, 청동 향합, 숟가락과 젓가락 1쌍, 은합(銀盒), 도기로 만든 발우 3점, 철기편 등 일괄유물이 발견됐다. 석실을 쌓았던 돌판 안쪽에 '765년'이라는 글씨가 새겨져 있어 적어도 765년 이전에 만들어진 것이 명백한 중국 당(唐)대 불교 금속공예품의 대표작이다.

고승의 사리를 봉안한 승탑의 땅 속에 방을 만들어 여러 종류의 유물을 함께 묻은 점은 독특하다. 두 스님의 유물들은 완전히 일치하지 않지만 정병, 병향로, 향합은 공통적으로 출토된 공예품으로 어떤 의미가 있는 듯하다.

신회선사 탑 유물에 숟가락, 젓가락 등의 생활용구가 포함되어 있던 것에 비해 인각사 출토 유물은 청동 금고 안에 질서 있게 놓인 것으로 보아 어떠한 의식과 절차에 따라 넣은 것이 아닌가 추정된다. 발견된 유물들은 사용한 흔적이 거의 없는 깨끗한 상태여서 생활에서 사용했던 유물이 아니라 스님들이 부처님께 공양을 올리던 공양구로 사용되었던 기물이었던 것으로 짐작된다. 중국 당나라 낙양에서 선사의 탑 지하에 공양구를 매납했던 방식이 통일신라에 나타난 예는 인각사 발굴 유물이 유일하다.

더구나 통일신라의 수도가 아닌 변방의 군위 인각사에서 이런 유물이 발견되었다는 것은 당시 당과 적극적인 문화 교류가 이루어졌다는 것을 알 수 있다.

통일신라 유례없는 뛰어난 공예품

중요한 유물을 중심으로 간단히 살펴보면, 우선 손잡이가 달린 향로(金銅 柄香爐, 길이 40cm, 높이 10cm, 사자 높이 7.0cm)가 눈길을 끈다. 이는 스님들이 각종 의식에서 직접 사용한 향로다. 향을 넣는 자루모양의 향로와 받침대, 긴 손잡이, 그리고 손잡이와 향로를 잇는 여의두 모양의 장식으로 구성되어 있다. 손잡이 끝 부분에 정교한 사자를 조각해 붙였고 각 부분을 리벳으로 조립했다. 통일신라시대 병향로는 성덕대왕신종에 조각된 공양자와 석굴암 벽면의 부조상인 십대제자 중 한 스님이 들고 있어 그 형태를 알 수 있다. 우리나라 공예품으로는 리움미술관이 소장하고 있는 금동병향로, 경남 창녕 말흘리에서 출토된 병향로로, 그 사례가 귀하다.

인각사 출토 병향로는 형태가 안정적이며 세부 주조 기법도 정교하다. 두께가 매우 얇으면서 강도가 높아 당시의 금속공예 기술이 수준 높았음을 보여준다.

깨끗한 물을 담는 정병(靑銅 淨甁, 각각 높이 35cm, 34cm)도 주목된다. 인각사에서 발견된 2점의 청동 정병 가운데 한 점은 부분 파손이 있지만 다른 한 점은 거의 완벽한 상태이다. 통일신라 정병의 형태는 석굴암 벽면 조각 가운데 범천상이 들고 있는 모습으로 확인할 수 있다. 공예품으로는 부여 부소산 출토 정병만 남아 있다. 인각사에서 발굴된 정병은 세련되면서 날렵한 기형으로 현존하는 통일신라 정병 가운데 가장 오래된 것으로 평가된다.

다음으로는 청동으로 만든 북(靑銅 金鼓, 지름 38~40cm)이다. 이 금고는 한 면이 뚫려 있어 유물들을 담는 커다란 그릇 역할을 했다. 지금까지 통일신라의 청동 금고는 국립중앙박물관 소장의 865년(咸通6) 경 금고가 유일한 예였으나 통일신라 금고가 하나 더 새롭게 발견된 것이다.

7층 탑 모양의 뚜껑이 있는 청동향합(塔鈕蓋 靑銅香盒, 높이 18.0cm)은 향을 넣는 그릇이다. 타원형의 둥근 몸체 아래로 나팔처럼 벌어진 높은 굽이 있고, 반원형의 뚜껑을 7층 탑 모양으로 장식했다. 사리기로 사용되기도 하나 향을 담아 두었던 것으로 추정된다. 중국 석굴의 서진(西秦) 시기 벽화에 병향로와 향합을 같이 들고 있는 스님이 그려져 있어, 본래 한 세트로 만들어진 것임을 알 수 있다.

이와 함께 발견된 해무리굽 청자완(玉璧底 靑磁盌, 높이 5.4cm, 지름 17.0cm)은 중국 8세기 말~9세기 전반 경에 월주요(越州窯)에서 만든 중국산 찻잔이다. 도넛모양의 해무리굽이 있는 이 청자는 수입 후 사용되다가 매납된 것으로 보인다. 찻잔 7점이 포개진 채 완벽한 상태로 발견된 이 청자는 중국 최상급의 도자기로, 당시 활발했던 국제문화교류의 실상을 보여준다.

군위 인각사에서 출토된 이 유물들은 우리나라 최초로 스님의 탑 유구에서 발견된 일괄 공양구이다. 당시 가장 선진적이고 다채로운 종류의 불교 금속공예품이 거의 완전한 상태로 발견됐다는 점에서 그 의미가 크다. 제작 시기는 신회선사탑 출토품이 765년 이전에 만들어진 것을 감안할 때 그보다는 조금 늦은 8세기 후반에서 9세기에 해당된다. 이 시기에 제작된 불교 공예품은 남아 있는 예가 매우 귀하다. 특히, 통일신라 문화의 국제적인 면모와 교류 상황을 알려주는 것이어서 문화사적으로도 의의가 크다.

그동안 인각사의 고대 역사는 땅에 묻혀 있었지만, 역사는 어느 순간 그 진실을 드러낸다. 극락에서 맑은 차와 향기로운 향을 올리며 수행하고 계실 이 유물의 주인공은 누구일까. 인각사는 아직도 밝혀져야 할 것이 많은 비밀을 품고 있다.

11 김제 금산사 오층석탑 사리장엄구

조선, 팬데믹 돌파할 '이상세계' 꿈꿨나

코로나 팬데믹이 몸과 마음을 가두었던 어두운 시절들을 겪으며, 불자들이 꿈꾸었던 이상세계를 그려본다. 그 세상은 깨끗한 물이 흐르며, 아름다운 꽃이 핀다. 유리와 같이 평평하고 꽃과 향으로 뒤덮여 있는 땅, 그 곳에 사는 인간은 키는 16장에, 수명은 8만 4000세나 된다. 그들은 복덕이 많고 지혜를 갖추어 근심과 걱정이 없다. 바로 미륵부처님이 강림한 용화세계의 모습이다.

미륵부처님은 현재 도솔천에서 천인들을 위해 설법하고 있지만 석가모니 부처님이 열반에 든 뒤 56억 7000만 년이 지나면 이 사바세계에 출현하므로 미래의 부처님이라고 한다. 모든 중생을 구제하기 위해 용화수(龍華樹) 아래에서 성불하고 세 번

금산사 오층석탑 | 보물
금산사 방등계단 앞에 있는 석탑에서는 사리장엄구가 발견되었다.

에 걸쳐 법회를 연다. 그에 따라 첫 번째는 96억인이, 두 번째 94억인이, 세 번째에 96억인이 각기 아라한과를 얻는다. 이것이 용화삼회(龍華三會)의 설법이다. 이 미륵부처님에 대한 신앙은 삼국의 불교 전래와 더불어 널리 신봉되었다.

미륵부처님을 모실 수 있는 가장 이상적인 곳은 어디일까. 호남평야 가운데 우뚝 솟은, 예로부터 신성시되던 모악산 서쪽 자락에 금산사가 위치해 있다. 금산사가 미륵신앙의 중심지가 되었던 것은 진표율사가 주석한 이후이다. 금산사는 한국의 대표적인 미륵도량이다. 진표율사는 미륵전과 미륵장륙상을 조성하였으며 해마다 방등계단(戒壇)에서 수계를 주어 불교 교단을 발전시켰다. 고려시대에도 혜덕왕사가 주지로 부임하면서 미륵신앙은 더욱 확대되었다.

그러나 조선시대 임진왜란 후 미륵전을 비롯한 모든 전각이 불타고 폐허가 된다. 임진왜란 때 처영(處英)대사와 영규(靈圭)대사가 금산사를 중심으로 의승군 전투에 참여하여 큰 승리를 이끌었다. 이에 대한 왜군의 보복 때문이었다.

조선 전기 금산사의 모습을 생생하게 보여주는 주요 유물이 금산사 성보박물관에 소장되어 있다. 바로 금산사 방등계단 앞에 위치한 오층석탑에서 발견된 사리장엄구다.

1971년 이 탑의 보수를 위해 해체하는 작업에서 탑 안에 봉안되어 있던 각종 유물이 발견되었다. 발견된 일괄 사리장엄구에는 조선 전기 금산사의 역사적 상황, 해체 수리하는 불사의 과정을 알 수 있는 자료, 다량의 불상, 더구나 규모와 작품성이 뛰

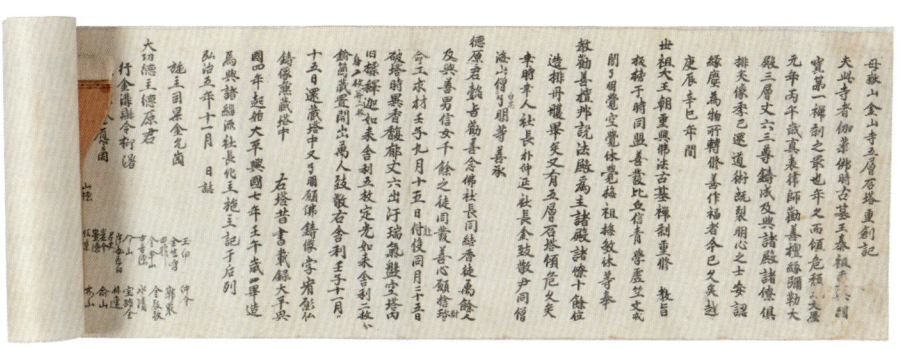

모악산 금산사 오층석탑중창기(母岳山金山寺五層石塔重創記, 1492년)

어난 많은 불상들이 포함되어 있다. 다른 사리장엄구와 구별되는 독특한 특징이 있다.

사리장엄구의 구성은 〈모악산금산사오층석탑중창기(母岳山金山寺五層石塔重創記)〉와 불상 8구, 동자상 1구, 역사상 1구, 그리고 청동오층탑과 엽전 7점, 동제사리합과 작은 합 두 점이다.

해체 수리 과정을 알 수 있는 자료

'오층석탑중창기'(길이 195.5cm)는 1492년(성종23) 탑을 중창할 때 기록한 것이다. 이 기록을 통해 금산사의 과거와 중창 당시 불사의 과정, 탑의 조성 시기와 시주자 등 중요한 내용을 알 수 있다. "금산사는 과거불인 가섭불(迦葉佛) 때의 옛터를 중흥한 것이다."라고 시작하여 진표율사가 삼층미륵전과 장육삼존을 조성한 사실을 적고 있다. 금산사의 터전에 오랜 부처님과의 인연이 있음을 강조한 것이다. 이어서 퇴폐해진 설법전과 여러 전각, 요사 10여 채를 세조의 뜻에 따라 경진년(庚辰,

금산사 오층석탑 사리장엄구

1460)에서 신사년(辛巳, 1461) 사이에 보수하여 단청했던 사실을 기록하고 있다.

특히 1492년(성종23) 9월15일부터 9월25일까지 약 10일간의 해체 공사 당시 상황을 잘 담고 있다. 탑을 해체하자 이상한 향기가 솟구쳤으며 미륵전 장육상이 땀을 흘렸고, 상서로운 기운이 공중에 차 있었다고 한다.

탑 안에는 옛날에 봉안한 석가여래 사리 5매와 정광여래 사리 2매가 있었는데, 정광여래 사리가 분신하여 모두 3매가 되는 분신사리 이적도 있었다고 기록하고 있다. 이때 기적을 일으킨 사리를 친견하기 위해서 만인이 모여들었다고 한다.

탑에 봉안할 사리장엄구는 탑 해체 이후 약 50일 간 준비하여 11월15일 탑에 매납하였다. 이 때 료명·학유스님이 원불(願佛)을 조성하여 함께 탑 안에 넣었다고 중창기는 전하고 있다.

중창기의 끝부분에는 탑이 979년(고려 경종4)부터 982년(성종 원년)까지에 걸쳐 조성된 사실을 알려주고 있다. 마지막으로 시주자에 대해 상세히 기록하고 있다. 시주자로 세조의 서자인 덕원군을 비롯하여 직책과 이름을 함께 적은 8명과 조성에 참여한 인물들 21명이 등장한다. 말미에는 사찰 대중 200여 명이 함께 참여하였다고 하니, 금산사 오층석탑의 중창불사가 얼마나 대단했었는 지를 짐작케 한다.

세조를 극진히 모셨던 덕원군은 1472년 회암사에 불공을 올린 것이 문제가 되어 사대부들로부터 탄핵을 받았던 인물이다. 성종이 비호하여 화를 면했다고 〈조선왕조실록〉에 전하고 있다.

그는 회암사와 원각사 등 여러 사찰의 법회에 참여하였으며, 직접 시주를 권하는 권선문(勸善文)을 쓰는 등 여러 불사에 재정적 지원을 한 독실한 불자였다.

성종대는 〈경국대전〉을 완성하여 성리학을 근간으로 한 체계가 확립된 시기이다. 그러나 조선 왕실은 불교억압책과 함께 불교에 대한 호의적인 태도도 일부 견지하였다. 성종대에 대규모로 금산사 중창불사를 할 수 있었던 것은 분명 왕실의 지원도 있었지만, 사찰에서 신행조직을 결성하여 중창의 경제적 기반을 마련한 노력이 어우러졌기 때문일 것이다.

왜 탑에 불상을 봉안했을까

그렇다면 왜 탑 안에 불상을 봉안하였을까. 우리나라 석탑 안에 불상을 봉안한 전통은 황복사지 삼층석탑의 예처럼 통일신라시대부터이며, 조선 후기까지 지속되었다.
이 불상들은 전각에 모시는 불상과 마찬가지로 불복장을 모두 갖추어 탑 안에 봉안되었다. 탑을 법신인 부처님이 상주하는 공간으로 인식한 것이다.

발견된 상은 불상 8구, 동자상 1구, 역사상 1구이다. 이 상들의 규모는 작게는 5cm에서 크게는 30cm에 이르는데, 30cm 크기의 불상이 탑 안에서 발견된 사례는 드물다. 조성 시기도 통일신라에서 조선 전기에 이르기까지 다양하다. 이들 불상은 탑의 조성 시기인 고려시대, 이후 중창 시기인 조선 전기, 혹은 그 이후에 납입되었을 가능성도 있다.

탑의 사리장엄구 봉안은 불상의 불복장과 마찬가지로 사리를 봉안하는 것이다. 예경하는 부처님을 조성하여 탑에 봉안하면서, 이러한 공덕으로 극락정토의 왕생과 현세의 안녕을 염원하였던 것이다.

전소되기 이전의 금산사의 모습을 표현한 시가 남아 있다. 바로 김시습(金時習, 1435~1493)이 지은 시이다. 그는 생육신 중 한 사람으로, 수양대군의 왕위 찬탈 이후 속세와의 인연을 끊고 스님이 되어 전국 각지를 유랑하며 다양한 종류의 글을 남겼다.

구름 기운 아물아물 골안(洞府)이 널직한데
엉킨 수풀 깔린 돌엔 여울소리 들려오네
중천에 별들은 금찰(金刹)을 밝히는데
밤중에 바람 우레 석단(石壇)을 도는구나
낡은 집 대(幢)엔 이끼 끼어 글자가 희미한데
마른 나무에 바람 스치니 저녁추위 생기누나
초제(招提, 여러 곳에서 모여 오는 스님들이 쉬어가도록 마련한 집)에서 홀연히 하룻밤 자고나니, 연기 속 먼 종소리에 여운이 한가롭지 않구나.

이 시는 마치 미륵부처님이 당시 절망에 빠진 중생들에게 한줄기 희망을 주듯이 별들이 금산사를 밝히는 모습을 표현했다.

미륵부처님이 오시기를 기다리며 준비했던 금산사! 여러 이적을 보였던 금산사 오층석탑의 중창불사에 참여했던 많은 대중들이 희망했던 것처럼 우리 인생이 고단함보다 즐거움이 많아지기를 염원해 본다. 희망의 신앙이었던 미륵부처님의 도량, 금산사에서 이러한 마음은 더 간절하다.

1 동제사리함
2 청동오층탑
3 청동 원통형 사리함
4 엽전 7점

12 남원 실상사 약수암 목각아미타여래설법상

회화·조각 특징 어우러진 독특한 목각탱

남원 실상사 약수암 목탱(목각아미타여래설법상) | 보물
불화의 회화적 요소와 불상의 조각적 요소를 동시에 가지고 있는 18세기를 대표하는 목각탱화이다(1782년). 아래 좌우 붉은색 부분이 화기(畵記).

남원 실상사에서 1시간쯤 가파른 산길을 구불구불 오르다 보면 고즈넉한 약수암을 만나게 된다. 산 중턱 터에 자리하고 있는 소박한 암자이다. 약수암에서 내려다보는 지리산은 고요하고 평화롭다.

실상사 약수암은 우리가 흔히 접할 수 없는 불화의 형태로 조성된 18세기 대표적인 목탱인 '실상사 약수암 목각아미타여래설법상'으로 유명한 곳이다. 현재 보광전 후불벽에는 새로 조성된 목탱이 봉안되어 있고, 원본은 금산사성보박물관으로 이운해 보존하고 있다.

나무를 조각해 후불탱화 조성

문화재청에서 보물로 지정한 명칭은 '실상사 약수암 목각아미타여래설법상(木刻阿彌陀如來說法像)'이다. 해석하자면 '실상사 약수암에서 나무로 아미타여래가 설법하는 장면을 조각한 것'이라는 의미로, 뜻은 맞으나 부르기에 복잡하다.

그래서 흔히 실상사 약수암 목각탱(木刻幀), 혹은 목탱(木幀)이라고 부른다. 말 그대로 나무로 조각한 불화라는 것이다. 탱화는 대개 천이나 종이에 그린 그림을 족자나 액자 형태로 만들어 거는 불화를 말한다. 이러한 목탱은 그림의 형태가 아닌 조각으로서 후불화의 기능을 하며 불화와 조각이 절묘하게 결합한 독특한 형태다.

목탱은 시기적으로는 조선 후기에 집중적으로 등장했다. 현존하는 조선 후기 목탱은 1675년 작 '문경 대승사 목탱', 1684년 작 '예천 용문사 목탱', '상주 남장사 목탱', '서울 경국사 목탱',

1692년 작 '상주 남장사 관음선원 목탱', 1782년 작 '남원 실상사 약수암 목탱'으로 모두 6점이다. 이 가운데 명문이 있는 예천 용문사, 상주 남장사 관음선원, 남원 실상사 목탱의 명문에 '목탱'이라는 명칭을 적고 있어서, 조성할 당시부터 불렀던 목탱이라는 명칭을 따르는 것이 합리적일 것이다.

극락세계 아미타여래 설법 장면

현재 알려져 있는 목탱은 모두 아미타여래를 주존으로 보살과 여러 청중들이 설법을 듣는 '아미타여래설법도'이다. 아미타여래를 주제로 그린 불화는 내용에 따라 설법도(說法圖)·내영도(來迎圖)·관경변상도(觀經變相圖)로 구분할 수 있다.
설법도는 서방극락정토의 주재자인 아미타여래가 설법을 하고 있는 장면을 그린 불화이고, 내영도는 아미타불이 중생들을 서방극락으로 맞이해 가는 모습을 표현한 것이다. 관경변상도는 아미타여래의 소의경전 가운데 〈관무량수경(觀無量壽經)〉의 내용을 설명적으로 그린 그림이다. 부처님이 극락정토의 16관법을 설하고, 또 그러한 정토를 직접 신통력으로 보여줌으로써 쉽게 진리를 깨닫게 하는 내용이 담겨있다.

조선 후기 목탱은 전부 극락세계에서 아미타여래가 설법하는 광경을 보여주는 것으로, 조선시대 목탱의 내용이 이와 같은 주제로 모두 조성되었다는 것은 그만큼 당시 아미타신앙이 크게 유행하였음을 보여주는 것이다.
조선시대 불교계는 억불정책을 헤쳐 가기 위해 자구적인 노력을 하며 끈질기게 명맥을 유지했다. 이런 시대의 어려움을 해결하기 위한 하나의 방편이 바로 아미타신앙이었다. 아미타신앙은 염불, 독경만으로도 극락세계에 왕생할 수 있다는 타력적인 요소가 강해 난해한 불교 교리에 접근하기 어려운 일반 백성들에게는 더 없이 좋은 수행법이기 때문이다. 현재 사찰에 많이 남아 있는 아미타불상은 이러한 대중들의 사랑을 증명하는 것이다.

남원 실상사 약수암 목탱 (목각아미타여래설법상)
아미타여래의 광배

아미타·여덟 보살·두 제자 표현

그러면 '실상사 약수암 목탱'을 찬찬히 살펴보자. 세로 181cm, 가로 183cm 크기로 일부 지워졌지만 하단부에 "건륭사십칠(乾隆四十七) 임인십일월방장산실상사 ○○○제불 ○○제 ○○○탱(壬寅十一月方丈山實相寺○○○諸佛○ ○諸 ○○○幀)"이라는 묵서명이 있어 1782년(정조6)에 조성된 것임을 알 수 있다. 이는 불화의 화기(畵記)란과 마찬가지로 방형의 붉은 색의 구획을 마련하고 묵서로 조성 시기와 봉안 장소, 참여자들을 적은 것이다.

조선 후기 목탱은 몇 개의 목판을 덧대어 조각한 후 테두리를 나무틀로 짜서 끼워놓은 액자 형식으로 만들었다. 실상사 약수암 목탱은 뒷면에서 보면 3개의 판목을 세로로 이어 붙였으며, 테두리를 나무틀로 짜서 고정시켰음을 확인할 수 있다.
앞에서 얼핏 보면 연결선이 거의 보이지 않을 정도로 하나의 나무판에 조각한 것으로 보인다. 그만큼 이 목탱을 조각한 장인의 기술이 뛰어났음을 알려주는 것이다.

하단의 중앙에 있는 주존인 아미타여래는 대좌 위에 앉아 있는 모습인데, 따로 조성하여 별도로 부착했다. 이를 통한 본존인 아미타여래가 입체적으로 앞으로 나와 있는 모습을 구현한 것이다.
화면은 크게 상하로 나누어져 있다. 하단에는 아미타여래를 중심으로 왼쪽으로 관음보살(보관에 화불이 있고 오른손으로 정병을 잡고 있음)과 문수보살을, 오른쪽으로 세지보살과 보현보살을 배치했다.

상단에는 석가여래의 제자인 가섭(늙은 스님의 모습)과 아난(젊은 스님의 모습)을 중심으로 왼쪽으로 금강장보살과 미륵보살을, 오른쪽으로 제장애보살과 지장보살(스님의 모습)을 배치했다. 즉 11위만 등장한 간단한 구성인데, 이렇게 인물을 한정시킨 것은 불화보다 조각으로 표현하는 것이 더 쉽지 않다는 한계가 있기 때문이다.

본존인 아미타불은 큰 광배를 갖추고 결가부좌를 하고 있다. 머리를 앞으로 약간 숙이고 어깨를 웅크린 듯한 자세에서 조선시대 불상의 특징이 보인다. 머리에는 중앙계주와 정상계주가 크게 표현되어 있다. 얼굴은 명상에 잠겨 있는 듯 평온하고 자애로운 분위기를 보여준다. 이러한 본존의 얼굴 표현은 이 목탱에 등장하는 다른 상들에서도 마찬가지로 나타난다.

아미타여래는 양손을 모두 무릎 위에 올린 설법인(說法印) 형태를 짓고 있다. 양 어깨를 덮은 대의자락은 앉은 무릎 아래로 펄럭이듯 물결치는 율동감을 보여주면서 대좌 아래로 흘러내리고 있다.

주위에 있는 보살상이나 나한상들은 모두 연화좌 위에 서 있는 입상으로 손에 연꽃과 정병 등을 들고 있거나 합장하고 있다. 보살상들은 머리에 보관을 쓰고 있는데 보관은 따로 만들어 부착한 것이나. 보살상들은 하늘거리는 천의를 입고 있는데 펄럭이는 듯한 옷자락은 화면에 생동감을 불어넣어 준다.

하단의 아미타여래를 중심으로 뻗어 나온 연꽃의 줄기가 두 제

자와 여덟 보살의 대좌를 이루고 이들 협시상 사이로 올라가면서 연꽃봉오리를 표현했다. 상단의 보살상과 제자상 사이 연꽃 속에서 지금 막 태어나고 있는 화생(化生: 다시 태어나는 것) 장면이 있는데, 중생의 근기에 따라 9단계로 서방 극락정토에 태어난다는 구품왕생(九品往生) 장면을 묘사한 것이다. 화면은 전체적으로 금을 입혔으며, 테두리 액자 역할을 하는 나무틀에만 붉고 푸른 화려한 보상화문을 그려 장식했다.

금으로 마감해 어떤 불화보다 장엄

이 목탱은 망자에 대한 극락왕생과 소원을 기원하기 위해서 극락세계를 조각하여 금으로 마감했다. 이렇게 금으로 장식한 극락세계를 표현한 목탱은 이전의 어떤 불화보다도 종교적인 장엄에 더없이 효과적이었을 것이다. 그리고 이들의 후원에 힘입어 뛰어난 조각승들은 자신들의 실력을 유감없이 발휘할 수 있었을 것이다.

불전의 후불화를 대신하여 만든 목탱은 표현 방식에 있어서 그림이 아닌 조각이기 때문에 불화의 회화적인 요소와 조각적인 요소를 동시에 가지고 있다. 조선시대 목탱은 17세기 이후에 새롭게 출현한 우리나라만의 독특한 불교조각이다.

'실상사 약수암 목탱'은 많은 시대적 변화를 겪으면서 발전해 온 불상의 기존 표현기법에서 벗어나 실험적이고 창조적인 작가들에 의해 새롭게 등장한 18세기를 대표하는 목탱이라 할 수 있다.

남원 실상사 약수암 목탱 (목각아미타여래설법상)
가섭과 아난존자 사이 '연화화생' 장면을 표현했다.

13 대구 동화사 염불암 극락구품도

극락에 태어나는데 걸리는 시간도 각기 다르다

'나무아미타불 관세음보살'

인간은 삶과 죽음의 경계에서 늘 불안한 존재이다. 죽음을 두려워하는 중생들에게 아미타신앙은 죽은 후에 즐거움이 가득한 극락세계로 갈 수 있다는 가르침을 준다. 대구 동화사 염불암 극락구품도를 통해 아미타신앙을 이해할 수 있다. 여기서 극락(極樂)이란 불교의 여러 정토 가운데, 서쪽으로 십만억 국토를 지나 있는 아미타부처님이 주재하는 서방 극락세계를 뜻한다.

불화는 경전의 교리를 그림으로 표현한 것으로 예배자들에게 경전의 내용을 자세하고 극적인 효과로 전달할 수 있다는 장

대구 동화사 염불암 극락구품도
| 대구광역시 유형문화재
(가로163.5×세로172cm, 1841년)
(사진제공:동화사 성보박물관)

점이 있다. 한국에서 아미타신앙과 관련된 불화는 이 신앙이 크게 유행한 만큼 많이 그려졌다.

그러나 시대마다 경전의 내용 가운데 강조하는 장면을 다르게 표현하였다. 이는 그 시대 대중들이 가장 열망했던 내용이 반영된 것으로 짐작된다.

불화는 심오한 불교의 교리를 예술적으로 승화시켰다. 그러므로 불화를 이해하기 위해서는 그 관련된 경전 내용을 알아야한다.

아미타신앙은 아미타부처님을 믿고 귀의하면 현세에서는 편안하며, 업장이 소멸되어 죽은 뒤에는 극락에 태어날 수 있다는 것이다. 아미타불은 붓다의 광명이 시방세계를 끝없이 비추므로 '무량광불'이라고 하고, 극락정토에 태어난 사람들의 수명이 끝이 없으므로 '무량수불'로도 지칭 된다. 이러한 신앙은 교리적으로는 〈아미타경〉, 〈무량수경〉, 〈관무량수경〉인 정토삼부경 경전에 근거한다.

마음 모아 염불하면 극락왕생

〈무량수경〉은 누구든지 아미타불을 믿고 그 이름만 부르면 곧바로 정토에 태어난다는 내용이다. 착하거나 못되거나, 현명하거나 어리석은 인간 누구나 막론하고 마음을 모아 염불만 하면 임종 때 아미타여래가 와서 정토로 인도해 간다고 설한다. 〈아미타경〉은 아미타불이 계시는 정토의 장엄한 세계를 설하고 그 정토에 왕생하는 방법을 알려준다. 〈관무량수경〉은 극락정토의 장엄함과 무량수불이 계시는 극락세계를 직관해서 볼 수 있는 16가지 관법(觀法)을 설하였다.

경전의 내용은 비극적인 사건을 배경으로 하는데, 바로 부처님 재세 시에 극악죄를 범했던 인물인 아사세 태자에 대한 이야기이다.

그는 마갈타 국왕이었던 자기 아버지 빔비사라 왕을 가두어 굶겨 죽이고 왕위를 찬탈했다. 석가여래는 감옥에 갇힌 채 슬픔에 빠져 있는 위제희 왕비를 극락으로 구제하기 위해 신통력으로 아미타불, 관음보살, 대세지보살과 극락정토의 땅, 나무, 연못, 누각 등을 각각 보게 하고, 그 곳에 태어날 수 있는 수행법을 알려주었다.

이를 그림으로 그린 것이 〈관경십육관변상도〉인데, 우리나라에서는 고려부터 조선 전기까지 많이 그려졌다. 왕위 찬탈, 부모 살생 등 드라마틱한 배경을 통해 아미타극락신앙을 가장 극명하게 표현한 불화이다.

동화사 염불암 극락구품도는 〈관경십육관변상도〉의 16관 가운데 14관에서 16관까지의 내용인 극락구품을 강조하여 그린 것이다. 〈관경십육관변상도〉의 명맥을 이었지만 새로운 도상과 구도로 전개되었다고 할 수 있다. 그림 아래 부분에 쓰여 있는 화기(畵記)에 의하면, 1841년(헌종7)에 염불암의 상단탱(上壇幀)으로 조성하였음을 알 수 있다. 그런데 1841년 중수라고 기록되어 있어, 염불암 극락전 중수 때 그려진 것으로 짐작된다. 비단 바탕에 그려졌으며 크기는 가로 163.5cm 세로 172cm로 거의 정방형에 가깝다. 이 불화는 극락에서 설법하는 아미타삼존과 중생들의 왕생장면, 시방제불(十方諸佛) 및 청중 등을 그렸다.

극락구품도 중단의 '연화화생' 장면

이 불화는 상단 중앙에 아미타여래와 관음보살, 대세지보살을 크게 배치하고 있다. 아미타여래의 두광 좌우에 극락을 상징하는 사람의 얼굴을 한 새인 가릉빈가를, 상단 좌우로 오색 빛을 배경으로 53여래를 원형으로 나타냈다. 아미타삼존의 양 옆에는 극락의 보배로운 전각을 그렸다. 연못에서 솟아난 연화대좌에 앉아 법회를 열고 있는 아미타삼존불 주위에 설법을 듣기 위하여 무수한 시방제불과 상서로운 새들이 모여드는 장면을 표현한 것이다.

극락왕생 '연화화생' 교훈

그림 중단을 꼼꼼히 살펴보자. 우선 칠보로 장엄된 연못이 있다. 극락왕생하는 곳으로 연꽃에서 태어나는 연화화생하는 장면을 배치했다. 〈관무량수경〉의 상품(上品, 제14관)·중품(中品, 제15관)·하품(下品, 제16관)을 다시 각각 상생·중생·하생의 9품으로 나누어 왕생자를 묘사했다. 이 장면을 크게 부각한 그림이므로 불화의 명칭을 '극락구품도'라 한 것이다.

아미타신앙은 모든 중생들을 구제하기 때문에 중생들의 근기에 따라 그 구제하는 방법도 다르다고 설한다. 그 각각의 단계를 9품으로 나누므로 아미타불도 구품인의 수인을 하고 계신다.

아미타불은 어떻게 망자의 영혼을 극락으로 인도

할까. 고려시대에는 임종 시에 아미타삼존이 망자를 극락으로 인도하기 위해 맞이하러 오는 장면을 표현한 '아미타래영도'가 크게 유행하였다. 그러다가 조선 말에 이르면 전국의 사찰에서 '만일염불회(萬日念佛會)', '미타염불회', '백련결사'를 결성하여 함께 염불하며 극락왕생을 염원하는 신앙 형태가 많아졌다. 마음을 모아 아미타불을 부르면서 극락세계에 태어나고자 했던 대중들의 희망이 투영되어, 극락구품을 강조한 불화가 유행하였음을 알 수 있다.

극락구품도는 죽은 사람이 자기가 지은 업보에 따라 상품상생부터 하품하생까지 아홉 개의 차등화 된 꽃에서 태어나는 모습을 표현한 것이다. 연꽃 위에 무릎을 꿇고 합장하여 앉아 있는 인물들은 각기 다른 모습이다. 상품의 보살의 모습과 중품의 스님의 모습, 하품의 속인의 모습으로 차등을 두었다. 연못 좌우의 전각에는 불보살이 나란히 앉아 그 모습을 지켜보고 있다.

이들이 극락에 태어나는데 걸리는 시간도 각기 다르다. 상품상생 하는 사람들은 죽은 즉시 아미타불을 만나므로 활짝 핀 연꽃 속에 상반신을 드러낸 모습으로 표현된다. 그 나머지는 하룻밤부터 12겁이라는 오랜 세월 걸려 태어난다. 아직 피어나지 못한 연꽃들은 이들이 극락에 태어날 것을 기다리는 것을 묘사한 것이다.

이처럼 구품연못과 연화화생 하는 장면을 부각시켜 묘사한 것은 극락의 화려하고 아름다운 세계와 연화화생 하는 모습이 대중들에게 좋은 업을 쌓도록 교훈을 주기 위한 것이다.

그림 하단의 중앙에는 붉은 해와 보배로운 나무를 그렸다. 그 아래 붉은 색 바탕에 선을 그어 불화의 조성 시기와 봉안 장소 등의 화기를 적었다. 해와 나무 양 옆으로는 구름으로 구획을 하여 보살 및 스님들·악기를 연주하는 천녀(奏樂天女)·사천왕(四天王)·신중(神衆) 등이 왕생자를 구품연못으로 인도하는 장면을 그렸다. 이들은 보배로운 가마를 받들고 있는데, 이것은 망자의 영혼을 극락으로 데려가는 것으로 '감로도'에서도 등장하는 모티브이다.

탄탄한 구성과 높은 완성도

원래 동화사 염불암 극락전에 봉안됐던 이 불화는 현재는 동화사 성보박물관에 소장되어 있다. 극락전 앞의 바위에서 염불소리가 들렸기 때문에 사찰 이름을 염불암이라 지었다 한다. 사찰 자체가 아미타정토를 현세에 재현했다 할 정도로 아미타신앙과 관련 깊은 곳임을 알 수 있다. 동화사 염불암 극락구품도는 화면의 탄탄한 구성과 인물과 각 요소들의 적절한 배치, 세련된 표현기법으로 높은 완성도를 보여주는 불화이다.

이 불화를 가만히 들여다보면 지금의 삶을 행복으로 이끌고, 나와 이웃 모두를 정토로 이끄는 아미타신앙의 감동이 전해 온다. 이 불화와 함께 하여 현 시대를 살아가는 대중 모두가 고통과 불안에서 위로받기를 바란다. 그린 마음으로 '나무아미타불 관세음보살'을 외우며 아미타불에게 귀의해 본다.

14 대구 동화사 지장시왕도

가장 어두운 곳에서 중생과 함께하다

지장보살은 대승불교의 대표적인 보살 중 한 분이다. 현세의 고난을 덜어주는 보살이 관음보살이라면, 지장보살은 미혹한 중생들이 자기 업보로부터 받는 고통에서 구제해 주시는 보살이라 할 수 있다. 지장보살은 석가여래의 입멸 후 미륵보살이 이 세상에 출현하기 전까지 무불시대(無佛時代) 동안 중생을 구제하도록 석가여래로부터 부탁을 받은 보살이다. 즉 부처님이 없는 어지러운 세상에서 중생에게 가르침을 펼쳐, 마지막 한 사람의 중생이라도 구원을 받지 못할 때에는 결코 성불하지 않겠다는 서원을 세운 분이 바로 지장보살상이다. 대원(大願)의 보살로 불린다.

대구 동화사 지장시왕도(地藏十王圖) | 보물
18세기 초 지장시왕도의 특징과 경북 지역의 중요 화파(畵派)를 형성했던 의겸스님의 화풍을 알 수 있는 주요한 작품이다. (1728년, 동화사 성보박물관)
(사진제공:동화사 성보박물관)

대웅전 중단탱화로 조성

이 불화는 1728년(영조4)에 그려진 '동화사 지장시왕도'이다. 제목에서 알 수 있듯이 지장보살과 시왕(十王)을 함께 그린 것이다. 지장보살을 그린 불화의 형식은 크게 세 가지로 구분한다. 지장보살을 단독으로 그린 지장보살독존도와 도명존자와 무독귀왕을 함께 그린 지장보살삼존도, 그리고 지장보살삼존과 4~8위의 보살 및 사천왕 등을 함께 그린 지장보살도와 시왕을 함께 그린 지장시왕도로 크게 구분한다.

조선시대에 이르면 어느 사찰에서나 명부전(冥府殿)을 건립했다. 명부전은 사후세계를 관장하는 지장보살과 시왕을 비롯한 존상들을 함께 봉안한 전각으로 영가천도(靈駕薦度)를 비는 곳이다. 일반적으로 지장보살도는 명부전의 중앙에 후불화로 걸고, 시왕도를 좌우측으로 봉안하는 반면, 지장시왕도는 대웅전이나 극락전 등의 중단 탱화로 조성됐다.

'동화사 지장시왕도'는 본래 대웅전 삼단(三段) 불화를 조성할 때, 삼장보살도와 함께 중단(中壇) 탱화로 걸려있던 불화이다. 지금은 안전하게 보존하기 위해 동화사 성보박물관에 봉안되어 있다. 동화사는 대구 팔공산(八公山)에 있는 유서 깊은 사찰로, 삼국시대 신라 493년(소지왕15)에 극달(極達)스님이 유가사(瑜伽寺)라 칭하며 창건했다. 이후 832년(흥덕왕7) 왕사인 심지(心地)스님이 중창했는데, 그 때가 한창 추운 겨울이었는데도 사찰 주위에 오동나무꽃이 만발하여 동화사(桐華寺)로 사찰명을 바꾸었다고 한다.

중생 곁에 함께 하는 스님 모습

이 불화에 등장하는 인물들을 살펴보자. 먼저 지장보살의 가장 보편적인 모습은 스님의 형상으로 한 손에 지옥의 문을 깨트릴 수 있는 석장을 들고, 다른 손에는 어두컴컴한 지옥을 비출 수 있는 보주(寶珠)를 들고 있다. 보통 보살은 화려한 장식을 하고, 하늘거리는 천의를 입은 여성적인 모습으로 표현되는데 비해, 스님의 모습으로 나타나는 것은 중생과 보다 가깝게 중생 구제의 일선에 선 것을 표현한 것이다.

지장보살의 형상에 대한 것은 〈대승대집지장십륜경(大乘大集地藏十輪經)〉, 〈지장보살본원경(地藏菩薩本願經)〉, 〈지장보살의궤(地藏菩薩儀軌)〉 등 여러 경전에 등장한다. 이러한 지장보살은 때로는 머리에 두건을 쓴 모습으로 등장하기도 한다.

다음으로 지장보살의 양 협시로 등장하는 무독귀왕과 도명존자의 모습을 살펴보자. 지장보살의 왼쪽(향 우측)에는 도명존자가 젊은 스님의 모습을 하고 있다. 도명존자는 중국 당나라 시기 양주(揚州) 개원사(開元寺)의 스님으로 저승사자의 실수로 778년 우연히 지옥에 가서 지장보살을 친견했다고 전해지며, 지장보살 관련 불화에 빠짐없이 등장한다.

반대편(향 좌측)의 무독귀왕은 사람들의 악한 마음을 없애주는 귀왕이다. 〈지상보살본원경(地藏菩薩本願經)〉의 지장보살 전생담에서 지옥의 안내자로 등장하고 있다. 왕이나 문관(文官)의 형상을 하고 있으며, 손은 합장하거나 경전을 넣은 작은 함

(經櫃)을 든 모습으로 표현된다.

명부의 시왕은 총 10명이다. 시왕(十王, 십대왕)은 인간이 죽은 후에 최초의 칠일에서 일곱 번째 칠일에 이르기까지 일곱 번, 죽은 지 100일째, 1년째, 3년째 되는 날, 총 10번에 거쳐 심판하여 살아있을 때 지었던 죄의 대가를 치르게 하고, 마지막으로 육도윤회(六道輪廻)를 결정한다.

제1 진광대왕(秦廣大王), 제2 초강대왕(初江大王), 제3 송제대왕(宋帝大王), 제4 오관대왕(五官大王), 그리고 우리에게 익숙한 제5 염라대왕(閻羅大王)이 있다. 제6 변성대왕(變成大王), 제7 태산대왕(泰山大王), 제8 평등대왕(平等大王), 제9 도시대왕(都市大王), 제10 오도전륜대왕(五道轉輪大王)은 각각 관장하는 지옥이 있으며, 시왕만을 단독으로 그린 불화에는 지옥이 함께 그려진 것이 많다.

열 명의 대왕 가운데 우리에게 가장 잘 알려진 왕은 다섯 번째인 염라대왕으로 천자의 면류관을 쓰고 있다. 열 번째 왕인 오도전륜대왕은 사람들이 다시 태어날 것을 정하는데, 갑옷을 입은 장군 모습을 하고 있다.

또한 시왕은 심부름과 심판을 돕는 판관, 사자, 옥졸, 동자 등과 함께 등장한다. 사람이 죽으면 저승사자가 데려간다고 하는데, 시왕도에 등장하는 사자(使者)가 바로 저승사자이다.

이처럼 지장신앙이 성행함에 따라 지장보살을 비롯하여 도명존자, 무독귀왕의 양 협시와 지옥세계를 구성하는 시왕을 그려

대구 팔공총림 동화사 대웅전 (사진제공:멋짓)

예배자들을 교화했다. 각각의 존상들은 경전을 중심으로 형상화가 이루어졌으며, 도명존자와 같이 당시의 불교 관련 기록에 나온 인물을 포함시키기도 했다.

많은 등장인물 효과적으로 배치

'동화사 지장시왕도'에는 화면 중앙에 삼각형으로 불화의 주인공인 지장보살과 협시인 도명존자와 무독귀왕을 그렸다. 지장보살은 무명초를 파르라니 깎은 스님의 모습으로 등장하며, 왼쪽 손에는 석장을, 오른 손에는 보주를 들고 있다. 그리고 이 삼존을 시왕, 판관, 사자, 동자, 옥졸, 장군과 여섯 보살 등이 좌우대칭으로 에워싸고 있는 구도이다.

화면의 좌측(향 우측)에는 도명존자(道明尊者)를 비롯한 제

1·3·5·7·9의 홀수대왕을, 우측(향 좌측)에는 무독귀왕(無毒鬼王)을 비롯한 제2·4·6·8·10의 짝수대왕을 배치했다. 해와 달이 그려진 일월관(日月冠)을 쓴 염라대왕의 위치는 존상배치를 알아보는데 기준점이 된다.

'동화사 지장시왕도'에는 많은 인물들이 등장하고 있음에도 화면이 깔끔하고 정리된 느낌을 준다. 이는 그림의 위쪽으로 갈수록 인물들을 작게 표현하는 원근법을 사용하였고, 황색 구름을 그려 인물들을 구별하였기 때문이다. 특히 인물들이 정면을 보거나 측면 혹은 반대쪽을 바라보는 등 시선을 다양하게 처리하여 변화를 주었다. 그림 하단의 양 끝에 사자의 나부끼는 옷자락은 마치 시왕의 심부름을 마치고 막 돌아온 듯이 화면에 생동감을 주었다.

전체적인 색감은 적색과 녹색을 맑게 표현하여 그 대비된 효과가 더욱 선명해 보인다. 짙은 청색의 하늘에 구름과 화면의 바탕색을 황갈색으로 색칠하여 인물들을 부각시키는 효과를 주었다. 지장보살을 비롯한 인물들은 이목구비가 오밀조밀 또렷한 얼굴을 하고 있다. 얼굴 표현과 의습선은 섬세하고 가는 필선으로 그렸고, 일부 강조할 필요가 있는 윤곽선은 백묘(白描)를 사용했다.

18세기 초 화풍 연구 중요 작품

이 지장시왕도는 1728년 영조 때 그려진 것이다. 동화사 대웅전은 영조 대에 중창했는데, 이때 여러 불화들과 함께 그린 것이다. 그림을 그린 장인은 수화승인 쾌민(快旻)스님을 비롯하여 체환(體還) 등 모두 7명의 스님들이다.

그런데 특이하게도 17세기 말에서 18세기 초에 걸쳐 팔공산 지역을 중심으로 한 경상도 지역에서 독자적인 화파를 형성한 대표적인 화승(畵僧)인 의균(義均)스님이 불화를 조성할 때 필요한 재원을 마련하는 역할인 화주(化主)를 담당했다. 실제 이 지장시왕도를 그린 쾌민, 체환 등도 그의 화맥(畵脈)을 잇는 스님들이므로 의균스님의 지도가 있었을 것으로 짐작된다.

불교에서 삶과 죽음은 동떨어진 것이 아니라 죽음을 통해 또 다른 삶으로 나아가는 과정이라는 것을 가르친다. '동화사 지장시왕도'는 이러한 삶과 죽음, 윤회와 해탈에 대하여 다시 한번 생각해 보라는 가르침을 준다.

계곡이 아름답고 산봉오리가 웅장한 팔공산 기슭에 있는 동화사에서 지장시왕도를 친견하며, 가장 어두운 죽음의 공간에 자비의 화신으로 나타나는 지장보살의 뜻을 새겨보는 것도 좋겠다.

15 대구 파계사 원통전 건칠관음보살상

세련된 귀족풍에 우아함까지 갖춘 불상

대구 팔공산은 웅장한 산세를 자랑하는 아름다운 자연 속 문화유적이 가득한 곳이다. 계곡 사이에 유려한 파계사가 자리하고 있다. 일주문을 거쳐 경내로 들어서면 시원한 숲길이 펼쳐져 있는데, 양 길가의 나무들은 하늘을 향해 쑥쑥 자라있다.

'파계(把溪)'는 "시냇물을 잡다"라는 뜻인데, 아홉 갈래로 흩어져 있던 계곡의 물줄기를 모은다는 의미로 사찰 이름을 지은 것이다. 경내에 있는 진동루(鎭洞樓)라는 누각 이름도 아홉 줄기의 기를 진압한다는 의미를 담고 있다. 이 누각 맞은편에 '영조 임금 나무'라 불리는 오래된 느티나무가 서 있다. 이 나무의 이름에 영조를 붙인 까닭은 파계사와 영조의 어떤 인연 때문일까.

대구 파계사 원통전 건칠관음보살상 | 보물
조형미는 물론 왕실 발원이 담긴 보살상으로, 사료적 가치도 높아 주목받는 보살상이다. (높이 108.1cm, 14세기 말~15세기 초)

영조 탄생과 인연 깊은 사찰

파계사는 영조(1694~1776)의 탄생과 관련된 설화로 유명하다. 영조는 손자인 정조와 함께 조선 사회를 새롭게 도약시켜 조선 후기 문예 부흥기를 이끈 성군으로 꼽히는 임금이다. 영조의 아버지인 숙종은 아들을 간절히 원하던 어느 날, 한 스님이 궁궐에 들어오는 꿈을 꾸고 이 스님을 각지에서 찾았는데, 파계사의 영원(靈源)스님이라는 것을 알게 되었다.

숙종은 왕자 탄생을 위한 기도를 요청했고, 이에 영원스님은 농산스님과 함께 100일 기도를 올렸다. 100일 기도 끝에 농산스님이 현몽을 하고 연잉군이 태어나니, 이가 바로 영조이다. 숙종은 영원스님에게 '현응(玄應)'이라는 호를 하사하였고, '파계사에 원당을 만들어 만세토록 국가의 은혜를 잊지 않게 해달라'라는 영원스님의 소원을 들어주었다.

이후 파계사는 왕실 원당으로 지정되었고, 1695년(숙종21) 왕실의 지원 하에 대대적인 중건 불사를 하게 되었다. 이런 인연으로 파계사는 숙종과 영조는 물론 정조, 순조에 이르기까지 조선 왕실의 후원으로 숭유억불시대에도 사격을 유지할 수 있었다.

복장에서 영조의 옷 발견

설화로 전해지던 영조 탄생설이 〈파계사 원통전 건칠관음보살상(乾漆觀音菩薩像)〉 복장에서 발원문이 발견되면서 사실임이 밝혀졌다.

파계사는 신라 애장왕 5년(804) 왕사(王師)였던 심지스님이 창건한 사찰로 전해진다. 파계사의 주불전은 원통전이다. 원통

조선 영조의 옷
건칠관음보살상 복장에서 발견되었다.

전은 관음보살을 모시는 전각으로, "관음보살이 모든 소리를 마음대로 두루 들을 수 있는 능력을 지니고 있으므로 원통대사(圓通大士)라고 한다."에서 기원한 것이다. 일반적으로 관음보살은 관음전에 봉안하는데, 파계사처럼 원통전에 관음보살을 봉안한 곳은 관음보살을 주인으로 모시는 사찰이다. 이 전각은 정면 3칸, 측면 3칸의 다포식 맞배지붕 건물로, 상량문 묵서(墨書)를 통해 1606년 다시 지어졌음을 알 수 있다. 연꽃과 봉황, 학 등으로 장식된 원통전 수미단은 정교하며 화려하고 빼어난 솜씨로 유명하다.

1979년 이 보살상을 개금할 때 복장에서 1740년(영조16)에 작성된 발원문과 영조대왕의 옷 1점, 〈묘법연화경〉을 비롯한 불서류와 동경, 수정 등 총 16건 75점이 발견되었다. 특히 1740년 발원문에는 관음보살상의 개금, 나한상 중수, 인근 여러 암자에 불화로 1000불을 조성한다는 내용과 파계사를 원당으로 지정하였다는 내용이 기록되어 있었다.

시주한 인물로는 "주상전하(영조)와 왕비전하, 세자저하, 그리고 당시 여섯 살이었던 사도세자, 그의 어머니인 영빈 이씨" 등 왕실의 주요 인물들이 등장하여 왕실의 후원으로 이 불사가 이루어졌음을 알 수 있다.

불보살 조성 염원했던 혜식스님이 총감독

1740년 파계사 불사는 관음보살상의 개금뿐만 아니라 인근 사찰과 소속 암자까지 함께 진행된 큰 불사였다. 이를 총감독한 인물은 도화원(圖院) 소속의 혜식(慧湜)스님이며, 18세기의 대표적인 화승인 의겸스님도 참여하였다. 혜식스님은 왕실 원당 사찰 불사에 주로 참여했던 인물이다. 발원문에 불보살을 그려 각각 존상을 갖추는 것이 자신의 평생 소원임을 적고 있어, 이러한 불사가 이들의 간절한 염원에 의해 행해졌음을 알 수 있다.

파계사 관음보살상은 처음에는 나무로 조성된 불상으로 알려졌었다. 그러나 2006년 사찰문화재 일제조사 과정에서 X-ray로 촬영한 결과, 이 불상이 목조가 아닌 건칠불(乾漆佛)로 확인됐다. 건칠기법이란 삼베와 종이 등에 옻을 바르는 것을 여러 번 반복하여 몇 겹으로 올리면서 상의 형태를 만드는 것이다. 관음보살상의 전체적인 윤곽은 나무로 만들고, 그 위에 삼베에 칠을 올려 몇 겹으로 세부 형태를 잡은 것으로 보인다. 상투처럼 묶은 보발과 귀, 손은 따로 만들어 붙인 것이다. 건칠로 만든

상은 비교적 가벼우며, 상의 내부에 공간이 넓어 많은 복장물이 들어갈 수 있다.

건칠불은 제작하는 시간이 오래 걸리고 좋은 옻을 구하기 위해서는 상당한 비용이 들기 때문에 일반사람들이 발원하여 조성하기 어렵고, 귀족과 왕실이 발원한 상들이 대부분이다. 시기적으로 고려 말에서 조선 초기에 집중되어 나타나므로, 이 시기에 유행하였음을 알 수 있다.

여말선초 귀족적 미의식 돋보여

〈파계사 건칠관음보살상〉은 14세기말 15세기 보살상의 특징을 보여주고 있다. 1740년 개금하면서 적은 발원문에 1447년(세종29)에 중수했다는 기록으로 보아, 이 관음보살상은 1447년 이전에 조성되었음이 확실하다.

보살상의 전체 높이는 108.1cm이며, 머리에는 높다란 보관을 쓰고 있다. 보관은 3단 형태의 관으로, 투각과 양각, 음각으로 정교한 연주문(連珠文)과 세밀한 꽃무늬가 화려하게 새겨져 있으며, 화염문을 장식으로 달았다. 또한 파랑, 보라, 청록 등의 보석류를 감입기법으로 장식하여 그 화려함을 더하고 있다.

오른손은 어깨 쪽으로 들어 엄지와 중지를 맞대고, 왼손은 무릎 위에서 약간 들어 엄지와 중지를 맞댄 설법인(說法印)을 하고 있다. 둥근 얼굴에 백호는 큰 편으로 뺨이 팽팽하고, 직선으로 뺀 코와 다문 입술은 단정하고 우아함을 자아낸다. 상체는 가슴이 두툼하여 건장한 느낌을 주며, 어깨는 둥글면서도 당당하다.

옷은 두껍게 표현되었으며, 양어깨를 덮는 형태의 통견의(通肩

衣)를 입고 있다. 가슴과 양쪽 팔, 무릎 등 전신을 두른 영락 장식은 세밀하고 화려하게 표현되어 있다. 옷주름은 간결하지만, 전체적으로 장중한 편이다. U자형으로 넓게 벌린 가슴에는 안에 입은 내의의 상단을 띠매듭으로 묶어 세 가닥으로 겹쳐진 주름을 만들었다. 특히 무릎 아래에서 물결모양을 만들며 대좌의 상단으로 흘러내리는 대의자락이 눈길을 끈다.

단아한 표정, 두터운 옷, 가슴 위로 올라온 내의를 주름잡아 끈으로 고정시키고, 가슴과 양팔, 무릎 등 전신을 감싼 화려한 장식 등은 1394년(태조3)에 조성된 영덕 장육사 건칠보살상이나 문경 대승사 금동보살좌상 등과 비슷하다. 특히 대좌를 덮는 물결 모양의 옷주름은 '양양 낙산사 원통보전 관음보살상'(고려 말 조선 초기)과도 흡사하다.

이들 보살상은 고려 말 조선 초기 보살상의 귀족적 미의식이 돋보인다는 특징이 있는데, '파계사 건칠관음보살상'도 이러한 미감과 상통한다. 이처럼 '파계사 건칠관음보살상'은 세련된 귀족풍의 우아한 아름다움을 지닌 조형적 가치뿐만 아니라 복장유물이 사료로도 중요하여, 파계사의 역사적 실체를 재구성할 수 있다는 점에서 그 의의가 크다.

파계사 원통전의 주련에는 "관음보살대의왕 감로병중법수향(觀音菩薩大醫王 甘露瓶中法水香)/ 쇄탁마운생서기 소제열뇌획청량(灑濯魔雲生瑞氣 消除熱惱獲淸凉)"이라는 글귀가 새겨져 있다. 회산 박기돈(晦山 朴基敦 1873~1947)이 쓴 것으로, "관세음보살은 큰 의왕이시라/ 감로병 안의 법수가 향기

롭도다/ 마의 구름을 씻어내니/ 상서로운 기운이 생기고/ 번뇌의 열기를 없애주니/ 청량함을 얻게 하네."라는 뜻이다.

이 글귀처럼 파계사 관음보살님께 갈등과 번뇌가 사라지고 속이 시원하고 마음이 청량해지길 기도해 본다.

16 밀양 표충사 삼층석탑 출토 유물 일괄

다양한 양식, 시대별 불상 19구 함께 봉안

밀양 표충사 삼층석탑 內 불상들 | 보물
삼층석탑 사리장엄구에서 발견되었다.

사명대사 표충사당 있는 절

쉽게 피로해지는 계절, 생각만 해도 청량함이 감도는 사찰인 밀양 표충사가 떠오른다. 일상에 지친 마음을 함께 내려놓기에 가장 적당한 사찰이 아닐까. 표충사는 사찰 자체도 호방하기 그지없다. 수려하고 기운찬 재약산(載藥山)을 병풍 삼아 그 기슭에 자리한 표충사는 경내도 널찍하게 트여있어 보는 것만으로도 눈이 시원하다.

불교의 힘으로 나라를 지킨다는 '호국불교'는 한국불교의 오래된 전통 가운데 하나이다. 표충사는 사찰 이름에서도 이러한 특징이 드러난다. 임진왜란 때 승병(僧兵)을 일으켜 나라를 구한 사명대사(四溟大師)를 추모하기 위하여 세운 표충사당(表忠祠堂)이 있는 절이기 때문이다.

표충사는 654년(무열왕1) 원효대사가 창건하고 대나무가 무성하다고 해 죽림사(竹林寺)라 했다. 이후 829년(흥덕왕4) 인도의 고승인 황면(黃面)선사가 절을 중창했다고 한다. 이때 신라 흥덕왕의 아들이 나병에 걸려 전국의 약수를 찾아 헤매다가 이곳의 약수를 마시고 낫자 왕이 기뻐하며 절을 세우고, 이름은 영정사(靈井寺)라 했다.

조선 1839년(헌종5)에는 밀양군 무안면에 있었던 사명대사의 충혼을 기리기 위한 표충사(表忠祠)를 영정사로 옮기면서 절 이름도 표충사(表忠寺)로 개칭했다. 이때 가람배치도 달라졌던 것으로 추정된다.

불상 포함한 대규모 사리장엄구

표충사의 가람 중심에는 높이 7.7m의 커다란 삼층석탑이 세워져 있어 눈길을 끈다. 안정적인 비례에 세련된 조각 기법으로 만든 통일신라 후기에 세워진 석탑이다. 지난 1995년 석탑 해체보수 작업 도중 이 탑 안에서 많은 불상과 사리장엄구가 발견됐다. (삼층석탑 출토 유물 일괄, 보물)

1층 탑신의 윗면 중앙부에서 가로 30cm, 세로 30cm, 깊이 12cm의 사리공이 발견되었으며 그 안에 백자 사리함 1점 및 유리구슬 5점, 청동편 3점 등의 유물이 있었다. 그러나 원래 회로 밀봉되었던 사리공이 훼손되어 있는 상태로 보아 아마도 봉안되었던 사리 및 가치 있는 장엄구는 도굴 등으로 없어진 것으로 추정된다.

밀양 표충사 삼층석탑 | 보물

탑신 아래 기단부 안에서는 불상 19구, 청동칠층소탑 1점, 유리 구슬 5점, 인물상 1점 등이 발견됐다. 그리고 지대석 밑에서 석탑을 중수한 기록을 적은 석판인 '개수탑기비(改修塔記碑)'가 발견됐다. 내용은 탑이 기울어져 1491년(弘治4)에 탑을 중수하며 납입했다는 사실이다. 이 외에도 상평통보, 향로 편 등도 발견되어 총 51점의 대규모 사리장엄구가 매납되었음을 알 수 있다.

탑은 부처님의 입멸 후 사리를 봉안하기 위해 뚜렷한 목적을 갖고 조성한 조형물이다. 불교도들은 꾸준히 탑을 조성했고 그 안에 사리를 봉안하기 위한 여러 장치를 마련했다. 표충사 탑에 봉안된 사리장엄구는 사리를 모시기 위해 당시 최고의 기술과 재원을 동원했던 것으로 보인다.

금동불 제작 기법 알려 주는 자료

이 탑의 사리장엄구는 특히 19구에 달하는 많은 불상을 함께 봉안한 것이 특징적이다. 이렇게 기단부를 중심으로 규모가 크고 다수의 불상을 봉안했던 것은 석탑 사리공이 협소하기 때문에 비교적 넓은 기단부에 불상을 봉안했던 것으로 짐작된다. 일부 불상은 부분적으로 파손된 경우도 있지만 보존상태가 좋은 완전한 모습의 불상들도 많았다.

이 불상 19구 가운데 여래입상이 15구이며, 여래좌상이 1구, 보살입상 3구이다. 이 탑을 세운 시기는 통일신라 후기이며, 탑 안에서 나온 총 19구의 불상들의 조성 연대 대부분 통일신라 후기이다.

그러나 고려시대에 조성된 청동 소탑과 불상들도 함께 출토되어 고려시대에도 사리장엄구를 추가로 납입했던 것으로 짐작된다. 이 불상들은 작은 금동불의 제작 기법을 알려주는 좋은 자료이며, 탑이라는 봉안처가 확실한 불상이라 가치가 더 크다.

앞에서 살펴본 '개수탑기비'의 기록으로 보아 조선 초기에도 탑을 보수하면서 사리장엄구를 납입했을 것이다. 표충사는 조선 후기에 사찰을 옮겼으므로 이때에도 탑을 이전하면서 다시 사리장엄구도 납입했을 것이다. 이처럼 탑을 세운 통일신라부터 고려와 조선에 걸쳐 여러 번 탑을 중수한 사실과 더불어 매번 사리장엄구가 매납되었던 것으로 보인다.

**밀양 표충사
삼층석탑 개수탑기비 | 보물**
1491년, 석탑 중수 기록을 적은 석판

불상을 왜 탑 안에 봉안했을까

그런데, 탑 안에 왜 불상을 봉안하였을까. 한국 석탑은 사리공의 작은 공간 안에 부처님의 유골인 신사리(身舍利) 이외에도 불교 경전인 법사리(法舍利)와 함께 불상을 봉안하는 특징을 지닌다. 통일신라시기의 석탑에서 출토된 대표적인 불상이 황복사지 삼층석탑에서 나온 금으로 만든 2구의 불상이다.

불상을 탑에 봉안하는 것은 삼국시대 목탑에 불상을 봉안했던 전통을 계승한 것으로 보인다. 이는 중국 및 일본과는 다른 양상으로, 한국의 석탑 구조에 맞게 정착하였음을 알 수 있다.
또한 탑에는 불상뿐만 아니라 경전도 함께 봉안됐다. 봉안된 경전은 백제계 탑 안에서는 〈금강경〉이, 통일신라 시기에는 〈무구정경〉에 의한 조탑법식이 크게 유행했다. 고려 때는 〈보협인경〉을 봉안했는데, 시대와 지역에 따라 선호하는 경전을 봉안했던 것으로 이해된다.

부처님 열반 이후 부처님을 대신했던 유일한 상징이었던 불탑에 대한 신앙은 대승불교가 발전함에 따라 부처님의 모습인 불상에 대한 신앙으로 변화했다. 그러므로 불탑과 불상은 부처님을 상징하는 공통점을 갖게 된다. 석가여래는 열반했지만 무수한 시간에 걸쳐 인간들을 교화해 온 부처님은 어느 곳에나 상주한다는 대승불교의 사상에 따라 불상을 봉안하는 공간 가운데 하나가 바로 탑인 것이다.
그러므로 탑에 봉안된 불상은 사리를 장엄하는 하나의 요소가 아니라, 부처님이 상주하는 공간인 탑에 진신사리를 대체하는 개념으로 봉안되어 사리신앙을 고조시켰다고 할 수 있다.

표충사 삼층석탑이 특별한 이유

표충사 삼층석탑은 이례적으로 많은 불상들을 봉안한 것이 특징이다. 석탑 안에 사리장엄구 외에 불상을 봉안했던 사례는 많지만, 이렇게 다양한 형식과 양식을 지닌 시대별로 다른 불상이 다량으로 봉안된 경우는 희귀하다.

탑 안에 불상을 함께 봉안하는 한국 석탑의 전통은 고려시대에 이르러 탑신의 여러 층과 기단부를 활용하여 다수의 불상을 봉안했는데, 이러한 봉안 방식은 조선시대로 이어져 확대됐다. 이와 더불어 봉안하는 불상의 크기도 앞 시대보다 커지는 특징을 보인다.

이는 석가여래의 열반 후 세월이 흐를수록 진신사리는 점점 더 구하기 어려워졌고, 불상에 대한 신앙은 더욱 발전하였기 때문이다. 이처럼 표충사 삼층석탑에서 발견된 유물들은 한국 석탑에 봉안된 사리장엄구의 특징을 가장 잘 보여주는 대표적 유물이라 할 수 있다.

빼어난 산세의 재약산 품 속에서 맑고 여여한 계곡물 소리로 힐링하기 좋은 표충사! 탑은 가람의 중심에, 사리장엄구는 표충사호국박물관에 따로 봉안되어 있지만 모두가 표충사의 역사를 채워주는 중요한 성보이다. 눈으로 자주 보고 궁금한 것을 찾아보는 것이 진짜 공부이므로, 시간을 내어 표충사를 찾아 탑과 사리장엄구를 친견하면서 잃어버렸던 자신의 모습도 함께 찾기를 권해 본다.

17 부산 범어사 소장본 삼국유사

고대사회 문화예술 중심 드러낸 생생한 기록

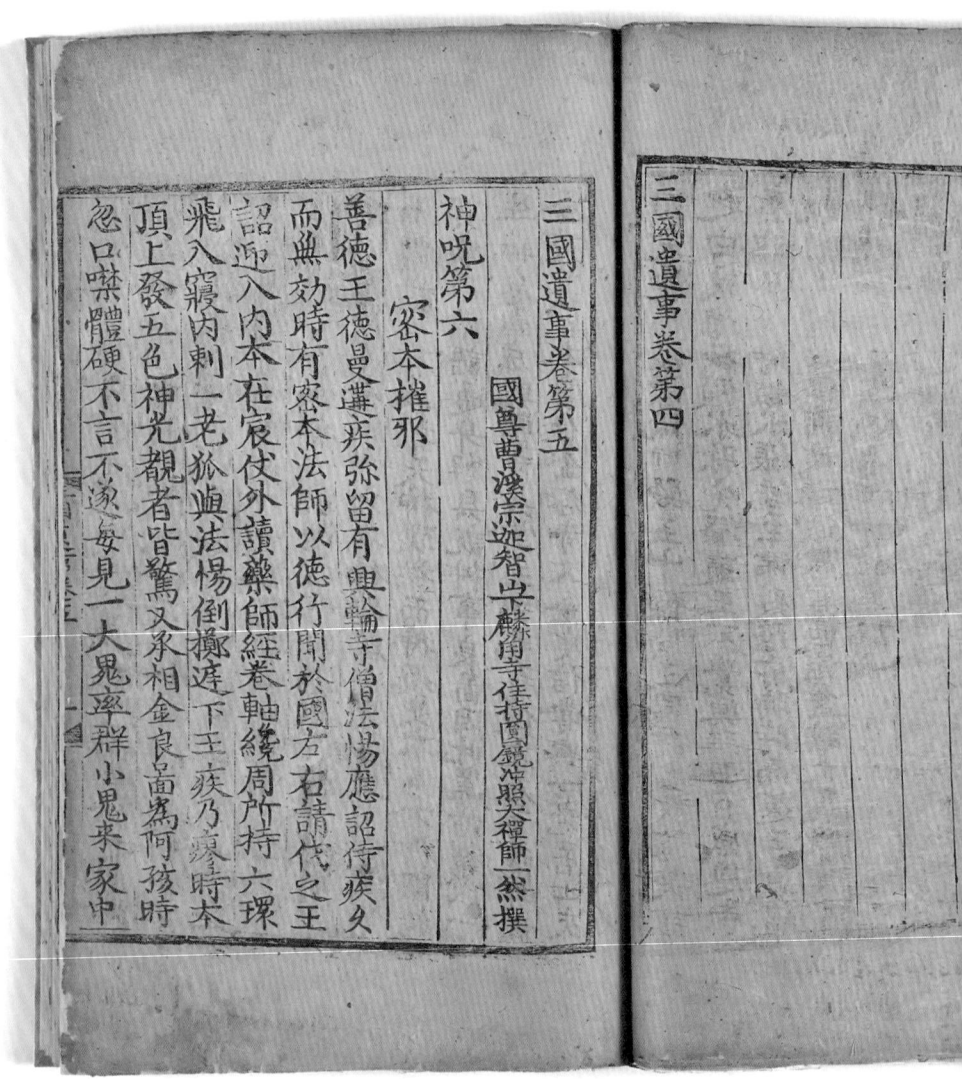

범어사 〈삼국유사〉 권4·5 | 국보

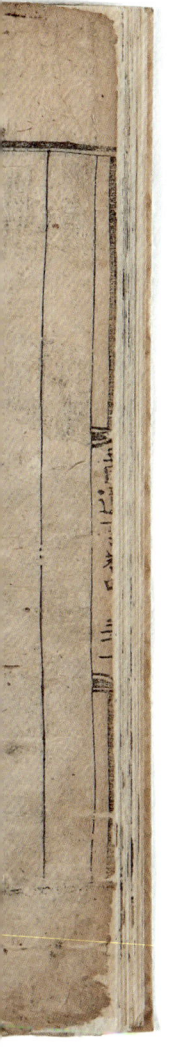

범어사는 우리나라 제2의 도시 부산에 위치해 있으며, 지하철로 닿을 수 있는 몇 안 되는 사찰 가운데 하나이다. 특히 접근성이 좋아 언제든지 혼자라도 조용히 다녀올 수 있는 곳으로, 부산 시민의 안식처가 되고 있다. 범어사는 의상스님이 창건하고 제자 표훈(表訓)스님이 주석했던 신라 화엄십찰(華嚴十刹)의 하나이다. 또 왜구를 진압하고 동해안의 안위를 책임지는 비보사찰(裨補寺刹)의 하나로서 중요한 가람이 되었다. 〈동국여지승람〉에는 "동국(東國)의 남산에 명산이 있어서 그 산정에 높이 50여 척의 거암(巨岩)이 있고, 그 바위 한가운데 샘이 있으며 그 물빛은 금색(金色)에다 물속에 범천(梵天)의 고기가 놀았다. 그래서 산의 이름을 금정산(金井山)이라 하고, 절 이름을 범어사(梵魚寺)라 한다."고 전하고 있다.

범어사의 가람배치는 상·중·하 3단으로 크게 세 부분으로 구성되어 있다. 제일 상단은 대웅전을 중심으로 한 영역이며, 중간 부분은 보제루 주위의 당우(堂宇)들이 있는 영역이다. 하단은 보제루 아래쪽의 일주문·천왕문·불이문을 중심으로 하는 건물들이다. 이와 같이 가람이 앉혀진 것은 산지가람의 지형에 따른 것이다. 범어사에는 대웅전을 포함해 많은 성보들이 즐비하다. 그러나 무엇보다 동방 최고의 고전(古典)으로 불리는 국보 〈삼국유사〉를 소장하고 있는 사찰로 주목받고 있다.

동방 최고 고전인 〈삼국유사〉

〈삼국유사〉는 〈삼국사기〉와 함께 한국 고대사 연구에 꼭 필요한 기본 텍스트이다. 〈삼국유사〉와 〈삼국사기〉는 모두 고려 때 발간된 책으로, 둘 다 주로 삼국시대의 내용이 주를 이룬다.

〈삼국사기〉는 문벌귀족인 김부식이 유교적 사관에 의거해 역사를 기술한 것이다. 이와 달리 〈삼국유사〉는 고려 충렬왕 때 일연(一然, 1206~1289)스님이 저술한 것으로 불교적인 내용이 많은 부분을 차지하며, 〈삼국사기〉에 기술되지 않은 종교, 역사, 문학, 언어, 민속, 사상 등 다양한 분야에 걸친 정보가 가득하다. 〈삼국유사〉가 없었다면 고대 우리 민족의 생활상과 고대 사회를 재구성해 볼 수 없을 정도로 다양하고 풍성한 내용을 담고 있다.

〈삼국유사〉는 5권 2책으로 구성되어 있다. ①왕력(王曆), ②기이(紀異), ③흥법(興法), ④탑상(塔像), ⑤의해(義解), ⑥신주(神呪), ⑦감통(感通), ⑧피은(避隱), ⑨효선(孝善)으로 모두 9개의 제목으로 나뉘어 있다.

①왕력은 고구려 · 백제 · 신라의 삼국을 비롯하여, 가락국 · 후고구려 · 후백제 등의 연표를 정리하였고, ②기이는 고조선부터 후삼국까지의 역사를 서술했다. ③흥법에서 ⑨효선까지는 불교의 수용 과정, 당시 산재해 있는 불교미술에 관한 내용, 고승들의 행적, 불교의 신화와 설화, 불교적인 선행에 관한 내용이 실려 있다.

일연스님은 고려가 국가적인 위기와 혼란에 처했을 때 민족의 자긍심과 자존감을 찾기 위해 〈삼국유사〉를 집필했다. 일연스님은 청도 운문사(雲門寺)에 주석하면서부터〈삼국유사〉편찬을 시작했고, 84세로 군위 인각사(麟角寺)에서 입적하기까지 만년의 일생을〈삼국유사〉집필에 몰두했다.

가장 오래된〈삼국유사〉판본

범어사에는 우리나라에 몇 남아 있지 않은〈삼국유사〉가 현전한다. 이 책은 범어사 초대 주지를 역임한 오성월(吳惺月, 1865~1943)스님의 옛 소장본으로 1907년 범어사에 기증된 것으로 전해진다.

범어사 소장본〈삼국유사〉는 권4~5까지 2권을 1책으로 묶은 것이다.〈삼국유사〉전체 내용 가운데 ⑤~⑨편목인 의해(義解), 신주(神呪), 감통(感通), 피은(避隱), 효선(孝善)이 실려 있다. 여기에는 신라 고승들의 행적, 부처님의 영적 감응을 이룬 일반 신도들의 영이(靈異) 등을 다룬 설화, 뛰어난 효행 및 선행의 미담 등의 다채로운 이야기가 담겨 있다.

범어사〈삼국유사〉가 보물에서 국보로 승격될 정도로 중요한 가치를 인정받은 이유는 현존하는 삼국유사 판본 중 인출(印出, 찍어서 간행) 시기가 가장 빠르기 때문이다.〈삼국유사〉는 고려시대 판본이 남아 있지 않다. 현존하는 가장 이른 판본이 1394년 경 판각된 조선 초기 판본인데, 바로 이 판본에 해당된다.

또한 조선 초기 판본 중 유일하게 권4의 이혜동진(二惠同塵)과 자장정률(慈藏定律) 그리고 원효불기(元曉不羈)와 의상전교(義湘傳敎) 등의 편에는 한문을 읽을 때 그 뜻이나 독송을 위하여 각 구절 아래에 달아 놓는 표기가 남아 있다. 권5의 제 27~30장이 남아 있는 것은 범어사본이 유일해 〈삼국유사〉의 전체 내용을 파악하는데 중요한 단서를 제공해 주었다.

범어사 소장 〈삼국유사〉를 통해서 다른 판본으로 남아 있는 〈삼국유사〉의 오탈자 및 오류 교정, 보완이 가능했다. 무엇보다 조선 초기 〈삼국유사〉 목판 복원에 중요 자료라는 점에서 서지학적인 가치도 높다.

금정총림 범어사 일주문 | 보물
'선찰대본산 금정산 범어산 조계문' 현판이 선명하다. (사진제공: 멋짓)

범어사 〈삼국유사〉 | 보물
권4~5권 표지

'문화예술 중심' 실증적 사료

〈삼국유사〉는 최초로 단군신화를 수록한 책이다. 이는 우리 민족이 단군의 후예라는 것을 명확히 하여 민족의 자주성을 견지하고자 한 것이다. 또한 고승의 행적 등 당대 유명했던 스님들의 탄생과 행적을 상세히 소개하였으며, 불교적인 노래 향가의 표기법은 고대어 연구의 중요한 자료로 평가받는다.

〈삼국유사〉에 등장하는 예술품들은 불교미술이 주류이다. 저자가 스님인 점도 있지만, 당시까지 문화예술의 중심이 불교에 있었음을 나타내는 것이다. 그래서 〈삼국유사〉가 지닌 역사적 가치 가운데 미술사적 가치는 매우 크다.

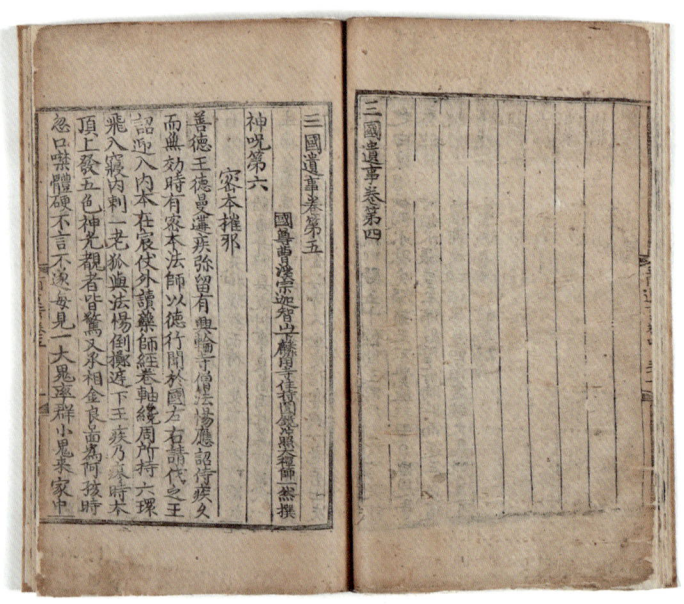

범어사 〈삼국유사〉 내지

〈삼국유사〉에 등장하는 역사적 사실들은 매우 정확하다. 현장의 유적과 유물들이 일치하고 있어 이들 사료들이 실증적임을 알 수 있다. 이는 일연스님 자신이 직접 현장을 방문하고 조사한 결과물이기도 하지만 무엇보다 광범위한 문헌자료의 활용에 있다. 일연스님 자신의 불교미술에 대한 인식이 매우 뛰어났음을 짐작할 수 있다.

이 책에서 제시하는 미술품의 연대에 대한 기록은 미술사의 절대 연대 설정과 함께 양식적 비교를 통한 편년 작성에 기본이 되고 있다. 이러한 기록들이 사실에 입각한 당시의 생생한 기록임을 입증하는 것은 현전하는 유물이 증명하고 있다. 뿐만 아니라 멸실된 유물에 대해서도 자세한 기록을 남겨줌으로써 우리 미술사의 공백을 채워주고 있어 사료적 가치가 더욱 크다.

〈삼국유사〉의 기록은 중국 측 문헌까지도 섭렵하고 있다는 점에서 당시 선승(禪僧)으로서의 일연스님 자신의 교학적 안목을 짐작하게 한다. 본문의 내용에 일연스님 자신의 견해를 덧붙여 논증을 이끌어내는 것도 이 책이 지닌 특징이다.

범어사에는 현재 새로운 성보박물관을 건립하여 개관하였다. 이 박물관에 소장된 가장 중요한 문화재는 바로 범어사본 〈삼국유사〉로, 많은 사람들이 이 위대한 기록유산을 직접 볼 수 있다.

〈삼국유사〉에 기록된 수많은 불교문화재를 새롭게 읽기 위해 그 이야기의 현장을 직접 방문해 보고 일연스님의 행적을 따라가다 보면 더욱 생생하게 그 문화재의 의미를 찾을 수 있을 것이다. 오랜 세월의 풍화 속에도 당시 모습을 그대로 지켜 온 것들과 자꾸 훼손되어 사라지고 본래 모습을 잃어가는 것들 사이에서 일연스님이 삼국유사를 집필한 그 대원(大願)을 이해했으면 한다.

18 부안 내소사 백지묵서묘법연화경

사경보까지 온전하게 남아있는 유일한 사경

내소사 백지묵서묘버변화경 7권 | 보물
사경보까지 온전하게 남아있는 유일의 사경이다.
(가로14×세로36.2cm, 1415년)

전북 부안 능가산 관음봉 아래 자리한 내소사는 들어가는 길목이 특히 정겹고 아름답다. 일주문에서 피안교에 이르는 길에는 전나무가 쭉 뻗어있다. 사계절 늘 푸른 이 숲길을 전나무 향기를 맡으며 걷다 보면 소란했던 마음도 어느덧 고요해진다. 일주문 밖 할아버지 당산나무의 짝이라고 알려진 천년 된 할머니 당산나무는 훌쩍 지나버린 세월을 품고 앞마당을 할머니의 눈길로 고즈넉하게 그 자리를 지키고 있다.

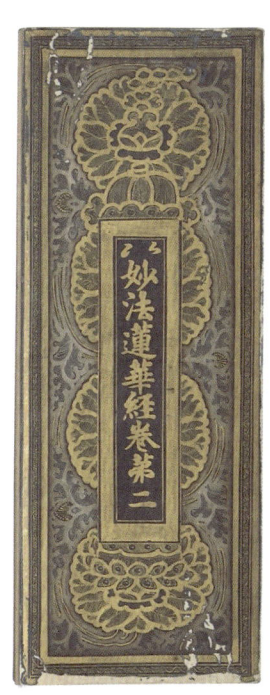

1권 금니변상도 부분

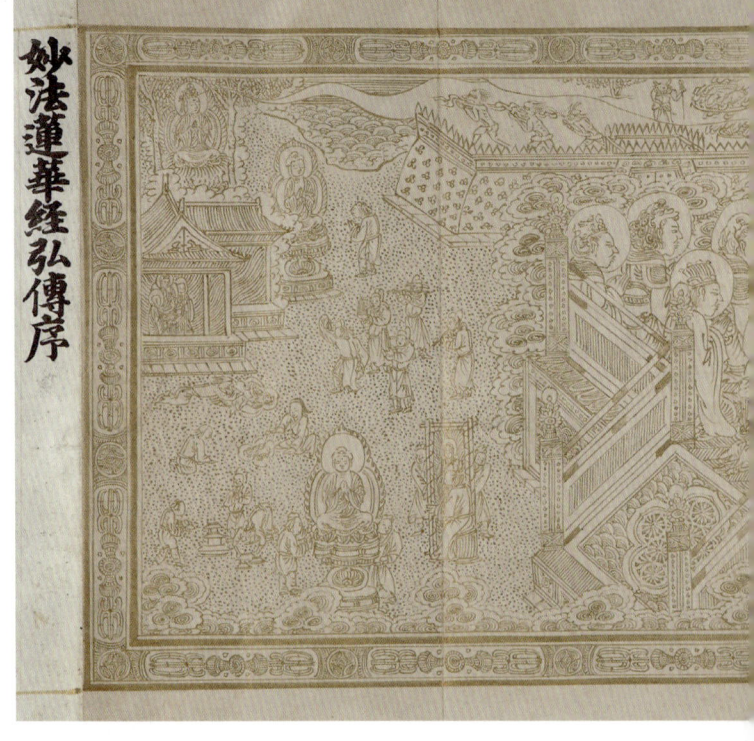

모두 새롭게 소생하는 사찰, 내소사

내소사(來蘇寺)는 633년(무왕34) 혜구(惠丘)스님이 처음에는 '소래사(蘇來寺)'라는 명칭으로 창건하였다. 연유는 정확하지 않으나 이후에 사찰명이 소래사에서 내소사로 바뀌었다.
내소사는 '모두 새롭게 소생하는 사찰'이라는 의미이니, 이 절에 오는 모든 중생들에게 새롭게 세상을 살아갈 수 있도록 위로와 힘을 주는 사찰이라 할 수 있다.

변산반도 남단에 있는 내소사에는 중요한 문화재가 많이 전하고 있어서 사찰의 역사와 위상을 짐작할 수 있다. 특히 보물로 지정된 대웅보전은 조선 인조 11년(1633) 청민(靑旻)대사가

건립한 것이라고 전한다. 이 건물은 쇠못 하나 쓰지 않고, 오로지 나무를 깎아 서로 끼운 독창적인 기법으로 건축한 조선 중기의 대표 전각이다.

법당 내부의 후불벽 뒤에 그려진 '백의관세음보살도'는 규모가 크고 훌륭하다. 또한 불전 앞문을 장식한 꽃살문은 연화, 국화 등의 정교하고 아름다운 문양이 새겨져 있는데, 나무결이 그대로 드러나 고풍스러운 아름다움과 함께 당시의 뛰어난 조각 솜씨를 엿보게 한다.

내소사는 〈법화경〉에 의거한 법화사상에 기반을 둔 사찰로 주불전이 대웅전이며, 석가여래를 중심으로 좌우에 문수보살과 보현보살을 모시고 있다. 뿐만 아니라 내소사에는 조선 초기에 조성한 매우 귀한 '내소사 백지묵서묘법연화경(來蘇寺 白紙墨書妙法蓮華經)'이 남아 있다.

〈법화경〉은 '경전의 꽃'이라 불릴 정도로, 대승경전 세계의 중요한 기본틀을 구성하면서 이후의 다른 대승경전 발전에 영향을 크게 주었다. 〈묘법연화경(Saddharmapuṇḍarīka-sūtra)〉을 줄인 것으로 그대로 풀이하면 '석가여래께서 중생을 위해 설법하신 연꽃과 같은 가르침을 적은 경전'이란 뜻이다. 〈법화경〉은 한국에서 유통된 불교 경전 가운데 가장 많이 간행됐다. 이 가운데 구마라집이 번역한 것이 가장 많이 유통되었으며, 전체 7권 28품으로 구성되어 있다.

포갑·사경보까지 온전히 전해

조선 초기에 제작된 내소사 '백지묵서묘법연화경'은 조성 연대(1415년)와 발원자 등의 기록이 함께 남아 있으며, 글씨와 변상도의 그림이 매우 정교하고 아름다워 더욱 중요하다. 또한 법화경 전체 7권 28품인 한 세트를 모두 갖추고 있으며, 이 사경을 보호하고자 덮었던 포갑과 사경보까지 온전히 남아 있는 유일한 사례이다.

'내소사 백지묵서묘법연화경'은 사경(寫經)인데, 사경은 말 그대로 베껴 쓴 경전을 말한다. 불교 경전은 사경과 활자를 이용하여 인쇄한 판경(版經)으로 구분된다. 사경은 인쇄술이 발달하기 이전에 부처님 말씀을 배우고 전하고자 조성되었다.

그러나 이후 인쇄술이 발달하면서 경전을 대량으로 유포할 수 있게 되면서, 사경은 전법(傳法)이나 포교(布敎)를 위한 것이라기보다는 부처님 말씀을 전하는 경전에 대한 예경과 불제자가 이를 베껴 쓰면서 공덕을 쌓는 신앙의 방편으로서의 의미가 더 커지게 되었다.

사경은 먹으로 쓴 것과 금 또는 은으로 쓴 것이 있는데, 먹으로 쓴 것을 묵서경(墨書經), 금 또는 은으로 쓴 것을 금자경·은자경(金字經·銀字經)이라 한다. 현존하는 사경 중에서 우리나라에서 제일 오래된 것은 삼성미술관 소장 '신라백지묵서 대방광불화엄경'(755년)이다. 이 사경에는 조성기가 전하고 있어서 사경을 할 때 몸가짐과 마음가짐에 대한 자세한 기록 등을 통해 얼마나 많은 정성을 기울였는 지를 엿볼 수 있다.

고려시대에는 왕실과 귀족들이 금·은자사경(金·銀字寫經)을 주로 제작하였다. 전문적으로 사경을 하는 스님과 장인들이 만든 수준 높은 사경들이 전해지는데, 그 섬세함과 정교함에 감탄을 자아내게 한다. 조선 초기에도 고려시대를 답습하여 사경을 제작하였다. 〈조선왕조실록〉에도 사경에 관한 기록을 여러 번 적고 있어 당시에도 사경이 불교를 믿는 이에게 얼마나 중요한 수행과 공덕의 방편이라는 것을 알 수 있다.

죽은 남편의 명복 빌원하며 조성

조선시대 사경 가운데 대표작이 '내소사 백지묵서묘법연화경'이다. 총 28품의 법화경의 내용을 7첩의 흰 종이에 먹으로 옮

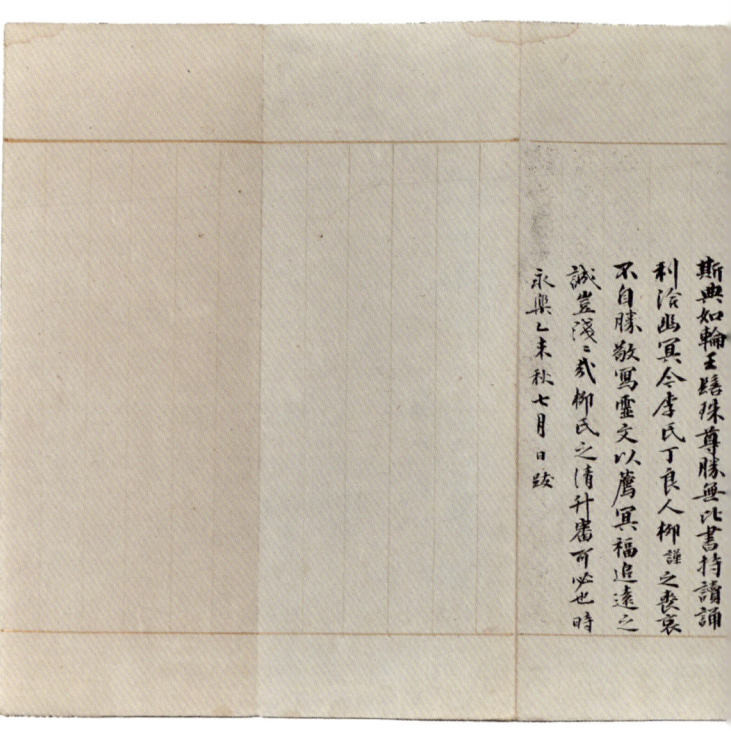

7권 조성기 부분

겨 쓴 것이다. 마지막 권인 권7의 끝에는 '금이씨정양인유근지상(今李氏丁良人柳謹之喪), 애부자승(哀不自勝), 경사영문(敬寫靈文), 이천명복(以薦冥福), 추원지성기천천재(追遠之誠豈淺淺哉), 유씨지청승심가필야(柳氏之清升審可必也), 시영락을미(1415)칠월일발(時永樂乙未 七月日跋)'이라는 기록이 있어 조선 태종 15년(1415)에 이씨부인이 죽은 남편 유근의 명복을 빌기 위하여 만든 것임을 알 수 있다.

표지에는 책의 명칭을 중심으로 꽃무늬가 장식되어 있으며, 경전이 시작되기 전의 책 첫머리에는 각 권에 해당되는 여러 품의 내용을 금으로 그린 변상도(金泥變相圖)가 있다. 완전하고 깨끗하게 보존된 보기 드문 작품으로, 이렇게 표지부터 내용까지 조금도 훼손이나 탈락이 없는 완전한 사경은 흔하지 않다.

경전은 가로로 펼치는 두루마리 형태로 종이나 비단을 이어 붙여서 왼쪽에 축(軸)을 대고 말아 묶는 형태의 권사본(卷子本)이 있다. 다른 형식으로 마치 병풍을 접듯 적당한 폭으로 접어 앞뒷면에 표지를 붙인 형태로 만든 절첩본(折帖本)이 있다.

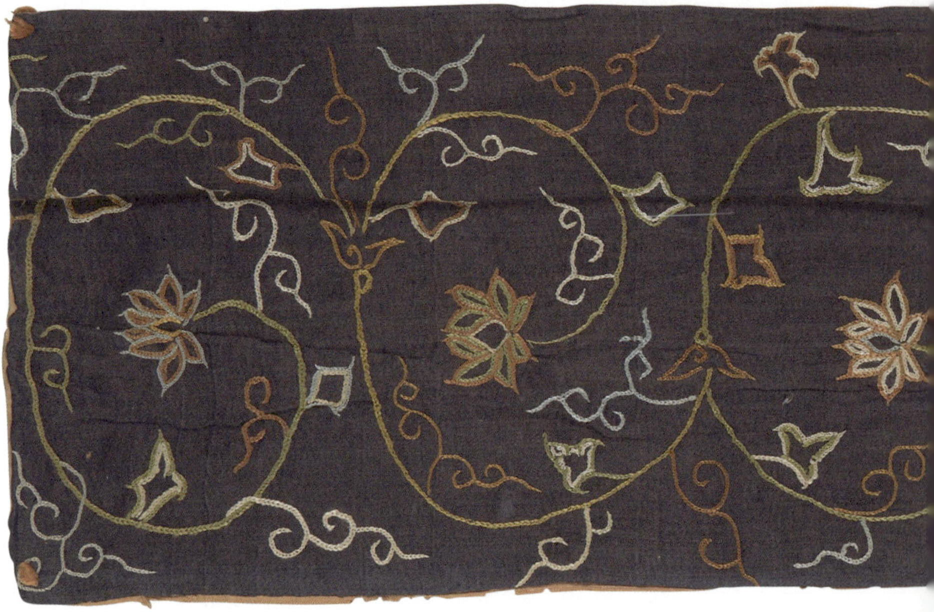

사경보
비단에 놓은 자수 솜씨가 정교하고, 섬세하며 아름답다.

'내소사 백지묵서묘법연화경'은 절첩본 형식으로 표지에는 금은니로 화려하게 장식되어 있다. 낱장을 한 장씩 포개어 놓고 우측에 실로 꿰매는 일반 고서의 형태인 선장본(線裝)보다 앞선 고려와 조선 초의 경전 제본 방식이라 할 수 있다.

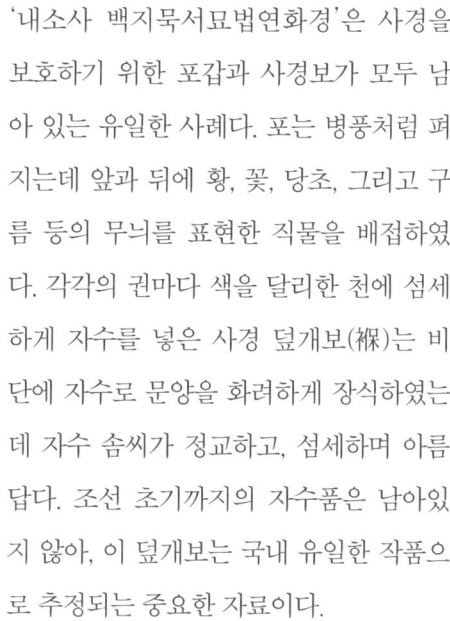

'내소사 백지묵서묘법연화경'은 사경을 보호하기 위한 포갑과 사경보가 모두 남아 있는 유일한 사례다. 포는 병풍처럼 펴지는데 앞과 뒤에 황, 꽃, 당초, 그리고 구름 등의 무늬를 표현한 직물을 배접하였다. 각각의 권마다 색을 달리한 천에 섬세하게 자수를 넣은 사경 덮개보(袱)는 비단에 자수로 문양을 화려하게 장식하였는데 자수 솜씨가 정교하고, 섬세하며 아름답다. 조선 초기까지의 자수품은 남아있지 않아, 이 덮개보는 국내 유일한 작품으로 추정되는 중요한 자료이다.

빠르게 흘러가는 시간 속에서도 잠시 시간을 내어 "모두 새롭게 소생하는 사찰" 내소사에 들러보자. 그곳에서 전나무숲길을 걸으며 지난 시간을 되새기고 작심삼일로 흔들리는 마음을 다시 다잡아야겠다.

19 부여 무량사 오층석탑 출토 금동불상 일괄

탑 출토 불상 가운데 가장 크고 예술성도 높아

부여 무량사 오층석탑에서 발견된 불보살상 | 보물
고려-조선 전기에 조성된 것으로 모두 보물로 지정됐다. (불교중앙박물관 보관)

1 금동보살상(높이 36.5cm)   2 금동지장보살상(높이 26cm)
3 금동아미타불상(높이 33.5cm)   4 금동관음보살상(높이 25.8cm)

한국 최대 아미타불 계신 곳

부여 무량사는 한국 최대 규모의 아미타부처님을 모시고 있는 곳이다. 극락전 안에는 흙으로 조성한 아미타삼존불, 본존불인 아미타여래와 관음보살과 대세지보살이 압도적인 모습으로 앉아 있다. 임진왜란 후에 한국의 사찰들에서는 폐허가 된 사찰을 복원하면서 패기와 힘이 넘치는 대형의 불상들을 대거 조성하였는데, 이 삼존불은 이러한 부흥기의 대표적인 불상이라 할 수 있다.

3

4

무량사는 현실에서 아미타정토를 구현하고자 하였다. 아미타불은 헤아릴 수 없는 수명과 광명을 주는 부처라는 뜻으로, 무량수불(無量壽佛), 무량광불(無量光佛)로도 부르는데, 사찰 이름을 무량사라 부른 것에서도 이를 짐작할 수 있다.

신라시대 범일국사가 창건한 것으로 알려져 있는 무량사는 평지에 펼쳐진 고즈넉한 고찰의 모습을 여전히 잘 간직하고 있다. 고려시대에 크게 중창하여 사찰의 규모가 대단했다고 전해지며, 이는 현재 극락전 앞에 세워져 있는 오층석탑(보물, 높이 7.5m)을 통해서도 알 수 있다.

임진왜란 때 사찰이 완전히 폐허가 되었으나, 조선 인조 때 중건되어 오늘에 이르고 있다. 무량사는 특히 방랑시인으로 알려져 있는 김시습과의 인연으로 유명하다. 조선 세조 때 수양대군의 왕위 찬탈과 단종의 죽음을 애달아했던 김시습(金時習)은 이를 계기로 스님이 되어 전국을 유랑하였는데, 무량사에서 말년을 보내고 입적했다. 김시습 스님은 역사의 고적을 찾고 산천을 보면서 많은 시를 남겼다. 스님의 탑은 무량사에 있으며, 초상화는 불교중앙박물관에서 보관되어 있다.

한국 석탑에 봉안된 불상의 정수

무량사 오층석탑에서 발견된 사리장엄구, 특히 그 가운데 불상들은 주목되는 성보이다. 우리나라에서는 삼국시대부터 탑에 불상을 봉안하기 시작하였는데, 특히 조선시대에 이르면 탑 안에 불상을 다량으로 봉안하는 의례가 유행하였다.

무량사 오층석탑에서 발견된 불상들은 탑에서 나온 불상들 중

부여 무량사 오층석탑 | 보물

에서도 그 크기가 가장 크며, 불상의 예술성도 높아 한국 석탑에 봉안된 불상의 정수로 손꼽을 수 있다.

고려 전기에 세워진 무량사 오층석탑은 백제탑의 양식을 계승하여 세련되고 장중한 미를 뽐내는 석탑이다. 1971년 이 탑을 해체 수리하였을 때 5층 탑신에서는 사리장엄구가, 3층 탑신에서는 작은 불상 1구, 그리고 1층 탑신 안에서 아미타여래를 중심으로 좌·우에 지장과 관음보살의 금동삼존불이 발견되었다.

5층 탑신 안 사리공에서 청동으로 만든 합 형태의 사리기가 이중으로 겹쳐져 있었고, 그 안에서 여러 사리장엄구가 발견됐다. 큰 청동합 안에는 작은 내합이 있었고, 그 안에는 수정으로 된 작은 병에 사리 1과, 청동으로 만든 병에는 회백색 사리 93과가 들어 있었다. 그리고 법사리인 다라니경도 있었다고 전하고 있으나 정확하게 어떠한 경전인지를 알 수 없고, 향나무 등 여러 향이 발견되었다고 한다. 5층 탑신의 유물들은 고려 전기, 즉 탑을 건립하던 당시에 조성하여 매납된 것으로 추정된다.

불상 발견 당시 모습
홍사준, '무량사 오층석탑 해체와 조립'
(한국미술사학회 '고고미술' 117, 도판 인용).

사리장엄구, 많은 불상과 봉안

무량사 오층석탑 사리장엄구의 특징은 많은 불상들을 함께 봉안하였다는 것이다. 탑의 크기도 워낙 커서 사리공도 다른 탑보다 큰 편이다.

1층 탑신의 사리공에는 아미타삼존불이 봉안되어 있었다. 이 불상들은 아무런 장치 없이 잡석과 흙으로 채워진 바닥 위에 아미타여래는 남면을 향하여 있었고, 지장보살상은 아미타여래보다 앞으로 나온 상태로 놓여 있었다. 관음보살상은 본존 앞에서 동쪽을 향하여 안치되어 있었다. 삼존불의 주존불인 금동아미타불상(높이 33.5cm)은 도난 당해 오랜 세월 사찰을 떠나 있었으나, 다행히 최근에 환수되어 여법하게 삼존불로 모실 수 있게 되었다.

아미타삼존상은 관음보살과 지장보살로 구성된 형식으로, 고려 말 조선 초기에 유행했던 신앙 경향을 엿볼 수 있다. 본래 아미타신앙의 기본 경전인 〈관무량수경〉에는 아미타여래의 협시보살로 관음보살과 대세지보살이 등장한다.

그런데 경전에 근거한 대세지보살 대신 지장보살이 아미타여래의 협시보살이 된 것은 극락정토를 주재하는 아미타여래와 현실의 모든 장애를 없애주는 관음보살, 그리고 지옥에 빠진 중생까지 모두 구제하고자 서원한 지장보살의 세트가 대중에게 큰 위안을 주며 인기를 얻었기 때문이다.

탑 안에서 발견된 불상 가운데 가장 큰 고려시대의 금동보살상(높이 36.5cm)이 탑의 어디에서 나왔는 지는 당시 보고서에 생

무량사 관음보살상

무량사 지장보살상

략되어 있다. 이로 인해 이 금동보살상의 정확한 봉안 위치는 확실하지 않으나, 보살상의 크기로 보아 1층 탑신에 봉안했을 가능성이 높을 것으로 판단된다.

이처럼 고려 전기에 조성된 무량사 탑 안에 봉안된 불상과 사리장엄구는 고려부터 조선에 걸쳐 조성된 것이 다양하게 발견되었다. 그러므로 탑의 설립 시기 뿐만 아니라 탑을 중수할 때마다 사리장엄구는 여러 차례 매납되었음을 추정할 수 있다.

아미타삼존상의 모습을 구체적으로 살펴보자. 아미타여래는 머리의 정상 모습이 삼각형 모양으로 뾰족한 형태이다. 머리에는 중앙계주와 정상계주가 있는데, 중앙계주는 현재 없어진 상태이고, 정상계주는 소라 모양이다. 얼굴 표정은 고요히 명상에 잠겨 있는 듯한 모습이며 미간 사이의 백호는 큼직하다. 손 모양은 아미타여래가 설법하는 수인을 하고 있으며 가슴과 배, 무릎에는 양감이 남아 있다. 이렇게 뾰족한 머리의 모습과 명상에 잠긴 듯한 얼굴 표정은 중국 명나라 시기 불상의 영향으로 판단된다.

관음보살상의 얼굴과 옷 입은 모습은 아미타여래와 거의 흡사하다. 머리에 산(山)모양의 커다란 보관을 쓰고 있는데, 중앙에는 아미타여래를 새겼으며 구슬 모양의 장식이 달려 있다. 머리카락이 양 어깨로 흘러내려오는 점, 가슴과 무릎 위에 늘어진 영락 장식은 불상과 구별되는 보살상의 모습이다.

지장보살상은 머리에 두건을 쓴 모습이다. 일반적으로 지장보살상은 스님의 모습이거나 혹은 두건을 쓴 두 가지 모습으로 나타나는데, 고려 말 조선 초 시기에는 두건을 쓴 모습의 지장보살상이 유행하였다.

망자 추선과 현세 수복 비는 아미타신앙

이 삼존불은 아미타여래를 협시보살보다 약간 크게 조성하여 주존불임을 나타내었다. 삼존의 모습은 옷 입은 방식과 신체 표현에서 거의 비슷하며 불복장은 현재 남아 있지 않다.

우리나라 탑 안에 봉안된 불상은 주로 아미타신앙을 바탕으로 봉안하였다. 이를 통해 망자의 추선을 빌고 극락정토에 태어나기를 기원하며 현세의 수복장생(壽福長生)을 기원하는 것이 특징이다.

무량사 오층석탑 발견 불상은 불교조각사 연구에 귀중한 자료이며, 특히 아미타삼존상은 조선 초기 탑에 봉안하는 불상의 신앙적 특징을 알려주는 중요한 불상이다.

어느 사찰보다도 향기로운 흙냄새와 고즈넉하고 멋진 주련이 매력적인 만수산 무량사에서 마음의 평화를 찾길 바래 본다.

20 상주 남장사 감로도

선망부모 극락왕생 비는 지극한 불공

상주 남장사는 경상북도 팔경(八景)의 하나로 알려질 정도로 아름다운 곳이다. 오솔길 같은 진입로를 따라 사찰로 들어서 부처님 계신 곳으로 오르다 보면 시원한 계곡 물소리가 청량하게 들려온다.

상주 남장사 감로도 | 보물
지극한 공양과 의식을 통해 지옥에서 헤매고 있는 선망부모를 극락왕생하게 한다는 이야기와 교훈을 담은 불화이다.
(가로336×세로250cm, 견본채색, 1701년)

남장사에는 그림의 형태가 아닌 우리가 흔히 접할 수 없는 조각으로 후불화의 기능을 하고 있는 목탱이 보광전과 관음선원 두 전각에 봉안되어 있다. 모두 아미타여래설법상을 모시고 있는데, 진귀한 목탱이 이렇게 두 곳에 봉안된 것은 남장사가 유일하다. 또한 보광전에는 비로자나철불좌상이 주불로 모셔져 있는데, 이 부처님이 땀을 흘리면 병란이 일어난다는 이야기가 전해내려 오는 등 그 영험함이 널리 알려져 있다.

영혼천도재 의식 때 거는 불화

우리나라 사찰에서는 영가(靈駕)를 극락정토로 이끄는 여러 재(齋) 의식을 행하고 있다. 수륙재(水陸齋)·칠칠재(七七齋)·우란분재(盂蘭盆齋) 등이 바로 영혼천도재 의식인데, 이러한 의식을 행할 때 걸기 위해 조성한 불화가 감로도이다. 현재 전해오는 감로도는 대부분 조선 후기에 조성된 것이다.
'남장사 감로도(南長寺 甘露圖)'는 18세기에 들어서 이른 시기에 조성된 불화(1701년 작)로, 화면의 구성과 선의 활달함, 아름다운 색채감을 갖고 있는 뛰어난 불화로 평가된다.

감로도는 수륙재 및 우란분재와 관련된 경전들의 내용을 바탕으로 조성되었다. 〈우란분경〉의 내용은 부처님 제자 중 가장 신통력이 뛰어난 목련존자(目連尊者)가 돌아가신 어머니가 지옥과 아귀도(餓鬼道)에서 고통받는 것을 구제하는 내용이다. 수행하는 스님들이 참회하는 날(自恣日)인 음력 7월15일 백중(百中)에 부처님과 스님들에게 갖가지 음식과 과일 등으로 정성스럽게 공양을 올리면 마침내 그 공덕으로 어머니를 구원할 수 있다는 부처님의 가르침에 따라 아귀도에 떨어진 어머니를 구원하였다는 것이다.

공양 의식으로 극락왕생 기원

감로도는 이야기와 교훈을 담은 불화이다. 우란분재의 성반(盛飯, 공양을 올리는 음식)과 스님들이 올리는 의식을 통해 부모가 지옥의 고통을 여의고 극락에 왕생한다는 내용이다. 또한 육도(六道)의 중생들이 상단에 있는 불·보살이 내려준 감로(甘露)를 마시고 윤회의 업장이 소멸되어 극락으로 천도된다는 내용을 실감나게 보여준다.

이 불화는 상단과 중단, 그리고 하단의 3단으로 구성되어 있는데, 이는 감로도의 전형적인 구도이다. 화면의 제일 위에는 일곱 여래와 보살들이 등장하고, 중앙에는 아귀에게 시식의례를 베푸는 스님들이 의식작법 하는 모습, 그리고 하단에는 천도의 대상인 중생들의 모습들이 그려져 있다.

아래 하단부터 살펴보자. 하단은 육도윤회를 헤매고 있는 중생들을 생생하게 표현하였다. 중앙에 전쟁 장면을 묘사하였는데, 말을 탄 무사들이 조총과 활을 겨누고 싸움을 하는 장면을 그렸다. 전쟁 장면의 양옆으로는 확탕지옥(鑊湯地獄) 등 지옥의 무서운 장면과 이를 구제하기 위한 지장보살도 등장한다. 우물에 빠져 죽는 장면과 뱀이나 호랑이에 물려 죽는 장면, 담이 무너져 죽는 장면, 나무에서 떨어져 죽는 장면 등 육도제난(六道諸難)이 그려졌다. 감로도의 하단은 당시의 생활상을 살펴볼

상단 인로왕보살

하단 전쟁 장면

수 있는 일반 풍속화의 성격도 가미되었다.

중단에는 커다란 의식단에 오곡백과와 꽃으로 장식된 시식대(施食臺)가 놓여 있다. 그 아래 오른쪽 구석에는 불을 뿜고 있는 한 쌍의 아귀(餓鬼)를 아주 작게 묘사했다. 배가 산처럼 큰 아귀는 목이 가늘고 길게 생겼다. 그래서 늘 배가 고파 괴로워하는 아귀에게 감로(甘露)를 뿌려 이 고통에서 구원한다는 내용이 반영된 것이다. 시식대 아래에는 유족들이 조상에게 절하며 재를 올리는 모습과 스님들이 의식을 행하는 장면을 상세하게 표현했다.

시식대와 의식 장면, 아귀 등은 연한 녹색의 구름으로 구획이 나뉘었다. 그 좌우에 일렬로 4층의 도식적인 구름으로 단을 구획한 후 법회에 참여한 스님들과 고관대작부터 여인네에 이르기까지 법회에 참여한 다양한 군중을 규칙적으로 배열됐다.

맨 윗부분에는 수묵산수화 기법으로 그려진 험준한 바위산을 배경으로 중심에 일곱 여래가 서 계신다. 일곱 여래 위로는 오색의 찬란한 빛이 뻗어나 있다. 왼쪽(향우)으로는 관음보살과 지장보살이 중생을 극락으로 인도하는 내영(來迎) 장면이 그려져 있다. 그 맞은편에는 옷자락을 휘날리며 인로왕보살이 번(幡)을 든 지옥의 중생들을 데려가고 있다. 이들이 인도하는 곳은 아미타여래가 계신 극락이다.

중단 의식작법

이처럼 감로도는 화면의 제일 하단에 현실의 고통과 지옥의 세계에 빠진 중생들을 중단에 베풀어진 성반과 의식을 통해 상단인 극락으로 인도한다는 내용이다.

대부분의 감로도는 이와 비슷한 구성을 보이고 있지만, 작가와 시대에 따라 약간씩 차이가 있다. 예를 들면 중단에 성반의식(盛飯儀式)이 있는 것과 없는 것이 있으며, 아귀가 한 구, 혹은 한 쌍이 작게, 혹은 화면 중앙에 크게 나타나는 등 불화의 구성에서 시대마다 유행하는 양식이 조금씩 다르게 표현됐다. 그리고 불화의 하단부에 등장하는 현실과 지옥세계는 보다 자유롭게 표현되는 공간이다. 불화를 그릴 당시의 현실을 그린 장면이 많아 당시의 풍속 등이 반영된 재미있는 광경을 연출하기도 했다.

극락내영 · 성반의식 한 폭에

남장사 감로도는 극락내영과 성반의식 장면을 한 폭에 갖춘 대표적인 감로도라 할 수 있다. 이 불화는 1701년 탁휘(卓輝) 등의 여러 스님들이 그린 것으로 18세기의 감로도 가운데 조성 시기가 빠르다. 또한 각 장면 옆에는 묵서로 장면의 제목을 적어서 그린 내용을 밝혀주어 감로도의 도상에 대해 정확하게 알 수 있다. 이 불화는 각 장면의 인물들이 섞이지 않도록 노란색, 연두색, 분홍색 등의 구름모양이 이야기별로 구획을 나누고 있다.

이 불화는 인물들을 적재적소에 크고 작게 배치하여 구성이 안정적이다. 치밀하고 세련된 선의 표현에서 예술적으로 높은 가치가 있음을 알 수 있다.

이 불화에서 색감은 밝은 적·녹·황색을 주조색으로 처리하였고, 구름과 불보살의 대좌와 바탕에는 파스텔톤의 다양한 색으로 밝고 화사하게 채색했다. 그래서 탁하고 진한 색채감을 보이는 18세기 후기 불화와는 다르게 18세기 전기 불화의 독특한 색감을 잘 보여준다. 아름다운 색채로 화면 전체가 생기 있어 보이며, 금을 많이 사용하여 한편으론 화려한 느낌을 준다.

조성 당시 테두리까지 그대로 보존

그리고 무엇보다 '상주 남장사 감로도'는 불화를 처음 그렸을 당시의 모습이 그대로 남아 있는 불화로서 중요하다. 대부분의 불화는 보존처리를 하면서 그림의 테두리인 장황 부분을 잘라 버리고 새로 한 것이 많다. 이 불화는 장황된 부분까지도 본래 모습이 그대로 남아있다. 불화의 테두리를 녹색 바탕 위에 무늬를 그려 넣었는데, 상단에는 보상당초문, 하단에는 연화당초문을 그려 두 가지 꽃무늬를 복합적으로 사용했다. 그리고 불화 좌우 테두리 붉은 원 안에 금으로 장식무늬처럼 진언을 써 넣어 이 불화의 의례적인 성격을 반영했다.

상주 남장사를 처음 갔을 때 보광전 앞에 자리하고 있던 커다란 파초가 인상적이었다. 남장사는 관음선원이 있는 절로 파초와 수행 공간이 너무 잘 어울렸다. 기회가 된다면 상주 남장사 감로도를 친견하면서 홀언히 가신 가까운 분들을 위해 극락왕생을 기원해 보고 싶다.

21 서울 개운사 아미타목조여래좌상과 복장유물

고려시대 가장 이르게 조성된 불상 복장물

개운사는 한국불교 개혁의 근원지로 서울 안암산 자락에 있다. 김포로 옮긴 스님들의 교육기관인 중앙승가대학이 있던 곳이다. 조선 태조 5년(1396) 왕사(王師)였던 무학대사가 사대문과 가까웠던 지금의 고려대학교 이공대 부근에 절을 짓고 영도사(永導寺)라 하였다고 한다. 그러다가 정조 3년(1779) 5월 정조의 후궁 원빈(元嬪) 홍씨가 세상을 떠나 영도사 부근에 묘소를 정하자, 축홍(竺洪)스님이 영도사를 현재의 개운사 자리로 옮겨지었다고 한다. 사찰 이름을 개운사로 바꾼 시기는 정확하지 않다.

고려 후기인 13세기에 조성되어 개운사 미타전에 모셔져 있는 아미타목조여래좌상은 좌상임에도 높이가 115.5cm에 달해 이 시기의 목불상 가운데는 비교적 큰 규모이다. 이 불상을 수리하는 과정에서 발원문(發願文)과 많은 복장품(腹藏品)이 발견되었는데, 현재 알려진 고려시대 불상 복장물 가운데 가장 이른 시기(1274년)의 것으로 밝혀져 한국불교조각사에서 중요한 위치를 갖고 있다. 복장유물은 불교중앙박물관에서 보관하고 있다.

개운사 아미타여래좌상은 나무로 조성되었다. 건장한 신체에

서울 개운사 아미타목조여래좌상 | 보물
아미타불상에서 다량의 〈화엄경〉이 발견돼 특이한 사례로 꼽힌다. (1274년 이전)

아미타정토 왕생 발원 중간대사원문
아미타여래좌상 복장에서 발견되었다. (1274년)

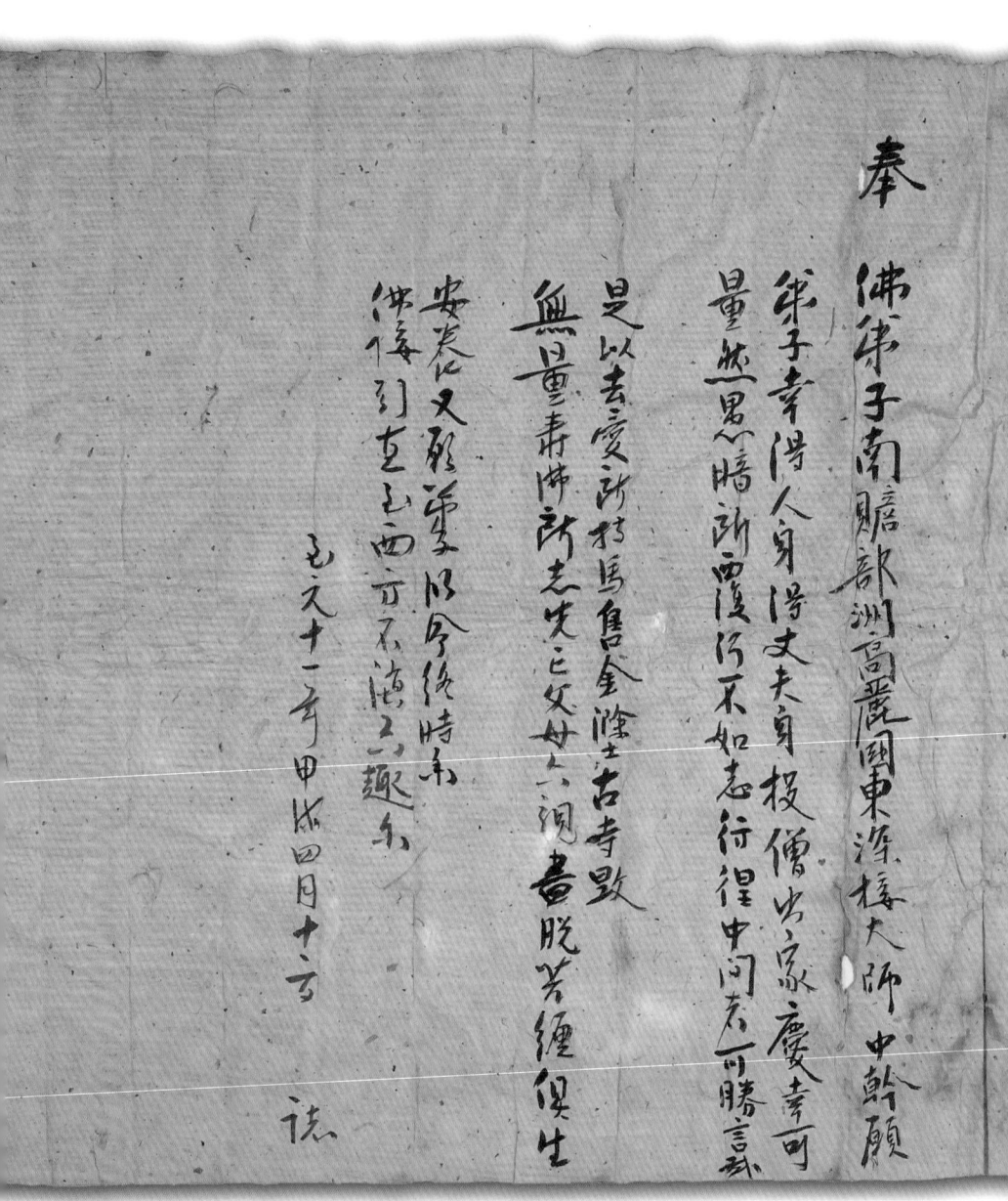

얼굴을 약간 숙이고 있으며, 수인(手印)으로는 가슴으로 모아지는 아미타설법인을 취하고 있다. 풍만한 얼굴에 이목구비가 단정하고, 미간 사이의 백호는 큰 편이다. 당당하면서 둥근 어깨와 무릎은 부드러운 곡선을 그리고 있다. 왼쪽 어깨에서 내려오는 옷주름 선은 팽팽한 탄력이 느껴지며, 왼발 위에 걸쳐진 옷자락 끝은 유려하게 흘러내린다. 이 불상은 세련된 조각기법과 균형감 있는 비례를 바탕으로 엄숙하면서도 단정한 느낌을 주고 있는 대표적인 고려시대 불상이다.

우리 인간이 사바세계에서 정토 극락세계로 갈 수 있는 방법으로는 자기의 수행을 통해 깨달음의 세계로 들어가는 것과 아미타불에 귀의해 극락정토에 왕생(往生)하는 타력의 힘에 의지하는 방법 두 가지가 있다. 아미타신앙은 복잡한 교리의 이해를 전제로 하는 불교의 다른 사상보다 아미타불의 위대한 원력을 믿으면 구원받을 수 있다는 신앙으로 대중들에게 폭넓게 사랑받았다.

개운사 아미타불을 여러 차례 개금 중수하면서 복장에 넣었던 3장의 발원문을 통해서도 이러한 믿음을 엿볼 수 있다. 간단하게 발원문 내용을 살펴보자.

먼저 1274년 조성된 발원문은 중간대사(中幹大師)가 쓴 원문(願文)이다. 내용은 지원(至元) 11년(1274) 4월12일, 고려국 동심접(東深接, 아산)에서 중간대사가 오래된 절의 훼손된 무량수불을 개금하고, 그 공덕으로 돌아가신 부모와 친척, 본인이 서방정토에 왕생하기를 기원한다는 내용이다.

이후 1322년 개금할 때도 발원문은 2종을 넣었다. 하나는 최춘(崔椿)이 쓴 것으로, 지치(至治) 2년(1322) 윤5월19일 고려국 중부속(中部屬, 개경)에 사는 최춘이 금불 복장 조성에 오승포(五升布) 1필을 바치고 그 공덕으로 돌아가신 편모의 정토 종생(淨土 終生), 자신 가족과 형의 무병장수, 매년 편안과 태평, 만년의 소망이 성취되기를 바라며 무병장생을 기원하는 내용이다.

다른 발원문은 1322년 천정(天正), 혜흥(惠興)스님이 쓴 원문이다. 지치(至治) 2년(1322) 8월13일 고려국 아주(牙州, 아산) 취봉사(鷲峯寺)의 도인(道人) 천정과 혜흥이 불상을 중수하면서 아미타불 개금 공덕으로 금세와 내세에 얻고자 하는 각종 기원을 담은 것이다. 10가지의 큰 소원을 적은 끝에 "황제폐하 만만세"와 고려 말기 중국 원나라에 볼모로 있던 "충선왕과 충숙왕의 조속한 환국" 그리고 "왕실의 안녕과 백성의 편안함"을 기원하고 있다.

이 기록을 통해 개운사 아미타여래좌상은 본래 충남 아산의 취봉사(鷲峯寺)에 봉안된 불상임을 알 수 있다. 이 사찰은 임진왜란 때 폐사된 것으로 추정된다.

이처럼 아미타불을 개금 중수한 공덕으로 서방정토 왕생과 여러 기원을 바라는 발원문을 통해 아미타정토사상에 의해 이 부처님이 조성된 것을 확인할 수 있다. 그리고 충선왕과 충숙왕의 귀국 등을 바라는 내용도 등장하고 있어 고려시대의 호국불교의 성격도 살펴볼 수 있다.

아미타불에 봉안된 〈화엄경〉 20권

개운사 아미타여래좌상의 복장에 봉안된 많은 전적들 가운데 20권에 달하는 〈화엄경〉이 발견된 사실은 매우 주목할 만하다. 대승불교의 최고라 할 수 있는 화엄사상은 한국불교의 근간을 이루는 큰 줄기로, 당시 유행했던 〈화엄경〉이 불상의 복장에서 발견된 것은 놀라운 사실이 아니다. 그러나 하나의 불상에서 가장 많은 수량의 〈화엄경〉이, 특히 화엄종의 주 부처님인 비로자나불이 아닌 아미타불에서 발견된 것은 이례적이다.

아미타신앙은 나무아미타불(南無阿彌陀佛)만 외우면 고통스러운 현실에서 벗어나 즐거움이 가득한 극락에 태어날 수 있다는 매력적인 성격으로 인하여 각계각층의 사람들에게 쉽게 전파되었다.

따라서 선종(禪宗)을 위시하여 화엄, 법상(法相), 천태(天台), 밀교(密敎) 등 각 종파에서 폭넓게 수용하였다. 그래서 주존불을 아미타불로 모시고 법당을 무량수전으로 한 화엄종 사찰인 부석사의 예처럼 종파를 불문하고 여러 사찰에서 아미타부처님을 모시는 사례가 많다. 이러한 신앙 경향은 고려로 이어지며 더욱 활발해졌다. 이 불상을 조성했던 아산 취봉사도 화엄종 종파의 사찰이었을 가능성이 높다.

개운사 아미타여래좌상에 봉안된 화엄경은 손으로 직접 쓴 필사본(筆寫本)과 목판으로 찍어낸 목판본(木版本)이 함께 봉안되어 있으며, 진본(晉本, 60권), 주본(周本, 80권), 정원본(貞元本, 40권) 등 번역본도 고루 남아있다. 간행 시기도 불상이 조

〈대방광불화엄경〉 주본 권24
한 줄로 된 권수제는 특이 사례다. (통일신라 말기)

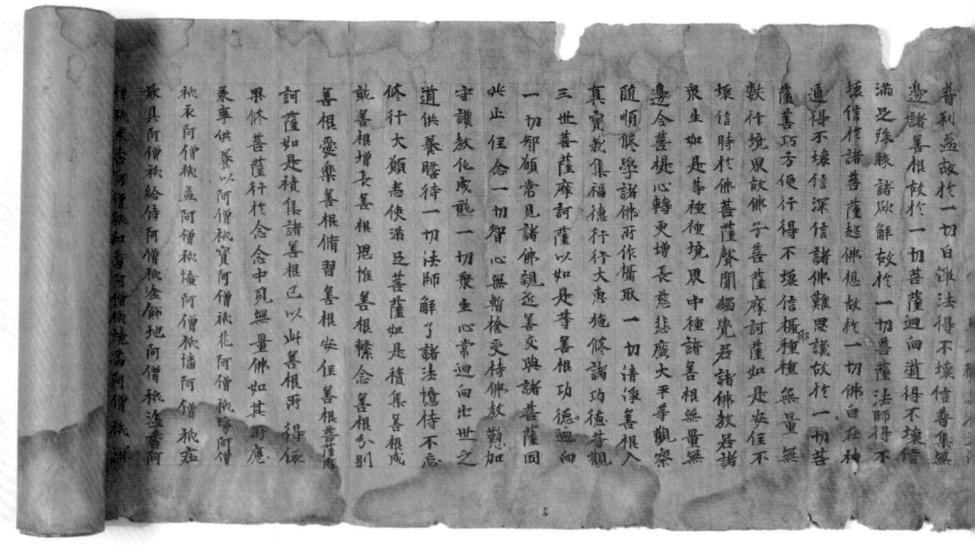

대방광불화엄경 주본 권28 변상도(고려 초기)

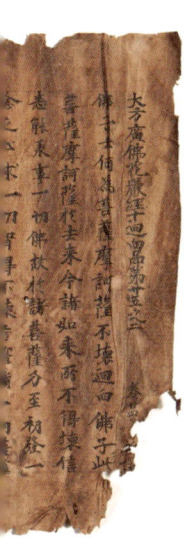

성되기 전인 통일신라 말기부터 고려 초기에 간행된 것들이 있어 희귀한 자료로 세간의 이목을 집중시켰다.

이 가운데 특히 주목되는 것은 통일신라 말기에 간행된 것으로 판단되는 〈대방광불화엄경 주본 권24〉이다. 경전의 첫 장에는 경전의 이름과 내용을 알려주는 품제(品題), 경전을 한역(漢譯)한 사람의 이름이 적혀 있다. 이를 본문 앞의 제목이라는 의미로 권수제(卷首題)라고 한다. 이 화엄경은 권수제가 한 줄로 이루어져 있는 특이한 사례이다. 이는 리움미술관에서 소장하고 있는 통일신라시대 필사본 경전 〈대방광불화엄경〉(755년)에도 보이는 이른 시기의 형식이다. 이외에도 〈대방광불화엄경 주본 권28 변상도〉의 표지는 짙은 쪽빛으로 염색한 한지를 사용하였고, 경전의 첫 장에는 경전의 이름과 비로자나불이 설법하는 장면이 있는 변상도가 그려져 있어 고려 초기 불화 연구에도 중요하다.

개운사는 1926년 근대 불교의 대석학이었던 박한영스님이 머물렀고, 암자인 대원암에는 탄허(呑虛)스님이 머물면서 역경(譯經) 사업에 종사해 현대 교육불사를 이끈 도량으로 현재에도 이러한 승가교육의 한 현장이 되고 있다. 한국불교의 교육 현장인 개운사에 들러 미타전 아미타부처님을 뵙고, 싱그럽고 너그러운 마음으로 나를 벗어나 더 큰 세상의 평화와 안녕을 기원해 보는 것도 좋을 듯 하다.

22 서울 수국사 목조아미타여래좌상과 복장유물

황금사찰을 더 빛나게 하는 복장 발견 진귀한 유물들

서울 서쪽 끝 서오릉 인근에 법당을 금으로 입힌 것으로 유명한 수국사가 있다. 수국사 대웅보전에 햇살이 비칠 때 사찰 전체가 황금빛으로 물들여지는 광경을 보노라니 서울의 황금사찰로 불리는 이유를 알 것 같다.

수국사는 세조 5년(1459) 세조의 맏아들 의경(懿敬)세자가 요절하자 고양 봉현(蜂峴)에 장사 지내고, 그의 극락왕생을 위해 능 근처에 정인사(正因寺)라는 이름으로 창건되었다. 성종 2년(1471)에는 인수대비(仁粹大妃)의 후원으로 대대적인 중창 불사가 행해져서 총 119칸의 대가람이 되었다. 1504년(연산군 10) 화재로 소실되었다가 몇 번의 중수를 거치며 이름도 수국사(守國寺)로 바뀌었다.

1900년(광무4)에 월초(月初)스님에 의해 또 한 차례 중창되었다. 이는 고종이 재물을 희사하여 이루어진 불사다. 1898년 당시 세자였던 순종이 병으로 눕게 되자 왕실에서 월초스님에게 백일기도를 부탁했는데, 기도 80일째 되던 날 병이 낫게 된 것에 대한 보답이었다.

조선 전기 왕실 지원을 받은 원찰이기도 한 수국사에는 당시 사세가 상당했음을 유추할 수 있는 고려 후기에 조성된 목조아미타불상이 전해지고 있다. 대웅전의 목조아미타여래좌상은 복장유물과 함께 보물로 지정될 정도로 한국불교조각사에서 큰 비중을 차지한다. 조성 시기의 발원문은 남아 있지 않지만, 복장에서 수습된 불교전적 24점, 다라니 20점 등을 토대로 1239년 무렵 전후에 불상을 조성한 것으로 추정된다.

은평구 수국사 대웅전 목조아미타여래좌상 | 보물
복장에서 창건 시기를 추정할 수 있는 경전과 다라니 등 중요한 보물이 다수 발견됐다.
(고려 후기)

195

본래 삼존상 주존불로 조성

수국사 목조아미타여래좌상은 높이 104cm로 거의 등신대의 크기이다. 결가부좌를 하고 앉은 불상은 오른손 손바닥이 바깥을 향한 채 엄지와 중지를 맞대고 있으며, 왼손은 무릎 위에 올려 엄지와 중지를 맞댄 아미타설법인을 짓고 있다. 머리는 둥근형으로 육계가 크게 표현되어 있으며, 중간 계주가 있다. 얼굴은 통통하고 상체는 장대하고 당당하다. 무릎 높이는 낮고 거의 직각의 형태이다. 둥그런 눈썹 사이에는 백호가 있고 눈은 반개했으며, 눈썹의 선과 연결되어 내려온 코는 작은 편이다. 인중선이 뚜렷하며 턱과 볼에는 살이 많다.

대의(大衣)는 양쪽 어깨를 모두 덮은 형태로 입었으며, 오른쪽 어깨에는 반달형으로 걸쳐졌다. 왼쪽 어깨는 옷깃과 같은 세 개 주름, 왼쪽 어깨 아래로 팔꿈치까지 촘촘하게 주름진 옷자락은 '오메가' 모양으로 흘러내리고, 드러낸 발 위로 내려오는 대의의 옷자락 끝단에 나뭇잎 모양을 자연스럽게 새겼다.

불상의 복장에서 불상을 조성할 당시의 조성 발원문은 발견되지 않았지만, 중수 개금한 시기의 홍무(洪武) 22년(1389) 원문(願文), 가정(嘉靖) 42년(1562) 개금기 발원문, 후령통과 사리, 불교 전적 17종, 다라니 등 중요한 복장품이 다수 발견되었다.

특히 중수 발원문에는 연대가 기록돼 있어 불상의 역사에 대해 살펴볼 수 있다. 먼저 홍무 22년 개금기에 따르면 아미타불 외에도 관음보살, 대세지보살의 개금 내용도 있어 본래 삼존으로 조성되었음을 알려준다. 7월22일 개금을 시작하여 각각 소요

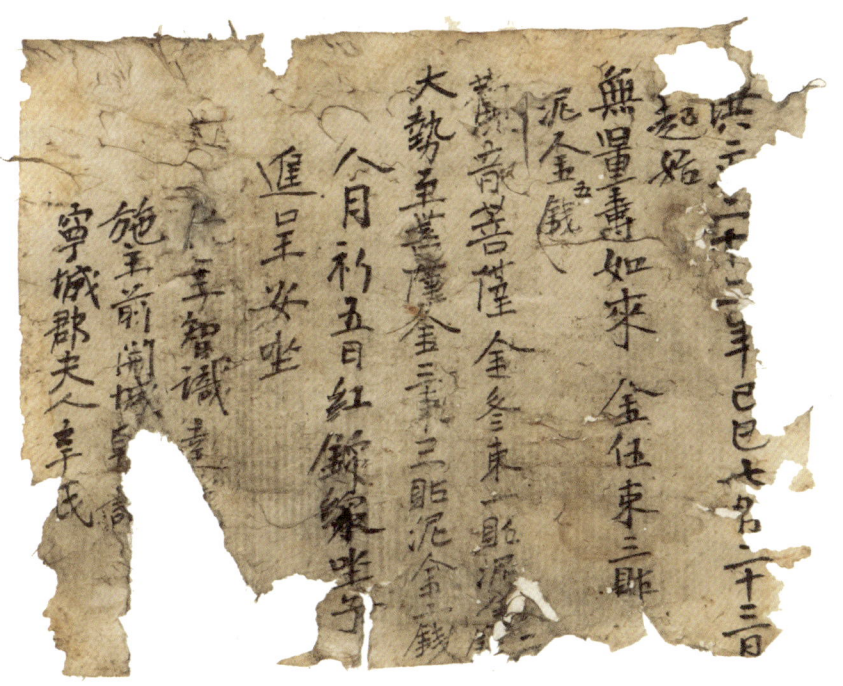

홍무 22년(1389) 원문(願文)

된 금의 양을 적는 등 당시 개금불사의 장면을 보여준다. 화주(化主)는 지식행(智識幸)이며, 개성 영성군 부인(寧城郡夫人) 신씨가 시주하였다.

다음은 가정(嘉靖) 42년(1562) 원문과 발원문으로, 하나는 개금중수 당시 시주자였던 신사지(愼思智)의 발원문이다. 살아 계시고 돌아가신 부모와 자손늘 모두 함께 정토에 태어나 불법(佛法)의 소리를 보고 들으며, 칠보(七寶)와 안양(安養), 즉 극락에서 행복하기를 바라고 있다.

다른 하나는 원문으로 당시 무량수불 개금으로 니금(泥金) 두 돈이 소요되었음을 밝히고 있다. 1차 중수와 달리 관음과 대세지보살이 등장하지 않은 점으로 볼 때 2차 중수 당시에는 이미 두 보살이 사라졌던 것으로 추정된다.

이외에도 이 불상의 복장에서는 고려시대 다라니가 많이 발견되었다. 특히 '일체여래전신사리보협진언 기해십월일 시중 최종준(一切如來全身舍利眞言 己亥十月日 侍中 崔宗峻)'이라고 기록된 다라니는 창건 시기를 추정할 수 있어 중요하다. 기해년 10월 시중 최종준의 시주로 다라니 불사를 했음을 알 수 있다. 최종준(?~1246)은 최유청(崔惟淸, 1095~1174)의 손자로 대몽항쟁 기간이었던 고종(高宗) 재위 시에 15년간 고려 무

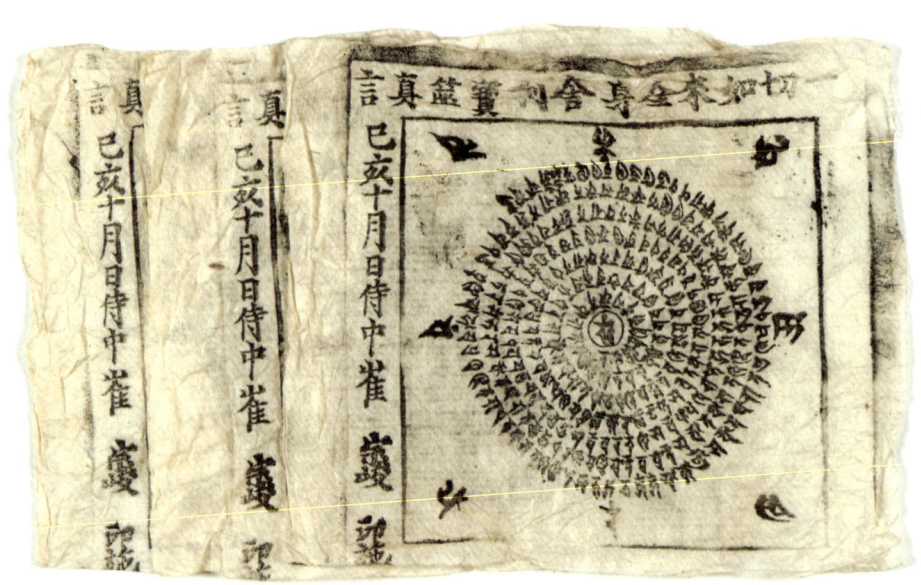

최종준 시주 다라니(1239년)

신정권 당시 문하시중을 지낸 인물이다. 이 다라니를 통해 무신정권 기간 막강한 권력을 가졌던 철원 최씨 가문이 1239년에 이 불상의 조성에 참여하였음을 짐작할 수 있다.

처음 소개된 판본과 유일본 경전 주목

또한 발견된 경전에는 고려시대에 간행된 것으로 판단되는 불경이 모두 6종 7책에 이르고 있는 것으로 조사됐는데, 처음 소개되는 판본과 유일본이 많아 그 가치가 크다.

이 가운데 특히 세 점의 전적이 주목된다. 첫 번째는 〈금강반야바라밀경(金剛般若波羅密經, 1457년)〉으로 수국사 아미타불 복장에서 발견된 판본 중 유일하게 금속활자로 인출된 경전이다. 이 책은 세조가 1457년 요절한 의경세자의 명복을 기원하기 위해 본인이 큰 글자의 자본을 직접 써서 주성한 정축자(丁丑字)로 경문을 대자로 찍고, 오가의 주해문은 초주갑인자(初鑄甲寅字)로 찍었다. 권말에는 세조의 발문을 비롯하여 김수온, 한명회, 조석문, 임원준 등의 발문이 수록되어 있어 이 책의 간행 경위를 알 수 있다. 의경세자의 극락왕생을 빌기 위해 창건된 정인사의 창건 역사와도 관련된 중요한 경전이다.

두 번째는 〈불설장수멸죄호제동자다라니경(佛說長壽滅罪護諸童子羅尼經)〉이다. 석가여래께서 이 경을 서사하고 독송하면 아픈 아이도 병이 낫게 되고, 죽은 사람을 위하여 49일 내에 이 경을 향을 사르고 공양하면 현세에서 장수하게 되고 악도(惡道)의 고통을 잊게 된다는 내용을 문수사리보살에게 설법한 경전이다. 이 책은 권말에 복위 황제폐하○○억재(伏爲

皇帝陛下○○億載)라는 축원문이 있어 원 간섭기에 판각되었을 것으로 추정된다. 뒷표지에는 성인시납(性仁施納)이라는 묵서명이 있는데, 성인은 심원사 스님으로 1562년 불상 중수 당시 불상의 중수를 주관했던 인물이다.

다양한 색깔의 비단 보자기

마지막으로 〈밀교대장 권9〉(密敎大藏 卷9, 고려 1389년)이다. 〈밀교대장〉은 그동안 고려 충숙왕 이전에 90권본이 간행되었다는 이제현(李齊賢, 1287~1367)의 서문과 조선 세종 23년(1424)에 왜인에게 밀교대장경판과 주화엄경판을 보내주었다는 세종실록의 기록만 있을 뿐 실물은 전하지 않았다. 그런데 수국사 아미타불 복장에서 밀교대장이 처음으로 발견되면서 그 실체가 확인된 것이다.

수국사 아미타불 복장의 고려본 경전 중에는 〈밀교대장〉 외에도 〈지천경(支天經)〉 등 밀교 계통 경전이 다수 포함되어 있어, 고려 후기 밀교의 영향을 엿볼 수 있다. 뿐만 아니라 서지, 전적 외에도 모시저고리를 비롯하여 다양한 색깔의 비단 보자기와 직물 등이 납입되어 있어 옷과 직물 연구에도 중요한 자료가 되고 있다.

불교에서 부처님이 계신 법당을 금당(金堂)이라고 한다. 부처님을 금인(金仁)이라고도 부르기 때문에 부처님이 계신 법당을 이렇게 칭하는 것이다. 황금사찰 수국사에 들러 아미타부처님께 예배하면서 황금처럼 빛나고 굳건한 마음을 다시 잡아보길 바란다.

복장유물 비단보자기

23 서울 조계사 대웅전 상량 유물

총본산 건립 당시 불교계 역량 총집결 열기 반영

2003년 조계사 대웅전 종도리 해체 복원 과정에서 발견된 상량문을 비롯한 217점의 유물은 1937년 대웅전 건립 당시 한국불교총본산 조계사의 위상 및 당시 문화사·생활사가 반영된 귀중한 연구 자료로 주목을 받고 있다.

조계사(曹溪寺)는 대한불교조계종 총본산으로, 우리나라를 대표하는 사찰이다. 삼국시대 이래 1700여 년이라는 유려한 역사를 가진 불교는 한국의 사회와 문화를 주도해 왔다. 조선시대 숭유억불정책의 거센 탄압을 겪으면서도 정법의 법등을 지켜왔지만, 일제강점기에는 식민지 불교정책으로 한국불교의 정체성이 크게 훼손당하였다. 조계사는 이러한 위기를 극복하고, 자주적인 한국불교를 세우기 위해 대한불교조계종 총본산의 중심으로 세워졌다.

통합종단 정신 깃든 대한불교조계종 총본산

조계사는 일제강점기에 접어들던 1910년, 처음에는 각황사(覺皇寺)라는 이름으로 창건되었다. 조선시대 억불정책으로 도성 내 사찰 건립이 폐지된 이래 사대문 안에 세워진 최초의 사찰이었다. 주로 산중에만 있던 사찰을 사부대중과 가까이 만날 수 있는 도심으로 나아가는 것이 절실했다. 궁궐 앞 서울의 중심에 사찰을 건립하는 것은 중요한 의미를 지니고 있었다.

1938년 지금의 조계사 대웅전을 설립하였고, 한국불교의 전통을 살려 북한산 태고사(太古寺)로 명명하였다. 자정과 쇄신을 바탕으로 불교정화운동을 일으켜 마침내 종단의 화합이 이루어졌고, 1954년 조계사로 개칭되었다.

불기2506(1962)년 3월22일은 종헌을 제정하고 통합종단이 출범한 날이다. 이를 되새기면서 조계사 대웅전 상량문에서 발견된 유물을 살펴본다.

2003년 7월28일 조계사 대웅전 해체복원 공사로 종도리를 해

대웅전 상량문
1937년, 복제본

체하였다. 이때 종도리를 받치는 통장혀 중앙부분 장방형의 홈에서 상량문을 비롯한 총 217점의 유물이 발견되었다. 이 유물들은 1937년 10월12일 대웅전을 건립하던 당시 납입되었던 것이다. 두루마리 형태의 상량문과 문서류가 길게 놓여 있었고, 상량문 왼쪽 아래에 책과 경판본이 들어 있는 2개의 노란봉투와 그 사이에 방형의 상자가 놓여 있었다. 상량문 오른쪽 아래에는 다량의 유물을 싼 붉은색 보자기 꾸러미가 발견되었다. 조계사 대웅전에서 발견된 상량유물의 의미는 무엇일까.

보천교 십일전 옮겨 건립한 대웅전

먼저 이 유물이 발견된 조계사 대웅전에 대해 살펴보자. 조계사 대웅전 건물은 원래 전라북도 정읍에 있었던 민족종교 보천교(普天敎)의 십일전(十一殿) 건물을 이곳으로 옮겨와 세운 것이다. 민족종교였던 보천교는 일제강점기 당시 본소(本所)가 전라북도 정읍 대흥리에 위치하고 있었다.

1936년 보천교가 일제의 탄압을 받아 해체되면서 십일전을 포함 10여 채의 부속 건물이 매물로 나와 있었다. 이에 불교계에서 1만 2000원에 매입하여 현재의 조계사 대웅전으로 이건(移建)하게 된 것이다.

일제는 보천교의 흔적을 지워버리고자 하였고, 불교계에서는 한국불교와 일본불교와의 차별성을 천명하고자 우리 전통건물인 십일전을 선택하여 한국불교의 자주성을 지키고자 하였다. 전통적인 목조건축, 특히 민족운동의 상징인 보천교 십일전의 이건을 통해 자주적인 불교의 입장을 표명하고자 한 것이다. 아울러 이 건물이 은연 중에 민족운동의 거점, 혹은 상징으로

보천교 건물을 조계사 대웅전으로 이건 하는 장면

활용되기를 기대했던 것으로 보인다. 조계사 대웅전은 당시 많은 불교인들이 십시일반 보시하여 설립하였던 것으로, 사부대중의 바람이 무엇이었는 지를 보여주고 있다.

대웅전 상량보에서 발견된 유물

대웅전 상량보 해체 과정에서 발견된 유물은 상량문 등 217점이다. 이 유물들은 2003년 발견 직후 조계사에서 연구조사를 하였고, 현재 불교중앙박물관 수장고에 보존되어 있다.

묵서 4장은 조선불교총본산대웅전상량문(朝鮮佛敎總本山大雄殿上樑文, 1937년)을 비롯해 대웅전 불사에 동참한 장인들의 명단을 적은 총본산건설소역원(總本山建設所役員), 대웅전 불사 비용 모연에 동참한 각 본·말사의 보시 액수를 기록한 총본산건축비각사부담액(總本山建築費各寺負擔額), 당시 해당 관할 관청의 책임자와 직급 등을 기록한 관서질(官署秩)을 적은 것이다. 이 상량문은 당시 중앙불교전문학교 교수였던 권상노(勸相老)가 썼다.

상량문에는 조계사를 총본산으로 지정한 이유와 대웅전 불사의 과정 등이 기록돼 있어 당시의 정황을 알 수 있다. "임술년 초겨울에 60만 원의 거금을 추렴하여 재단을 창립했다. 7000여 명의 승려들이 합심하는데 어찌 건축물의 규모가 협애하며, 31본산이 공동의 운작인데 어떻게 통제가 미약할까."라며 "원근에서 정성을 보내오고 승속이 함께 발원했다."하여 대웅전 건축에 불교계의 역량이 총집결됐음을 드러내고 있다.

총본산 건설 불사에는 각 본사와 말사들의 동참으로 총 10만 402원72전의 불사금이 모연됐는데 이 금액을 현재의 물가로 환산할 경우 약 100억 원이 넘어설 것으로 추정된다. 특히 이 불사에는 성불사를 비롯해 보현사, 유점사, 귀주사, 석왕사 등 현재 북한에 있는 사찰들도 동참하고 있어 눈길을 끈다.

당시 시대상 반영한 역사적 유물

조계사 대웅전 상량유물에는 묵서 유물 뿐 아니라, 상량식에 동참한 불자들이 보시한 금·은제 원판, 은괘와 아녀자들이 썼던 장식비녀, 반지, 화형 뒤꽂이 등 당시 생활상을 보여주는 물품이 많이 있다. 대웅전이 건립될 당시 많은 사부대중의 참여

'대한제국 황태자 가례식' 기념장

로 조계사 앞마당은 인산인해(人山人海)를 이루었다고 한다.

간절한 소망과 진실한 마음의 원을 세워 부처님의 자비와 원력을 받고자 개개인의 소중한 물건을 대웅전에 넣어둔 사람들도 많았던 것으로 보인다. 은판·뒤꽂이·귀이개 등 유물의 표면 또는 작은 종이에 본인의 이름이나 법명을 적었으며, 건강과 자손의 번창, 복 등을 기원하며 부처님과 보살에게 소원을 비는 발원 내용을 확인할 수 있다.

상량보에서 발견된 유물 가운데는 당시 근대의 시대상과 역사적 가치가 있는 유물들도 다수 있다. '대한제국 황태자 가례식'이라는 글씨가 적힌 메달 2점, 해당 관청의 책임자와 직급 등

을 기록한 '관서질' 등 독특한 봉안물들이 바로 그러한 사례이다. 이러한 유물들은 조선시대에 일반적으로 상량보에 넣었던 유물들과는 확연한 차이를 보이고 있어 학계의 주목을 받고 있다. 가례식 메달은 당시 황태자였던 영친왕의 결혼식에 참석했던 불자가 희사한 것으로 보인다.

이처럼 조계사 대웅전에서 발견된 상량유물은 조선에서 근대로 넘어오는 과도기의 문화상을 고스란히 반영하고 있는 유물들이 대부분이어서 근대문화사와 생활사 연구에 소중한 자료

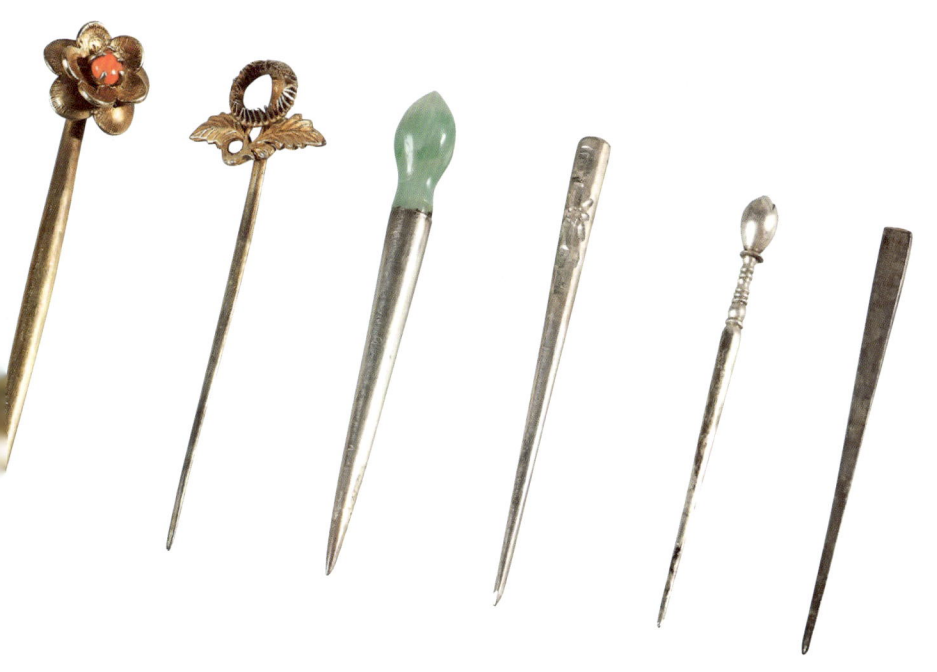

들이다. 무엇보다 조계사가 한국불교에서 차지했던 위치와 위상을 보여주는 동시에 당시 불교계의 단면을 엿볼 수 있는 중요한 불교문화유산이라 할 수 있다.

현재 조계사는 도심포교의 중심 역할을 하는 '한국불교의 1번지'로 불리며 사찰 문을 활짝 열고 대중들의 마음의 쉼터가 되었다. 87년 전 사부대중이 간절히 바랐던 불교의 통합과 화합, 그리고 나라의 발전을 지금도 이어서 기도해야겠다.

24 서울 흥천사 감로도

근대 문물 수용 과정의 여러 신문물들을 담은 '모던불화'

서울 성북구 정릉에 있는 흥천사는 갈수록 높아지는 아파트에 갇힌 시민들이 잠시 숨을 쉬어 갈 수 있는 조용한 안식처로 자리매김하고 있다. 이곳에 '모던 불화'라 불려지는 독특한 감로도가 있다.

흥천사 감로도 | 서울시유형문화재
(가로292×세로192cm, 비단 바탕 채색, 1939년)

1395년 태조 이성계는 신덕왕후 강씨(神德王后康氏)가 세상을 떠나자 다음 해 능지(陵地)를 정릉(貞陵)으로 하고, 그 근처에 원당(願堂)으로 흥천사를 세웠다. 당시에는 조선을 대표하는 사찰로 그 규모도 대단했으며, 태조는 우란분재(盂蘭盆齋)와 신덕왕후의 천도회(薦度會)를 흥천사에서 개설하였다고 한다. 그래서 일찍부터 감로도와 인연이 깊은 사찰이다.

앞서 '상주 남장사 감로도'에서 설명했듯이, 감로도는 영가(靈駕)를 극락정토로 이끄는 수륙재(水陸齋)·칠칠재(七七齋)·우란분재(盂蘭盆齋) 등의 영혼천도재 의식을 행할 때 걸기 위해 조성한 불화이다. 특히 조선시대에는 무주고혼(無主孤魂)의 영가천도를 위해 수륙재가 많이 개설되었고, 효사상의 유행으로 감로도 조성이 성행하여, 현재까지 많은 수의 감로도가 전해지고 있다.

불화는 기본적인 성격상 대부분이 예배의 대상 혹은 의식을 행하기 위한 종교미술이다. 그런데 흥천사 감로도는 엄격한 '도상(圖像)'이라는 규범의 틀 안에서 자유로울 수 없는 불화의 특성을 뛰어넘어, 다른 불화에 비해 작가의 독창성이 십분 발휘된 그림이라 할 수 있다.

1939년에 조성된 '흥천사 감로도'는 일제강점기 역사의 질곡들을 가감없이 드러내고 있다. 일제강점기, 특히 중일전쟁 이후 일본 군국주의가 극성스럽던 시기를 배경으로 그려졌다.

그러나 흥천사 감로도는 일제시기 억압된 역사 속에서 전통과 사회 현실을 있는 그대로 담고 있어, 무엇보다도 역사의 생생한 자료적 가치가 큰 이 불화에 대한 적극적인 해석이 필요하다.

일반적으로 감로도는 크게 3단으로 구성되어 있다. 화면의 제일 위 상단에는 칠여래와 보살들이 등장하여 영가를 극락의 세계로 인도하는 역할을 한다. 중앙에는 아귀가 있으며, 시식의례를 베푸는 시식단과 스님들이 의식작법하는 모습, 영가를 위해 기도하는 사람들이 등장한다. 하단에는 천도의 대상인 중생들이 지옥·아귀·축생·아수라·인간·천의 육도윤회에서 헤어나지 못하는 모습들이 그려져 있다. 그러므로 감로도는 화면 제일 하단에 현실의 고통과 지옥 세계에 빠진 중생들을 중단에 베풀어진 성반과 의식을 통해 상단인 극락으로 인도한다는 내용으로 전개된다.

흥천사 감로도의 구성은 일반적인 감로도와 일치한다. 기본 구성은 전통적인 감로도의 불화를 계승하면서도 작가가 새로운 아이디어를 내어 재구성해 그려낸 화면은 재미있고 다양하다.

감로도의 하단 부분이 크게 확대된 것은 흥천사 감로도만의 두드러진 특징이다. 특히, 눈길을 끄는 것은 당시의 사회적 풍경을 적나라하게 보여주며, 조선 사회가 현대로 나아가는 과정을 전통문화의 상징이라 할 수 있는 불화라는 매체를 통해 드라마틱하게 보여준다는 점이다.

화기(畫記)에 따르면 1939년 11월 삼각산 흥천사에서 봉안되었고, 이 불화를 그린 작가로 보응 문성(普應文性, 1867~1954)스님이 편수(片手)를 맡고, 남산 병문(南山炳文)스님이 출초(出草)를 하였다고 한다.

불화의 밑그림은 문성스님 밑에서 주로 병문스님이 그렸음을 알 수 있다. 이 두 스님은 마곡사에서 금호 약효(錦湖若效, 1846~1928)스님에게 불화를 배운 것으로 알려져 있다. 스승인 약효 스님과 마찬가지로 두 스님은 음영법을 잘 표현하였다. 화면의 구성도 투시구도와 원근법을 이용하여, 서양화 기법을 불화에 적용시켜 전통불화와 현대불화를 이어주는 교량적 역할을 하였다.

이 불화를 좀 더 구체적으로 살펴보자. 상단은 불보살단으로, 중앙에 오여래가 상반신만 드러내고 있으며 그 아래에는 시식단이 차려져 있다. 향우측에 아미타여래와 관음보살과 세지보살이, 향좌측에는 지장보살과 인로왕보살이 등장한다. 보살들 아래에는 벼락을 주관하는 뇌신(雷神)과 바람을 주관하는 풍신(風神)을 좌우에 대칭적으로 배치하였다.

중단에는 시식단에 공양을 올리기 위해 스님들과 시주자들이 분주하게 움직이는 장면이 연출되어 있다. 불단 앞에는 상주들이 등장하고, 바라춤을 추는 스님과 흰옷에 노란 고깔을 쓰고 승무를 하는 스님들의 모습을 실감나게 그려, 실제 의식이 행해지는 현장에 와 있는 느낌을 준다.
이들 장면의 향좌측으로 아귀가 있다. 아귀는 보통 화면 중앙에 등장하는데, 이 불화에서는 아귀의 존재감이 부각되지 않는다. 마치 구색을 맞추기 위해 그린 듯, 앉아 있는 두구의 아귀를 표현했다.

하단에는 31개의 네모난 구획을 마련하여 인간세상의 다양한

시식단 아래에서 의식을
구경하는 아이들 모습

풍경들을 그려넣어 독특한 화면구성을 하고 있다. 전통적인 감로도에서는 장면을 구획하는 장치로 구름이나 수목, 혹은 전각 등을 이용한 것에 비해서 엽서를 나열한 듯한 장면 구성이 새롭다. 여기에 그려진 현실 풍경은 전통적인 감로도에서 등장하는 장면과 근대적인 장면을 함께 묘사해 더욱 다채롭다.

31개 장면의 주제는 여행, 일본 신사(神社), 모내기, 전통재판, 전쟁, 통감부(統監府), 터널, 가마행렬, 양잠, 서커스, 호랑이에게 쫓기는 모습, 어획하는 모습, 도심의 모습, 아귀가 먹을 것을 구하는 장면, 대장간, 전당포, 전기공사, 싸우는 모습, 도로건설, 전화통화, 스케이트장, 나무에서 떨어지는 모습, 독사에 물리는 모습, 산에서 떨어지는 모습, 신식재판, 익사, 풍물놀이 모습 등이다. 전쟁하는 장면은 여러 곳에 중복적으로 그려졌다. 이 가운데 전쟁을 통해 서로 싸우는 모습, 호랑이에게 쫓기는 모습, 나무에서 떨어지는 모습, 독사에 물리는 모습, 산에서 떨어지는 모습 등은 전통적인 감로도에서도 반복적으로 나타나는 장면이다.

그러나 산에서 떨어지는 같은 모습을 그리면서도 신문물인 스틱을 들고 등산복을 입은 채 신식 레저를 즐기는 인물로 표현하여, 당시의 시대상을 반영하였다.

하단의 호환(虎患) 모습

또한 기록물처럼 현실의 내용을 취사선택하여 생생하게 반영하는 장면들도 많다. 예를 들면 커다란 코끼리와 이를 관람하는 갓을 쓴 조선 남자, 기모노를 입은 일본여성과 서커스를 관람하는 인물들의 표현, 잘 닦인 신작로에 전차가 다니는 도시에서 양장옷을 입고 모자를 쓴 모던화된 남녀의 모습, 전기공사를 하고 있는 장면, 신식옷을 입고 스케이트를 타고 있는 남녀, 전화통화를 하는 모습 등을 들 수 있다. 근대문물 수용 과정의 여러 신문물들

하단의 서커스장 모습

을 화면에 구획하여 담고 있으므로 이 불화를 '모던불화'라고 별칭할 만하다.

이처럼 흥천사 감로도는 전통적인 감로도의 도상과 주제를 계승하면서도 당시의 시대상을 여과없이 보여주는 장면들을 결합시켜, 1930년대 후반 일제강점기에 전통불화와 근대문물 수용 과정의 혼재했던 시대상을 잘 드러내고 있다.

'흥천사 감로도'는 불화를 새로운 시각으로 표현할 수 있음을 보여주는 것으로, 오늘날 전통의 계승과 새로운 시도와 창작에서 고민하는 많은 이들에게 영감을 불어넣는 중요한 예술품이라 할 수 있다.

도심 속 평화로운 안식처인 흥천사에서 세상과 나의 조용한 변화를 모색해보는 시간을 가져보는 것도 의미있을 듯 하다.

25 속초 신흥사 극락보전 영산회상도

사찰·시민 원력 바탕으로 66년 만에 '환지본처'

설악산은 금강산에 버금가는 명산이다. 자연경관이 수려하고 주변에 명찰과 문화재가 많은 곳이다. 외설악 입구에 있는 신흥사는 설악동에서 흔들바위로 올라가는 길에 있다. 신흥사 일주문에 들어서면서 병풍처럼 둘러싸여 있는 기암절벽이 웅장한 설악산을 맘껏 볼 수 있다. 한국 사찰의 대부분이 아름다운 자연의 품에 있지만, 그중에도 신흥사는 당연 제일이다.

신흥사는 신라 진덕여왕 때 자장율사가 창건했던 향성사(香城寺) 자리에 조선시대에 다시 세운 사찰이다. 신흥사 도량 중심에는 1651년(효종2)에 무염(無染)스님에 의해 조성된 '목조아미타삼존불좌상(보물)'을 모시고 있는 극락보전이 자리하고 있다.

속초 신흥사 극락보전 영산회상도 | 보물
6. 25전쟁으로 유출됐다가 종단과 사찰, 시민들의 원력으로 다시 제자리로 돌아왔다. (가로406.4×세로335.2cm, 비단 바탕 채색, 1755년)

6. 25전쟁 때 유출 확인

2022년 신흥사에는 큰 경사로운 일이 있었다. 6. 25전쟁 때 신흥사에서 미국으로 유출되었던 극락보전 영산회상도(靈山會上圖)가 67년 만에 고국으로 돌아오게 된 것이다. 사연 없는 문화재가 별로 없지만, '신흥사 극락보전 영산회상도'는 본래의 자리로 돌아오기까지 특히 우여곡절이 많았다.

6. 25전쟁은 20세기 세계 어느 전쟁보다 파괴적이었다. 어느 시인은 풀나무조차 온전할 수 없었다고 이 전쟁의 참상을 표현했다. 6. 25전쟁 당시 38선 이북지역에 대한 유엔군 통제(1951년 8월~1954년 11월)로 인해 신흥사 일대는 민간인이 들어갈 수 없게 통제됐다.

故 이영희 교수는 1996년 한 언론에 기고한 글에서 "절 안에서 경판을 어깨에 둘러매고 사찰 문을 분주히 드나드는 병사, 돌을 높이 들어 내리치는 병사들의 모습이 마치 영화에서 본 옛 해적들의 그악스러운 노획물 처분장 같아 보였다."고 회고했다. 그는 전쟁 중에 병사들이 땔감으로 사용해 사라질 뻔한 신흥사 경판을 살려냈다. 불교신자도 아니었던 그가 "싸우는 와중에도 겨레의 귀중한 것은 하나라도 더 보존해야 한다."는 마음에서 감행한 현명한 선택이었다.

이처럼 전쟁통에 적지 않은 신흥사 성보문화재가 약탈되어 사라졌다. 영산회상도도 1954년 6~10월 사찰에서 유출된 것으로 확인됐다. 1954년 5~6월 미군 장교였던 폴 팬처가 신흥사를 촬영했던 사진에는 신흥사 극락보전에 영산회상도가 걸려 있

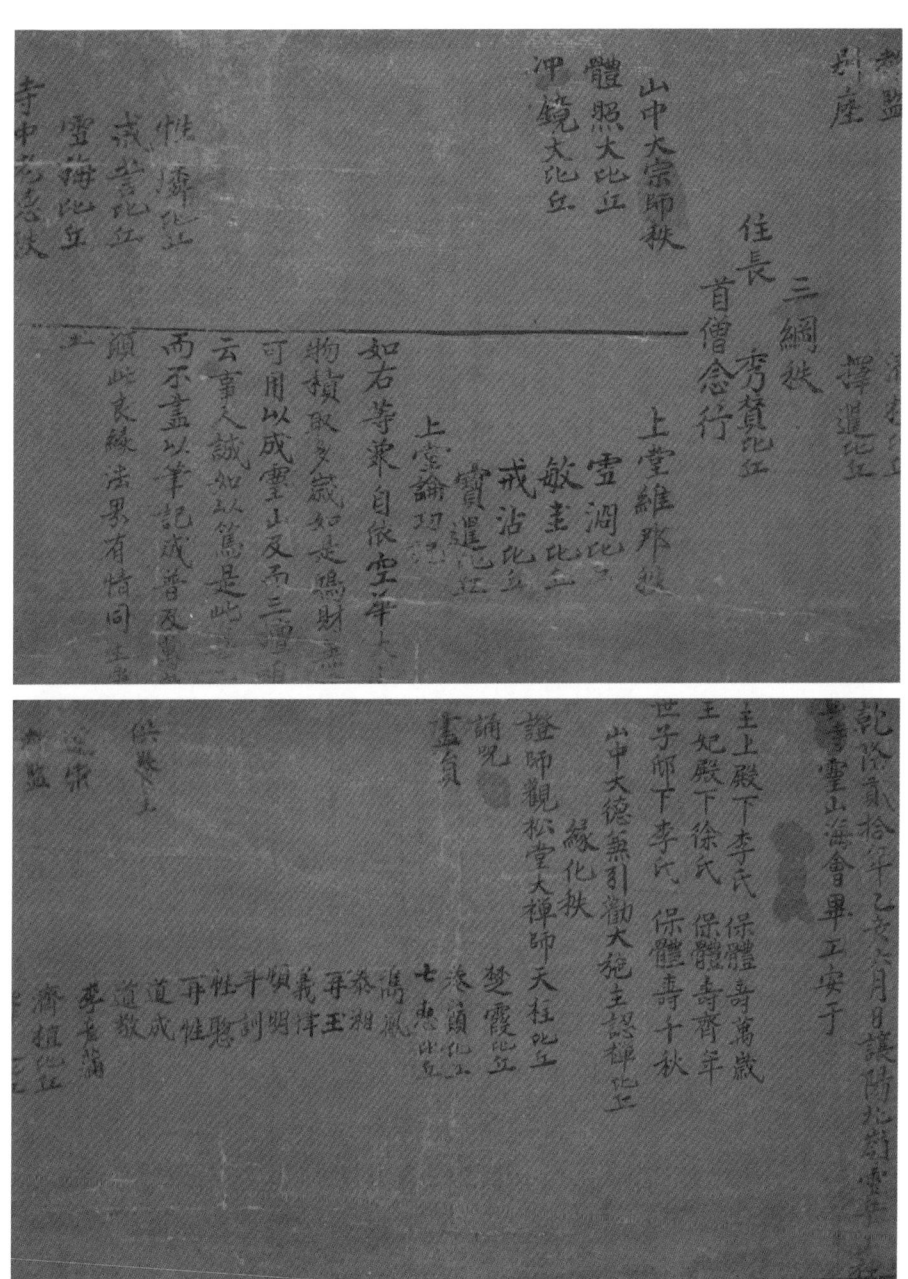

영산회상도의 화기(畵記) 부분 (제공:유경희)

지만, 4개월쯤 후인 1954년 10~11월 무렵 미 해병대 중위 락웰이 찍은 사진에는 사라져 보이지 않기 때문이다.

영산회상도와 함께 시왕도 6점도 환수

흔적 없이 사라진 신흥사 영산회상도가 다시 나타난 곳은 미국 LA카운티박물관(LACMA)의 수장고였다. LACMA는 예리한 칼에 의해 6조각으로 훼손되어 있던 영산회상도를 중국 그림으로 알고 구입했다고 한다. 오랜 세월동안 LACMA 수장고에서 잊혀졌던 이 불화는 한국 큐레이터의 눈에 띠어 본래의 자리를 찾게 됐다. 2010년 국내 전문가가 1년 4개월에 걸쳐 복원 작업을 한 후, 2020년 대한불교 조계종과 LACMA의 우호적인 반환 협정에 의해 국내로 환수되어 마침내 고향 신흥사로 되돌아왔다. 영산회상도와 함께 시왕도도 총 10점 중에서 6점이 환수됐다.

'신흥사 영산회상도'의 환수는 조계종의 불교문화재 환수 노력과 신흥사를 중심으로 한 속초시민들의 자발적인 참여로 이뤄낸 뜻 깊은 성과다. 원력을 세우고 공을 들이면 모든 일이 이루어진다는 불가(佛家)의 법칙이 재현된 사례가 아닐까.
여전히 도난 등 갖가지 이유로 제자리를 이탈한 채 세상을 떠돌고 있는 성보문화재가 적지 않은 마당에 이번 환수는 그 과정과 의미에서 많은 시사점을 주는 좋은 사례였다고 평가된다.

이 불화를 찾을 수 있었던 가장 중요한 이유는 역시 그림 자체에 있었다. 영산회상도의 화기(畵記)에 "1755년(영조31) 6월 양양 설악산 신흥사에 영산해회(靈山海會)를 마치고 신흥사에 봉안합니다."라는 글이 남아 있었기 때문에 신흥사 불화임이 증명된 것이다.

불화에 대해 찬찬히 살펴보자. 신흥사 영산회상도는 극락보전 아미타삼존불 뒤에 후불화로 봉안하기 위해 조성된 가로 4m, 세로 3.3m의 초대형 불화이다. 현재 신흥사 극락보전에는 불화가 유출된 직후 새로 조성하여 봉안한 영산회상도가 걸려 있으며, 되찾은 영산회상도는 신흥사 성보박물관에 봉안되어 있다.

왕과 왕후, 특히 사도세자의 축원을 기록

'영산회상도'는 석가여래가 깨달은 바를 인도 영취산에서 여러 대중들을 모아놓고 설법하는 장면을 그린 불화이다. 그림 중앙에 높은 수미대좌 위에 앉은 석가여래를 크게 그리고, 설법에 참여한 여러 대중들이 원형으로 둘러싸도록 가득 그린 것이다. 특히 석가여래와 가까운 인물들은 비중 있게 그렸다. 나머지 인물들은 작게 배열하였고, 위로 갈수록 작게 그려 화면을 안정감 있게 배치했다.

부처의 빛을 상징하는 커다란 광배가 있는 여래는 오른손을 아래로 내린 항마촉지인을 하고 있어 존명이 석가여래임을 나타내고 있다. 화면 하단의 양 끝에는 사천왕이 불법(佛法)을 호지하고 있다. 석가여래 좌우로는 보살 8위와 십대제자들을 그렸다. 정토에서 설법하는 여래를 당당하게 표현한 반면, 설법을 듣는 보살들은 늘씬하게 표현했다. 보살들과 제자들은 다양한 포즈와 각각의 시선으로 화면이 경직되지 않게 활기와 생동감을 불어넣는 역할을 했다.

적색과 녹색을 주된 색으로 하여 선명한 대비를 통해 돋보이게 했으며, 부분적으로 중간색을 이용하여 안정감을 주었다. 인물을 표현한 유려한 선들에서 작가의 뛰어난 기량이 느껴진다. 석가여래의 광배나 옷을 장식한 화려한 문양과 섬세한 표현을 통해 매우 공들여 조성한 불화임을 알 수 있다.

불화의 화면 맨 아래 가운데에는 붉은색으로 네모나게 '화기'란을 만들었고, 해서체로 단정한 묵서가 쓰여 있다. 이 묵서에 불화의 조성 시기와 발원 내용, 그림을 그린 화원, 시주자들, 당시 사찰에서 계셨던 스님 등 중요한 정보가 담겨 있다.
먼저 "1755년 설악산 신흥사에 불화를 봉안했다."는 기록이다. 이어 '주상전하이씨수만세(主上殿下李氏壽萬歲)', '왕비전하서씨보체수제년(王妃殿下徐氏保體壽齊年)', '세자저하이씨보체수천추(世子低下李氏保體壽千秋)'라고 쓰여 있다. 국왕인 영조와 정성황후 서씨, 그리고 영조의 아들 사도세자까지 왕실의 세 분을 축원하는 것이다. 영조 시기에 조성된 불화로 왕과 왕후, 특히 사도세자의 축원이 기록되어 있는 귀중한 사례이다.
신흥사는 일찍부터 왕실과 관련된 사찰이었다. 극락전에 봉안된 목조아미타삼존불좌상의 복장 기록에서도 이러한 내용을 엿볼 수 있다.

이어서 불화를 조성하기 위해 후원한 스님들 명단과 불화 조성에 직접 참여했던 인물들을 나열하고 있다. 불화가 법식에 맞게 그려졌는지를 감수해주는 증사는 관송당 천주스님, 다라니를 암송하는 소임은 초하스님, 불화를 직접 그린 화원 소임은 태전스님를 비롯하여 아홉 분의 스님이 맡았다는 것을 기록하고 있다.

화기의 마지막에는 상당논공기(上堂論功記)가 쓰여 있는데, 불화의 불사를 모연하는 과정과 불화 조성을 마친 감동을 적고 있다. "위에 실린 대중들은 스스로 모든 것을 헛꽃처럼 여겨서 크고 작은 물건을 헌납하여 여러 해 동안 쌓은 것이리라."는 문장으로 신흥사 스님들의 오랜 원력과 모연으로 이 불화 조성이 이루어졌다는 감동을 남긴 것이다.

불화 조성의 감동과 환수의 교훈

신흥사 영산회상도는 부분적으로 박락되어 보수가 이루어졌지만, 규모가 크고 조성 연대와 작가가 확실한 18세기 불화 양식을 잘 표현한 가치 있는 그림이다. 6. 25전쟁 통에도 "신흥사는 성한 모습으로 남아 있었다."라고 이영희 교수의 기록처럼, 아니러니 하게도 신흥사는 군인들의 주둔지가 되면서 소실을 면했던 사찰이다. 실제로 3년 넘게 이어진 전쟁으로 한국의 사찰과 문화재의 피해는 제대로 헤아리지도 못할 정도로 막대한 규모였다.

66년 만에 제자리를 찾은 신흥사 영산회상도를 통해 전쟁의 피해를 되짚어 본다. 그리고 아직 돌아오지 못한 문화재와 우리의 소중한 불교유산을 지키고자 애썼던 많은 분들의 노력과 뜻을 새겨보는 세기가 되었으면 한다.

26 순천 송광사 경패 經牌

고려시대 대장경 외경사상 말해주는 진귀한 유물

순천 송광사 경패 | 보물
경전을 쉽게 찾도록 하는 실용성을 추구한 공예품이지만, 조각된 인물상과 문양들의 정교함을 보면 단순한 공예품이 아닌 것을 알 수 있다. 사진 아래 오른쪽 위패 모양의 공예품이 나무제와 상아제 '경패'이다.

한국불교 승보사찰 송광사

전라남도 순천시 조계산(曹溪山) 서쪽에 유서 깊은 송광사(松廣寺)가 있다. 조계산은 높지 않지만 깊은 산으로 흙이 좋아 나무들을 넉넉히 품고 있다. 송광사는 계절이 바뀌고 있는 것을 생생하게 보여주는 사찰이다. 변하지 않는 것은 없다는 불교의 진리가 새삼스럽게 와 닿는다.

송광사는 한국의 삼보(三寶)사찰 가운데 승보(僧寶)사찰이다. 송광사가 승보사찰로 자리 잡은 것은 고려 중기 보조국사(普照國師) 지눌(知訥)스님에 의해서이다. 스님은 정혜결사를 통해 당시 타락한 고려불교를 바로잡아 한국불교의 새로운 전통을 확립했다.

송광사는 보조국사의 법맥을 이어받아 16명의 국사를 배출하면서 승보사찰의 지위를 굳혔다. 경내에 16국사의 진영을 봉안한 국사전이 있는 까닭이다. 6. 25전쟁 이전에는 아무리 비가 내려도 맞닿은 처마사이로 다니면 옷이 젖지 않을 정도로 큰 사찰이었다고 한다. 한국불교에서 송광사의 위상은 이처럼 대단하다.

송광사 경내 입구 탑전 건너편에 2017년에 확장하여 새로 개관한 송광사 성보박물관이 있다. 사찰의 중심 영역에서 벗어나 새로 지은 이 박물관은 특히 수장고 시설에 역점을 두고 설립했다. 송광사에 전승되는 국보와 보물 등이 수두룩한 만큼 안전하게 보존할 수 있는 수장고 시설이 더 중요하기 때문이다.

대장경에 부착했던 진귀한 유물, 경패

송광사 성보박물관에는 고려시대 대장경에 대한 신앙적인 자세를 엿볼 수 있는 진귀한 유물이 있다. 바로 대장경에 부착했던 경패(經牌)이다. 경패는 대장경을 보관하는 포장지나 상자에 경전의 제목과 순서, 보관처 등을 적어 부착했던 것이다. 어떤 경전이 어느 곳에 들어있는지 쉽게 찾을 수 있도록 매달아 놓은 꼬리표이다. 요즈음으로 치면 도서관의 많은 책들을 쉽게 찾을 수 있도록 분류체계에 맞게 부착해 놓은 이름표 같은 것이라 이해하면 된다.

경패의 모양은 불교에서 오래전부터 사용해오던 위패형의 모습이다. 경패란 경전의 '경(經)'과 위패의 '패(牌)'가 합쳐진 용어이다. 생긴 모양보다 용도를 강조해 경전의 '경(經)'과 책의 꼬리표를 뜻하는 '첨(籤)'을 합쳐 경첨이라 불리기도 한다.
송광사 경패는 약 13cm로 앞면과 뒷면, 옆면까지 다양한 인물상과 문양이 조각되어 있다. 앞면과 뒷면에는 불교경전의 제목, 수량, 그리고 경전이 보관된 곳을 나타내는 명문을 새겼다. 경패에는 윗부분 중앙부에 2~3개의 구멍이 뚫려 있다. 어딘가에 매달아 사용되었음을 알 수 있다.
송광사 경패는 총 43개이다. 국내에 현존하는 경패가 총 53점이니 대부분을 송광사가 소장하고 있는 셈이다.

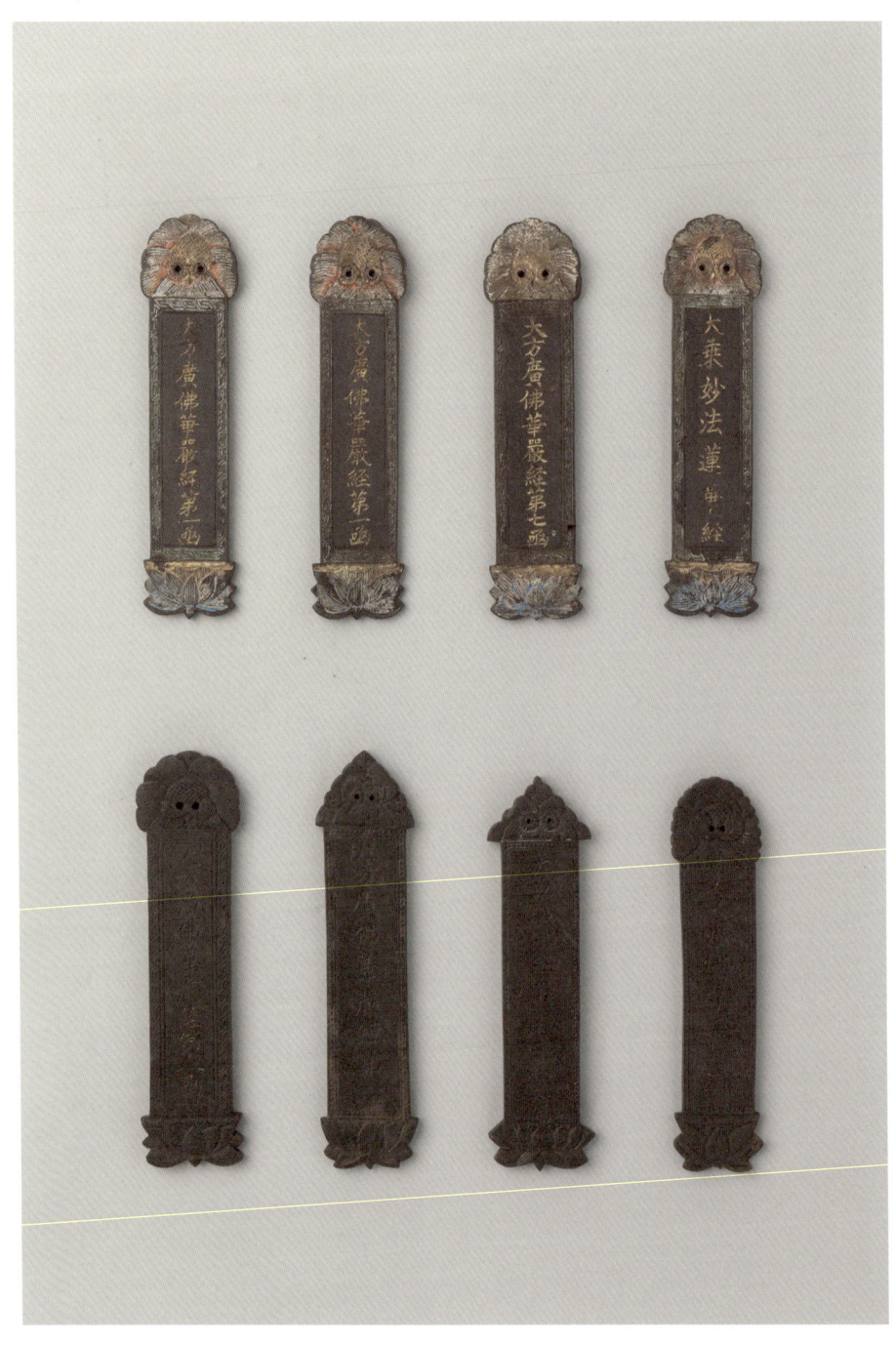

송광사 나무제 경패 앞면

송광사 나무제 경패 뒷면

경전 분류 체계에 맞게 제작돼

부처님의 말씀, 즉 진리의 가르침을 모아놓은 경전은 인도에서 중국으로, 그리고 우리 나라로 전해진다. 중국은 후한대(後漢代)부터 송대(宋代)까지 약 천년 동안 산스크리트어로 된 경전을 한문으로 번역하는 역경(譯經)작업을 했다. 이렇게 한역된 경전의 수량은 실로 막대한 양이었다.

경전을 효율적으로 관리하고 보관하는 방법은 형태에 따라 질(帙)과 함(函)으로 나눌 수 있다. '질'은 대나무, 직물, 종이로 만든 긴 장방형의 포장지로 같은 경전끼리 일정한 수량(보통 10권)으로 묶어서 보관하는 보자기와 같은 도구이다. 실제로 송광사에는 보물로 지정된 두 점의 경질이 남아 있다.

다른 하나는 경전을 나무상자인 '함'에 보관하는 것이다. 보통 하나의 함에 100권의 경전을 나누어 보관했다. 남아 있는 고려시대의 나전칠기 경함을 보면 옻칠과 황금으로 장식되어 있다. 정성과 공경을 다하여 매우 화려하게 제작되었음을 알 수 있다. 이처럼 질 또는 함에 경전을 분류체계에 맞게 나누어 보관했다. 경전의 내용과 순서를 각각의 질과 함에 직접 써서 표기하기도 하였지만, 경패를 달아 보다 쉽게 찾을 수 있도록 한 것이다.

송광사 경패는 상아(10매)와 나무(43매)를 깎아서 만든 것으로 재질에 따라 두 종류로 구분된다. 송광사 경패는 머리 부분과 몸체, 아래의 연꽃받침으로 이루어져 있다. 머리 부분에는 연꽃·하엽(荷葉)·용(龍) 등의 무늬가 삼각형 또는 원형을 이루면서 양각 또는 투각(透刻)의 수법으로 묘사되어 있고, 아랫부분은 대부분 연화대좌형으로 조각되어 있다.

몸체의 앞면에는 장방형의 구획을 두어 경전의 이름(經名)과 권의 숫자를 새겼다. 예를 들면 '대방광불화엄경 제1함(大方廣佛華嚴經第一函)', '대방광불화엄경 제3질(大方廣佛華嚴經第三帙)' 등이라 쓰여 있다. 뒷면에는 역시 사방을 장식한 네모난 구획을 두고, 그 안에 불(佛) · 보살(菩薩) · 신중상(神衆像)을 양각(陽刻)으로 조각했다. 그 밑에 전각모양 혹은 방형의 구획 속에 정(貞) · 진(晉) · 주(周) · 연(淵) · 승(承) 등이 음각되어 있다.

현재 남아 있는 경패는 12종의 경(經)을 새긴 것으로 그중 〈화엄경〉 경패가 27개로 가장 많다. 경전의 이름 아래에는 함차가 표시되어 있다. 뒷면에 정(貞) · 진(晉) · 주(周) 등으로 3본 화엄경의 한역별(漢譯別) 시대 구분이 되어 있다.

佛法 수호하는 호법신 역할

상아로 만든 경패는 중국에서 건너온 것으로 추정된다. 머리 부분의 장식은 여의두 모양의 형태 안에 용 또는 봉황을 양각, 투각했다. 뒷면에는 제석과 범천, 사천왕, 금강역사상 등 법을 보호하는 신장상들이 새겨져 있는 것이 특징이다. 장식된 문양도 화려하며 장식적이고 화려하다. 붉은색과 금을 조각상과 명문에 칠한 흔적이 남아있어 상당한 공을 들여 제작했음을 알 수 있다.

나무로 만든 경패는 나무의 재질을 분석하기 전까지는 고래 수

염(鯨鬚)으로 제작되었다고 전해졌다. 과학적 분석 결과 대부분 당시의 고급 재료였던 흑단으로 판명됐다. 머리 부분은 둥근 혹은 삼각형의 꽃 형태이다. 뒷면에는 불보살상과 스님상이 새겨져 있어 상아제와 차이를 보인다. 나무 경패에도 금과 여러 색으로 칠했던 흔적이 확인된다.

경패는 경전을 쉽게 찾도록 실용성을 추구한 공예품이지만, 이에 조각된 인물상들과 문양들의 정교함을 보면 단순한 공예품이 아닌 것을 알 수 있다. 여기에 새겨진 인물들은 모두 부처님의 말씀을 듣는 청중인 동시에 외호하는 호법신의 역할을 하는 의미를 담고 있다. 이는 경전을 수호하고자 하는 신앙적 의미가 더 컸던 것이다.

송광사 경패 달았던 대장경은?

대장경은 경전과 불교 문헌을 모아 집대성한 것이다. 최초의 대장경은 중국 북송(北宋)에서 만들어진 〈개보대장경(開寶大藏經)〉이다. 이것이 거란, 고려로 전해지면서 불교를 믿는 각국에서 새로운 대장경을 만들었다. 국가 차원에서 불교를 신앙했던 고려도 당연히 대장경을 판각하여 문화국가로서의 위상을 떨친다.

고려에서 처음 만들어진 대장경을 초조대장경이라고 한다. 몽고의 침입으로 초조대장경이 불타버렸기 때문에 기존의 대장경을 철저히 교정하여 가장 정확한 내용으로 대장경을 다시 만든 것이 현재 해인사 장경판전에 보관되어 있는 재조대장경, 바로 팔만대장경이다.

이처럼 고려에는 거란본, 원대(元代)의 판각본, 고려 초조대장경, 재조대장경 등 여러 대장경이 있었기 때문에 정확하게 어느 판본에 송광사 경패를 사용했는지 알 수 없다. 다만, 1278년 송광사 제6세 원감국사 충지(冲止)스님이 강화 선원사(禪源寺)에 보관되었던 거란본 대장경 1000여 책을 송광사에 이운했다는 기록이 전해지므로, 거란대장경의 보존을 위하여 붙였던 경패일 가능성이 있다.

그런데 이 경패들은 조각이나 표현 방법이 여러 종류로 되어 있으므로 같은 시기에 제작된 것으로 볼 수 없다. 마찬가지로 대장경의 분류번호와 경패에 기록된 것을 비교해 보면 한 종류의 대장경에 사용한 것이라 할 수 없다. 고려 후기에는 중국 원대의 황실과 밀접한 교류가 있었으므로 일부는 중국 원대 대장경을 소장했을 가능성도 있다.

초조대장경 또는 국내에 전해진 여러 각국의 대장경을 정리하면서 보존 관리를 위하여 사용되었던 경패가 섞여 있었던 것으로 보인다.

송광사 경패는 고려시대의 대장경에 대한 외경사상을 알 수 있는 진귀한 유물이다. 장식된 여러 문양과 인물상들은 아름답고 세련되어 예술성이 높을 뿐만 아니라 경전을 쉽게 찾아 열람할 수 있는 실용성까지 갖춘 가치가 큰 문화재이다.

27 순천 송광사 화엄칠처구회도

실제 교재로 사용할 만큼 〈화엄경〉 쉽게 담아내

순천 송광사
화엄칠처구회도 | 국보
(가로255×세로281cm,
비단 바탕 채색, 1770년)
(사진제공·송광사 성보박물관)

2021년 국립중앙박물관에서 개최한 특별전 '조선의 승려 장인'을 관람했었다. 조선시대 불교미술은 대부분 스님들에 의해 조성되고 발전하였는데, 해당 전시를 통해 승려 장인들에 의해 탄생한 성보들을 만날 수 있었다. 불교미술의 정수라 꼽을 수 있는 많은 성보 중에서도 개인적으로 '순천 송광사 화엄칠처구회도(華嚴七處九會圖)'를 친견할 수 있어서 무엇보다 기쁘고 반가웠다.

그림으로 담아낸 〈화엄경〉

'송광사 화엄칠처구회도'는 명칭 그대로 〈화엄경〉의 내용을 그림으로 그린 것이다. 〈화엄경〉은 대승불교를 대표하는 경전이다. 원제목은 〈대방광불화엄경(大方廣佛華嚴經)〉으로 '대방광불'이란 한량없이 크고 넓은 시간과 공간을 초월한 절대적인 부처님을 뜻하며, '화엄'은 갖가지 꽃으로 장엄한다는 의미이다. 즉, 온갖 꽃으로 장엄한 부처님의 세계에 대한 내용을 설한 경전이란 뜻이다. 7처9회란 7장소에서 9번의 법회를 연다는 것이다.

〈화엄경〉의 연화장세계(蓮華藏世界)는 우주만유가 서로 인연이 되어 상호 의존하고 있으며, 〈화엄경〉의 주불인 비로자나불(毘盧遮那佛)의 진리로 이루어진 조화로운 세상이다. 〈화엄경〉은 부처님께서 깨달은 직후 그 세계에 대해 설법하는 내용이다.

〈화엄경〉 번역본은 3종이 전하고 있다. 중국 동진(東晉)시대인 불타발타라(佛陀跋陀羅)가 한역한 60권본의 '진본(晉本)'과 당대(唐代)에 실차난타(實叉難陀)가 한역한 80권본 〈화엄경〉의 '주본(周本)', 그리고 반야(般若)가 번역한 40권본의 '정원본(貞元本)'이 있다. 60권본 〈화엄경〉이 7처8회 34품인 것에 비해, 80권본 〈화엄경〉은 7처9회 39품으로 구성되어 있다. 그러므로 '송광사 화엄경변상도'는 80권본 〈화엄경〉의 내용을 근거로 그려졌음을 알 수 있다.

현재 전하는 불화 가운데 18세기 후반부터 19세기 초반 사이인 조선 후기에 조성된 화엄칠처구회도는 4점 남아 있다. 1770년 작(作)인 송광사 소장본이 가장 이른 시기에 조성되어, 이후 1780년 작인 선암사와 1790년 작인 쌍계사 화엄칠처구회도의

제1회 보리도량회 노사나불

모범이 된 불화라 할 수 있다. 그리고 1810년 조성된 통도사 화엄칠처구회도가 있다.

〈화엄경〉의 7처9회 장면을 그린 불화의 명칭은 넓게는 '화엄경변상도(華嚴經變相圖)'라고 부르기도 하지만, 보다 더 구체적으로 칭하는 화엄칠처구회도라 할 수 있다. 경전의 앞머리에 각 권의 대표적인 내용을 삽화처럼 그린 변상도와 구별하여, 위의 불화 4점은 모두 80권본 〈화엄경〉에 근거한 7처9회를 그린 불화로 '화엄칠처구회도'라 명칭하는 것이 타당하다 하겠다.

조선 후기 화엄학 부흥으로 유행

조선 후기 화엄학이 크게 부흥하여 18세기 후반부터 19세기 초반에 이르기까지 화엄칠처구회도가 집중적으로 그려졌다. 당시 조선 후기 불교를 대표한 청허 휴정(淸虛休靜, 1520~1604) 스님의 선(禪)과 교학(敎學)을 융합하는 사상은 조선 후기 불교계의 커다란 흐름으로 자리하였고, 교학은 주로 화엄사상이 그 주가 된다. 이러한 분위기 속에서 화엄경전을 간행하였고, 화엄교학을 가르치는 법회가 성행하였다. 이를 바탕으로 그려진 것이 바로 화엄칠처구회도이다.

특히 조계산 송광사는 보조국사 지눌스님을 비롯해 16국사를 배출한 조계종의 삼보(三寶)사찰 중 하나인 승보(僧寶)사찰이다. 이렇게 커다란 강맥을 이어오는 송광사는 부휴선수(浮休善修)와 그의 제자인 벽암각성(碧巖覺性)스님을 중심으로 화엄학에 대한 교육과 활발한 간행사업을 진행하였고, 조선 후기 화엄교학의 중심지가 되었다.

송광사 화엄칠처구회도는 1770년에 대표 화승인 화련(華蓮)스님이 12명의 스님들과 함께 무등산 안심사에서 그렸으며, 송광사 화엄전에 봉안하였다고 화기(畵記)에 전하고 있다. 이 불화의 화면은 크게 2단으로 구성되었다.

제일 상단은 천상에서 행해지는 네 번의 법회를, 하단은 지상에서 행해지는 다섯 번의 법회 장면을 그린 것이다. 먼저 크게 지상과 천계를 나누고, 그 안에서 아홉 군데의 설법 장소를 구획하였다. 각 분할된 공간에서 열리는 설법하는 장면을 그렸는데, 각 법회의 장면과 구도는 비슷하다.
상단의 천계에서 열린 법회는 제3회 도리천궁회(忉利天宮會), 제4회 야마천궁회(夜摩天宮會), 제5회 도솔천궁회(兜率天宮會), 제6회 타화자재천회(他化自在天會)로 엄격한 좌우대칭을 이루도록 그려졌다.

하단의 지상 법회는 중심에 〈화엄경〉의 서막에 해당하는 제1회인 보리도량회와 비로자나불의 정토인 연화장세계가 표현되었다. 이를 중심으로 향우측으로 한 장소에서 세 번의 설법이 열린 제2·7·8 보광명전회(普光明殿會)를 그렸고, 향좌측으로는 제9회인 서다림회를 묘사하였다. 이곳에는 '입법계품'에 근거, 선재동자가 53선지식에게 법을 구하는 내용이 'S'자 방식으로 상세히 표현되어 있다.

각 법회는 양손을 어깨 위로 올려 설법하는 노사나불(盧舍那

佛)이 주존으로 등장한다. 부처님을 대신해 각 법회에서 설법하는 보살로는 보현보살, 문수보살, 법혜보살, 공덕림보살, 금강당보살, 금강장보살 등이 보인다. 그리고 이를 둘러싼 여러 보살들과 관중들이 빽빽하게 그려졌다.

본존 노사나불을 중심으로 많은 청중들을 좌우대칭으로 그렸으며, 청중들은 주존인 노사나불과 설법하는 보살에 비해 작게 표현되었다. 이렇게 크기 차이를 두어 본존을 부각시키고, 대부분의 인물들이 본존을 향하게 하여 실제 설법을 듣는 장면들을 구현하고자 했음을 알 수 있다. 노사나불은 둥근 얼굴에 이목구비를 작게 표현하여 단아한 느낌이다. 청중들로 워낙 많은 인물들이 화면 가득 등장하며, 크기도 작게 표현되어 개별적인 특징을 구별하기 어려우나 각 법회와 불·보살 등의 명칭을 붉은색 칸에 적어 이해할 수 있다.

조선시대 최상의 화엄경변상도

송광사 화엄칠처구회도는 화려하고 다양한 색채를 담고 있으며, 옷 등에 표현된 문양의 필선도 세밀하고 유려하여 예술적으로 완성도가 높다. 이 불화를 그린 대표 화승 화련(華蓮)스님의 작풍은 18세기 후반 전라도 지역을 중심으로 활동했던 의겸스님의 화풍과 유사하여 그 영향 관계를 유추할 수 있다. 송광사 화엄칠처구회도는 조선시대 화엄경변상도 중 완성도가 높고 조성 시기도 가장 이른 불화이다. 실제 스님들의 공부 교재로 쓰였다고 할 정도로 〈화엄경〉의 내용을 쉽게 이해할 수 있도록 그림으로 그렸다. 〈화엄경〉은 대승경전 중에 방대한 불교의 철학을 담은 체계화된 경전으로, 이 불화를 통해 〈

화엄경〉의 사상을 이해할 수 있다.

〈화엄경〉에서는 각각의 본질과 현상을 인정하고, 서로 대립하는 모습을 그대로 지니면서도 융합하여 끝없이 전개하는 세계를 가르친다.
많은 사회적 갈등과 어려움을 딛고 〈화엄경〉의 가르침처럼 옳고 그름, 높고 낮음으로 구별하지 않고 차이를 인정하면서 조화를 이루며 보다 발전하는 좋은 세상이 되기를 발원해 본다.

28 안동 봉정사 목조관음보살좌상

단아하고 기품 있게 다가오는 보살님

안동 봉정사 목조관음보살좌상 (木造觀音菩薩坐像) | 보물
단아하고 우아한 고려 후기 불상 조성 양식의 선두주자 라고 할 수 있다.

안동 봉정사를 향한 발걸음이 몇차례 있었다. 시작은 대학시절 답사 때였던 것 같다. 그 이후로도 몇 번이고 다녀오길 주저하지 않았던 것은 봉정사가 그만큼 관심과 발길을 끄는 성보문화재로 가득 차 있기 때문이다. 가장 인상 깊었던 방문은 성보문화재인 '봉정사 목조관음보살상(木造觀音菩薩坐像)'이 발견된 이후 이 보살상을 뵈러 가는 길이었다.

정확하게 얘기하자면 이 보살상은 새로 발견된 것이 아니라, 새로운 사실이 뒤늦게 밝혀지면서 세간의 주목을 받게 된 것이다. 봉정사 만세루에 있던 '대웅전관음개금현판(大雄殿觀音槪金懸板)' 기록이 해석되면서 이 관음보살상이 고려 후기인 1199년에 조성됐다는 기록이 확인된 것이다.

이를 통해 이 목조관음보살상은 1170년 고려 무신정변 이후 조성된 고려 후기 대표적인 보살상으로서 그 가치가 새롭게 드러났다. 이 관음보살상은 사찰의 어떤 사정으로 대웅전에서 암자인 지조암에 봉안되어 현대까지 전승됐다. 또한 만세루에 있던 이 보살상에 대한 기록인 현판도 계속 그 자리에 있었다. 이를 오랜 세월 동안 알아봐 주지 못했던 것이다. 관음보살상은 현재 봉정사 성보박물관에 봉안되어 있다.

最古 목조건축물 '극락전'

봉정사는 672년(문무왕12) 의상대사가 창건했다고 전해진다. 의상대사의 제자인 능인대덕이 창건했다는 설도 있다. 분명한 것은 당시 봉정사는 신라의 고승들과 그 유래가 많은 참선도량이었으며, 암자도 9개에 이르는 대규모의 사찰이었다는 사실이다. 현재 봉정사는 영산암과 지조암만 있는 아담하고 조용한 사찰이다.

봉정사의 유구한 역사는 고려 중기에 지어진, 우리나라에서 가장 오래된 목조건축물인 국보 극락전이 자리 잡고 있다는 것으로도 알 수 있다. 1972년 극락전 보수공사 때 "고려 공민왕 12년(1363)에 지붕을 크게 수리했다."는 기록이 담긴 상량문이 발견됐다. 내용 가운데 "… 천등산 산기슭에 있는 봉정사는 절이 앉은 지세가 마치 봉황이 머물고 있는 듯하여 이와 같이 부르게 됐다. 이 절은 옛날 능인대덕이 신라 때 창건하고…지붕이 허술해져서 수리했다."고 하여 사찰 이름이 지어진 연유를 밝혀주고 있다.

이 외에도 국보인 대웅전을 비롯해 보물로 지정된 화엄강당, 고금당 등 중요한 목조건축물이 즐비하게 서 있어 봉정사는 우리나라 고건축의 흐름을 한자리에서 살펴볼 수 있는 사찰이다. 1999년에는 영국 여왕 엘리자베스 2세가 안동 봉정사를 방문하면서 세간에 더 유명해진 계기가 됐다. "가장 한국적인 건물을 보고 싶다."는 여왕의 요청으로 봉정사가 선택되었고, 이로 인해 봉정사는 세계적인 유명세를 얻었다.

봉정사는 규모가 장대하거나 웅장하지는 않지만, 그 창건의 역사만큼이나 소중한 문화유산이 가득한 곳이다. 그래서 2018년 6월에 '산사, 한국의 산지 승원'이라는 명칭으로 유네스코 세계유산에 등재됐다. 그 가치에 대해 평가하기를 "봉정사는 7~9

세기 창건 이후 현재까지의 지속성, 한국불교의 깊은 역사성이 세계유산 등재 조건인 탁월한 보편적 기준에 해당한다."고 하였을 만큼 한국사찰을 대표하고 있다.

머리엔 화려하고 높은 보관

봉정사 관음보살상은 앉은 자세의 상으로 높이가 104cm이다. 머리에는 화려하고 높은 보관을 쓰고 있다. 머리카락은 기둥처럼 상투를 틀어서 올리고, 나머지는 양쪽 귀를 지나 어깨 위에 걸쳐져 몇 가닥으로 나누어 흐르게 하였다. 얼굴은 타원형으로 살이 통통하다. 가슴 앞, 배 앞, 양 무릎을 중심으로 화려한 영락 장식이 연결되도록 표현했다.

보관은 새로 조성된 것이라고 한다. 화염문과 구름문, 꽃모양으로 꾸며져 있다. 보관 중앙에는 관음보살임을 상징하는 화불이 안치되어 있다. 두 손은 아미타구품인의 수인을 하고 있다.

보통 보살상은 하늘거리는 천의를 입는데, 이 보살상은 여래처럼 옷을 입고 있다. 고려시대부터 이러한 방식으로 옷을 입은 보살상들이 등장한다. 얼굴은 고요하면서도 단정한 표정을 짓고 있어 고귀한 기품이 느껴진다. 균형 잡힌 당당한 신체와 긴장감 넘치는 옷 주름, 그리고 정교하고 세련된 영락 장식들이 조각된 전체적으로 우아한 아름다움을 잘 표현한 보살상이다.

중국의 송대(宋代)에 유행했던 우아하고 장식적인 경향이 있는 불상들과 비슷한 작풍을 보이고 있다는 점도 눈길을 끈다. 우리나라 불상들과 비교하자면 12세기 말에서 13세기 전반으

보관을 벗은 모습

로 추정되는 '안동 보광사 목조관음보살좌상'이나 '서산 개심사 목조아미타여래좌상' 등과 가장 친연성을 보이고 있다.

따라서 이 상은 '대웅전관음중수현판기'의 기록처럼 1199년(고려 신종2) 무렵에는 조성되었을 가능성이 높다. 단아하고 우아한 불상들이 고려 후기에 크게 유행했는데, 이 관음보살상이 이 시기 양식의 선두주자라고 할 수 있는 매우 중요한 상으로 평가되고 있다.

관음보살상은 통나무를 조각한 것이 아니라 여러 개의 나무로 팔과 몸통 등을 따로 만들고 접합해서 만든 것이다. 머리카락과 귀, 목걸이와 영락 등의 장신구들은 목재 부분과 색이 다른 것으로 보아 건칠로 추정되는 다른 재료로 만들어 붙이는 기법을 사용한 것으로 판단된다. 미간의 백호와 눈동자는 수정을 감입하였으며, 두 손과 머리카락 등은 따로 만들어 끼운 점이 특징이다.

대웅전 아미타삼존의 협시보살

봉정사 목조관음보살상의 이력에 대해서는 두 가지 기록이 발견됐다. 하나는 1753년 설봉(雪峰)스님이 쓴 '대웅전관음개금현판'으로 봉정사 만세루에 걸려있다. 이에 따르면 관음보살상은 대웅전에 안치되었던 아미타삼존불상의 협시이며, 아미타불과 세지보살보다 앞선 시기에 조성했음을 밝히고 있다. 관음보살상은 1199년 조성되었고, 1364년과 1751년 각각 두 차례 개금불사를 했다고 적혀있다. 그리고 개금 담당 작가는 진찰(震刹), 수오(守悟), 도균(道均)스님이라고 기록하고 있다. 이 화원들은 경상북도 문경 지역의 김룡사와 대승사를 중심으로 활동했던 화파의 대표 화원들이다.

또 다른 기록으로는 개금 당시 설봉스님이 쓴 '발원문'으로, 관음보살상의 복장에서 발견된 것이다. 그 내용은 거의 '대웅전관음개금현판'의 내용과 유사하나 봉정사 관음보살상의 조성 연대에 대한 언급이 빠져 있다.

관음보살상은 원래 봉정사 대웅전에 봉안되어 있었다. 대웅전은 석가모니여래를 모시는 전각인데 1753년 개금 당시에는 아미타삼존여래를 봉안했다는 사실이 확인됐다. 다만 현재 남아 있는 불상들은 이 관음보살상과 연관성을 찾을 수 없다.

1999년 대웅전 해체공사를 하면서 1435년에 쓴 '법당중창기(法堂重創記)' 등 4종의 묵서(墨書)가 새롭게 발견되어 조선 초기에 중창한 사실이 알려졌다. 또한 봉정사 대웅전의 불상 뒤 벽체에 그린 불화는 1428년에 조성된 것으로, 한국에서 제일 오래된 후불벽화로 밝혀졌다.

개금불사 '발원'한 생생한 신앙심

이 보살상의 개금 발원문을 통해 당시 관음보살상 개금불사에 동참했던 사람들의 신앙심을 생생하게 엿볼 수 있다.

발원문에는
"머리 숙여 대자대비 관세음보살님께 귀의합니다. 수렁에서 구제해주고 물에 빠져 표류하고 있는 것을 건져주어 중생을 널리 제도함은 여러 부처님이 원하는 바이고, 부처님의 형성을 조성하여 만대에 이어져 받들어 불심(佛心)이 끊어지지 않게 함은 전왕(墠王)의 소원입니다. 덕행의 흔적을 따라 친속에서 벗어나 성스럽고 자비롭기를 앙모합니다. 옛 상(관음보살상)의 풍화를 말끔히 씻어내어 중수하고자 하는 생각이 끓어올라 내가 발원하여 인연을 널리 모집하고 발원을 여러 사람에게 심어 주었습니다…."
라고 적혀 있다.

과거 불사에 참여했던 이들과 같은 마음으로 '봉정사 목조관음보살상'을 참배하고 싶다. 중생의 어려움에 가장 귀를 잘 기울여주는 관음보살님께 우리 모두가 살아생전에는 복을 받고, 죽어서는 극락정토에 태어나기를 지극지심으로 기도하고 싶다.

29 안동 보광사 목조관음보살좌상과 복장물

10종 194점 복장유물 기록유산으로 큰 가치

보수 후

안동 보광사 목조관음보살상 | 보물
제대로 된 보존 처리로 성보의 가치를 높인 사례로 꼽힌다. 보수 전(**오른쪽**)과 보수 후(**왼쪽**) 모습. (높이 111cm, 고려) (사진제공: 문화재청)

보수 전

보광사는 경북 안동시에 있는 사찰로, 지금의 사역은 1977년에 갖추어졌다고 한다. 원래 자리하던 곳이 안동댐 건설로 수몰의 위험에 처해서 이쪽으로 옮긴 것이라 전한다. 필자가 조사 당시 가보았던 보광사는 자그마한 사찰로 도난 등에 취약하다고 느낄 정도로 조용하고 한적한 사찰이었다.

보광사는 목조관음보살좌상을 주불로 모시고 있으므로 주불전은 관음전이 된다. 이 보살상은 전문가들에게는 잘 알려져 있지만, 일반 대중은 접하기가 쉽지 않았다. 이 목조관음보살좌상은 2007년 불교문화재연구소에서 경북지역 사찰에 소장된 문화재 일제조사를 하면서 세상에 드러나게 되었다. 발견 당시에는 사찰에서 근래 개금했던 상태가 워낙 좋지 않아 보살상의 본 모습을 파악하기 어려울 정도였다.

머리에 쓴 보관은 걸쭉한 황금 액체에 담갔다가 건져 놓은 것처럼 타출된 부분 부분이 뭉쳐져 있었고, 세부 조각은 뭉개져 있는 부분이 많았다. 보살상 신체 전면은 스프레이로 가짜 황금가루를 뿌려놓은 것처럼 두텁게 개금되었는데, 보살상의 재질이 마치 플라스틱 같은 느낌이 나서 최근에 만든 조잡한 상으로 보였다. 올바른 보수와 제대로 된 보존처리가 불보살상을 제대로 모시는 방법임을 새삼 절감할 정도였다.

아이러니하게도 번쩍번쩍 조잡한 보살상의 모습으로 인해 허술한 사찰 환경에도 불구하고 도난범들의 표적에서 오랜 세월 동안 벗어날 수 있었던 것으로 보인다. 늦지 않게 전문가들의 눈에 띄어 그 가치가 밝혀지게 된 것이다.

무릎과 머리 쪽에서 유물 발견

조사 당시 안동 보광사 목조관음보살상의 복장유물은 대부분 이미 도난된 상태였다. 다행히도 배 부분이 아닌 무릎과 머리 쪽에 들어있던 10종 194점에 달하는 복장물이 발견되었는데, 기록유산으로서 그 가치가 매우 큰 것이어서 이 보살상이 더욱 주목받게 되었다.

안동 보광사 목조관음보살상은 높은 예술성과 심오한 종교성을 모두 갖춘 아름다운 상이다. 보존처리를 통해 드러난 원래의 모습은 머리와 신체의 조화가 안정감 있으며, 비밀의 베일을 벗기듯 매우 정교하고 섬세하게 공들여 표현한 보살상이다. 머리에는 상투처럼 틀어 올린 보계(寶)가 높게 올려 있고, 그 위에 초화문(草花紋)이 투각된 화려한 보관을 쓰고 있다. 보관 정면에는 앉은 자세의 화불이 있어 관음보살상임을 알 수 있다. 보관 부분에는 화염문을 장식하고 그 위에 보석을 감입하였고, 아래 부분의 테두리에도 보석을 감입하여 화려하게 장엄하였다. 보관으로 가려진 부분은 머리카락을 새기지 않았고, 두 가닥의 머리카락이 양쪽 귀를 감고 몇 줄기로 갈라져 가슴 앞과 어깨 옆으로 흘러내린다.

통통한 얼굴은 우아하고 귀족적이며, 이목구비가 또렷한 편이다. 눈은 반쯤 감고 있으며, 백호는 큰 편이다. 이마에서 콧날까지 뻗은 코와 단정하게 다문 입, 도톰하게 살집이 있는 턱은 대중에게 위안을 주는 자애로운 모습을 하고 있다.

수인은 엄지와 검지를 맞댄 설법인을 맺고 있는데, 다른 부분에 비해 손의 형태가 정교함이 떨어지는 것으로 보아 나중에 보수된 것으로 보인다.

옷은 이중으로 겹쳐 입었다. 오른쪽 어깨에는 반달형의 대의 자락이 걸쳐져 있고, 가슴에는 승각기와 이를 묶은 리본형의 띠매듭이 표현되어 있다. 고려 후기 불상에서 많이 보이는 마름모꼴의 치레장식이 붙어 있다. 가슴과 어깨, 배, 무릎 위, 등 뒤에는 영락 장식이 몸에 밀착되어 표현되었는데, 깔끔하게 정돈되어 있으면서도 화려하게 장엄하여 보살상의 위풍을 더해준다.

전단향목으로 정교하게 조성

안동 보광사 목조관음보살상의 재질은 나무에서 진한 향내를 풍기고 있어 진단향목(檀香木)일 가능성이 높다. 전단향목은 석가여래가 어머니인 마야부인에게 설법하기 위해 도리천에 올라갔을 때, 지상에서 석가여래를 너무 그리워한 우전왕이 전

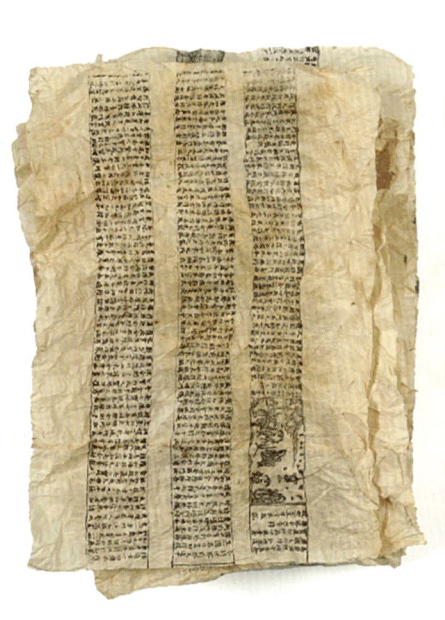

보협인다라니경 | 보물
세간의 주목을 받은 복장유물 중 하나. (1007년, 불교중앙박물관)

 단향목으로 오척의 여래상을 만들어 공양했다는, 그만큼 불상의 재질로서 신성시되는 고급 목재이다.
 X선 촬영을 통해서 관음보살상의 제작기법을 알 수 있었다. 머리는 앞면과 뒷면으로 나무를 따로 조각하여 붙였는데, 안을 둥글게 파서 복장을 넣을 수 있도록 하였다. 이에 비해 몸체는 하나의 나무로 만들고, 몸 안은 복장을 넣을 수 있도록 파고, 내부는 삼베를 붙인 다음 옻칠로 마감하였다. 밑면은 따로 부착하였고, 보살상의 머리 중앙에 있는 보계와 귀도 따로 제작

하여 붙였다.

미간의 백호와 눈동자는 수정을 감입한 것으로 밝혀졌다. 봉정사 목조보살좌상이나 개심사, 개운사 목조아미타불좌상도 이러한 제작 기법으로 조성된 것으로, 당시 이러한 방식이 유행했던 것으로 보인다. 이처럼 안동 보광사 목조관음보살상은 고급 재질과 마감 기법, 몸체를 하나의 나무를 이용하여 조각한 점 등 상당히 정교한 기법으로 조성되었음을 알 수 있다.

이 보살상의 복장에서 중요한 서지전적을 포함한 10종 194점의 복장물이 발견되어 세간의 주목을 받았다. 특히 중요한 것은 총 23장의 낱장 형태로 발견된 〈보협인다라니경(寶印陀羅尼經)〉이다. 한 장의 한지에 3개의 판을 찍은 것과, 2개의 판을 찍은 것이 있는데, 이러한 형태는 보살상의 복장에 넣기 위해 인출(印出)한 것으로 보인다. 이 판본은 변상화가 포함되어 있는 고려 목종(穆宗) 10년(1007) 개성 총지사(摠持寺)에서 판각된 것과 비슷한데, 이는 매우 희귀본으로 가치가 큰 것이다.

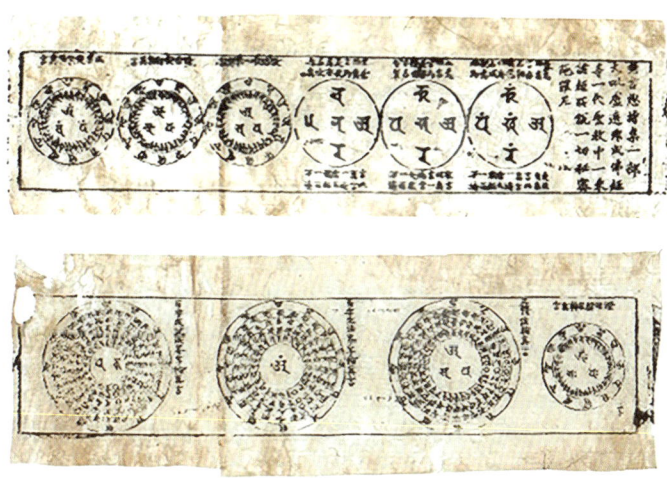

범서총지집 | 보물
(1150년, 불교중앙박물관)

또 주목할 만한 것은 〈범서총지집(梵書摠持集)〉으로 모두 낱장의 형태로 142장이 나왔다. 의종(毅宗) 4년(1150)에 왕의 장수를 기원하기 위해 인출한 것이다. 총지는 진언(眞言)과 같은 뜻으로 범어로는 '다라니'라고 한다. 범서총지집이란 다라니의 모음집이라는 뜻이다.

진언은 번역하지 않고 음 그대로 적어서 외우는데, 번역하지 않는 이유는 원문의 뜻이 변하는 것을 피하고, 다른 사람에게 비밀로 하려는 데 있다.

이외에도 1095년에 판각된 〈정원신역화엄경소(貞元新譯花嚴經疏)〉권6과 대각국사 의천의 〈원종문류(圓宗文類)〉 등 중요한 전적이 포함되어 있었고, 고려시대의 홑적삼 저고리도 들어 있었다.

복장에서 다량 발견된 〈범서총지집〉은 의종대에 개판된 것으로 안동 보광사 목조관음보살상이 고려 의종과 관련이 있다는 중요한 단서가 된다. 안동 지역은 봉정사를 포함하여 고려 왕실과 밀접한 관련이 있던 곳이다. 이 가운데 '용두산용수사창건비(龍頭山龍壽寺創建碑)'에 의하면 용수사는 의종의 지원으로 창건되었다고 하며, 1187년 완공되고 나서 의종의 추선(追善)을 위한 원찰이 된 사찰이다.

특히 관음보살을 크게 신앙하였던 의종은 많은 수의 관음보살을 불상과 불화로 조성한 인물로 알려져 있다. 1151년에는 개경의 장인으로 하여금 침향목으로 관음상을 만들게 하여 봉안했다고 한다. 또한 최선(崔詵, ?~1209)이 지은 용두산용수사중창기(龍頭山龍壽寺重創記)(1181)에 의하면 용수사에서 침향목의 목조도금상을 1165년(의종19)에 조성하였다고 하였는데, 이 두 사료와 관련된 상이 바로 보광사 목조관음보살상일 가능성이 높다.

의종의 장수를 기원하기 위해 발행한 〈범서총지집〉이 보살상의 복장에서 발견되었고, 이 보살상의 나무 재질이 침향목인 것도 바로 의종이 조성한 관음보살상의 기록과 일치하기 때문이다.

안동 보광사 목조관음보살상은 고려 후기 12세기 말에서 13세기 초반에 조성되었을 것으로 추정된다. 단정하고 우아한 모습과 균형감 있는 신체, 귀족적이고 화려한 보관과 영락 장식 등 당대를 대표하는 보살상으로 기품 있고 우아한 보살상의 모습은 당시 왕실에서 발원한 귀족적인 면모를 유감없이 보여준다. 안동에 가면 보존처리를 통해 원래의 모습을 되찾은 이 아름다운 보살상을 참배 해 보는 것도 좋겠다.

30 칠장사 오불회괘불도

중생이 가장 사랑하는 다섯 부처님 모셔 불국토 재현

칠장사는 경기도 안성 칠현산(七賢山)에 있다. 고려 현종 5년(1014) 혜소국사(慧炤國師)가 7명의 악인을 교화하여, 7인 모두가 도를 깨달아 칠현(七賢)이 되었으므로 칠현산 칠장사라 하였다 한다.

칠장사에는 많은 이야기가 전해 내려온다. 궁예가 어린 시절 무예를 연마한 곳이라 하며, 민초들에게 자비를 베풀어 생불로 존경받던 병해대사가 입적한 후 의적 임꺽정이 불상을 조성해 바쳤다는 이야기가 있다. 혜소국사의 무한한 자비행의 이야기와 암행어사 박문수가 나한전 기도에서 현몽으로 나타난 나한님 덕분에 과거시험에 장원급제 했다는 설화도 유명하다.

무엇보다 칠장사는 조선시대 인목대비(仁穆大妃, 1584~1632)와 관련이 깊은 사찰이다. 인목대비는 광해군에 의해 역모사건에 연루되어 친정아버지와 영창대군을 잃게 되고, 10년간 경운궁에서 유폐 생활을 했던 비운의 왕비이다.

독실한 불자였던 인목대비가 스스로 고단한 삶을 위로했던 일은 경전을 베껴 쓰는 사경(寫經)이었다. 인조반정 이후 왕실의 최고 어른이 된 인목대비는 칠장사를 원찰로 삼아 부모와 자식의 명복을 빌며 남은 세월을 보냈다.

안성 칠장사 오불회괘불도(五佛會掛佛圖) | 국보
안정된 구도와 세련된 인물의 표현, 그리고 섬세한 필치로 아름다운 불국토를 재현하고 있어 보는 이로 하여금 환희심을 일으킨다. (비단 바탕 채색, 1628년)

야외법석 주불 봉안 괘불도

칠장사에는 여러 구전들과 함께 오랜 역사를 증명하는 중요한 문화재가 전해온다. 대표적인 것이 국보 오불회괘불도(五佛會掛佛圖)를 비롯하여 보물 혜소국사비(慧炤國師碑)와 삼불회괘불도(三佛會掛佛圖) 등이다. 이 중 칠장사 오불회괘불도는 현재 남아있는 괘불 가운데 국보로 지정될 정도로 그 가치가 큰 대형 불화이다.

괘불도는 말 그대로 부처님을 그려서 야외 법회에서 걸 수 있는 불화라는 뜻이다. 괘불도는 전각 안이 아니라 야외나 법당 앞마당에 걸어두고(掛) 의식의 주불(主佛)로 봉안하기 위해 조성되었다. 따라서 크기는 보통 6m에서 10m가 넘는 거대한 규모의 것들이 대부분이다. 영취산에서 진리를 설법하는 석가모니 부처님을 모시는 영산재(靈山齋), 물이나 육지에 있는 고혼과 아귀에게 법식(法食)을 공양하는 수륙재(水陸齋), 죽은 뒤에 행할 불사를 미리 닦는 예수재(預修齋), 가뭄이 들었을 때 비가 오기를 기도하는 기우제(祈雨祭) 등은 사찰의 대표적인 큰 의식으로 괘불도는 이런 제를 지내기 위해 조성되었다.

사월초파일 행사같이 대중이 많이 모이는 야외법회가 열릴 때면 괘불함에 곱게 말아 넣어두었던 불화를 모셔 와서 대웅전 앞에 있는 괘불대에 걸어놓고 의식을 행하곤 한다. 괘불도를 거는 일 자체가 대단한 일이었다. 안마당에 모여 있는 대중들은 압도적인 크기와 강렬한 색채의 부처님을 보고 마치 사찰에 강림하는 듯한 경외감을 느꼈다.

괘불도에 그려진 부처님은 대개 독존이나 삼존이 대부분이다. 조선시대 이래 대부분 의식이나 법회 때 영산회상도를 많이 걸기 때문에 존상으로는 석가여래를 모신 것이 가장 많다. 그런데 칠장사 괘불은 다섯 부처님(五佛)을 그린 것이다. 이런 불화는 16세기 작(作)인 일본 십륜사(十輪寺)에 있는 오불회도(五佛會圖)와 1684년 작 부석사 괘불도(국립중앙박물관소장), 1710년 작 칠장사 삼불회괘불도 등 많지 않아 특이한 사례라 할 수 있다.

중생구원 '최애' 불보살상 총집합

칠장사 괘불은 길이 6.56m, 폭 4.04m의 크기이며, 상·중·하 3단으로 구분되었다. 맨 윗부분은 비로자나불(法身)을 중심으로 석가불(化身)과 노사나불(報身)이 좌우에 모셔진 삼신불(三身佛)을 묘사하였다.

삼신불은 모든 세상에 존재한 부처님의 본바탕을 법신, 보신, 화신으로 구별한 것이다. 법신은 진리 그 자체를 상징하고, 보신은 원(願)과 행(行)을 성취한 공덕을 상징하고, 화신은 형상의 출현을 상징한다. 법신과 보신은 표현할 수 없는 존재임에도 불구하고 형상화하기에 이르게 되면서 삼신불상이 출현하게 되었다. 지권인(智拳印)을 한 비로자나불 주위로 10대제자(十大弟子), 4구의 타방불(他方佛)이 묘사되어 있다.

중단은 동방정토의 주인인 약사불, 그리고 서방정토의 주인인 아미타불을 중심으로 여러 보살들과 청중들을 그렸다. 약사불의 좌우로 일광보살과 월광보살, 약사12신장이 배열되었고, 아미타불의 좌우로 관음보살과 대세지보살이 시립하고 있다. 오불 주위로는 사천왕과 팔부신중 등이 둘러싸고 부처님 세계를 보호하고 있다.

대승불교가 발달함에 따라 석가여래 외에 다른 여러 부처님이 존재한다는 다불(多佛)사상이 확대되었다. 이처럼 상단에 비로자나 삼신불과 중단의 왼쪽에 약사여래, 오른쪽에 아미타여래를 봉안하는 것은 영원한 시간과 무한한 공간에 존재하는 모든 부처님을 모셨다는 것을 상징하고 있는 것이다.

하단 중앙에는 수미산 위로 솟아오른 도솔천궁를 그렸고, 그 좌우로 관음보살상과 지장보살상을 배치하였다. 보타락가산에 앉아 있는 관음보살은 선재동자의 방문을 받고 있으며, 도명존자와 무독귀왕, 지옥의 판관 및 선악동자 등이 석장을 든 지장보살을 에워싸고 있다. 그 아래에는 청문대중(聽聞大衆)이 있다. 전륜성왕(轉輪聖王)과 왕비, 대신과 그 부인, 동자 등은 합장을 하고 기도하는 모습이다.

칠장사 괘불에는 비로자나불-노사나불-석가불-약사불-아미타불의 오불이 위치한 법계(法界)와 관음, 지장보살이 위치한 보살계(菩薩界), 발원자들이 위치한 중생계(衆生界)로 나누어 배치되었다. 이는 당시 가장 사랑받았던 여래와 보살상과 구원을 희구하는 중생의 모습이라 할 수 있다.

예배자들에게 삼신불과 삼세불의 세계를 통해 진리를 깨우치게 하고, 관음보살과 지장보살의 구원으로 도솔천궁에 이를 수 있음을 보여주는 것이다. 붉은색의 화기(畵記)란에는 미륵보살이 중생들을 화엄정토(華嚴淨土)이자 깨달음의 세계로 인도 하길 바란다는 발원 내용을 적고 있어 그 염원을 확인 할 수 있 다.

아래에서 위로 중생, 보살, 불(佛)의 세계로 나아가면서 인물들을 점점 크게 그려 부처님 세계의 존엄함을 나타내었다. 각 인물군은 밝은 녹색과 분홍색의 구름으로 구획되어 화면 구성이 깔끔하다.
채색은 붉은색과 녹색을 주로 하였고, 황색과 분홍, 녹색 등을 파스텔 톤으로 색칠하여 밝고 경쾌한 느낌을 준다. 안정된 구도와 세련된 인물의 표현, 섬세한 필치로 그야말로 아름다운 불국토를 재현하여 보는 이에게 환희심을 일으킨다.

배채법 사용, 일부는 금박 금니로 채색

문화재청과 성보문화재연구원이 진행한 대형불화 정밀조사에 따르면 불화의 바탕색 뒷면에 색을 칠하여 은은한 느낌이 앞으로 배어 나오게 하는 배채법(背彩法)이 사용되었고, 일부분은 금박과 금니로 채색된 사실이 밝혀졌다.
배채법은 고려불화에서 주로 사용되었던 화법으로, 조선시대에는 잘 사용되지 않았던 것이다. 그리고 바탕이 되는 비단은 전통 직물의 폭보다 넓게 짜 특별히 제작한 것임이 드러났으므로, 이 불화 조성에 얼마나 많은 공력과 정성이 들어갔음을 알 수 있다.

칠장사 오불회괘불도는 조선 인조 6년(1628)에 법형스님이 그렸다. 특이한 것은 이렇게 거대한 크기의 불화 조성에 법형스님 한 분만이 참여했다는 점이다. 일반적으로 손이 많이 필요한 괘불도 제작에는 대부분 많은 화승들이 공동으로 참여한다는 점에서 매우 이례적이다. 그만큼 법형스님은 재량과 솜씨가 뛰어난 화승임을 알 수 있으며, 그가 남긴 불화로는 1627년 작인 무량사 미륵불괘불탱이 있다.

비가 그친 후 하늘은 더욱 청명해지고 나무들은 푸르러질 것이다. 과거 혜소국사가 백성들의 아픔을 보듬었던 자비행을 이어받아 지금도 이웃들에게 베풀고 있는 칠장사에 들러 괘불도를 친견하는 것도 뜻 깊은 일일 듯 하다.

31 양산 통도사 비로암 치성광여래도

하늘의 별과 가까워지고 싶은 이들의 귀의처

밤하늘을 수놓은 무수한 별들을 보면서 우주의 아름다움과 오묘함에 대해 새삼 숙연한 마음을 갖게 된다. 밤하늘에 많은 별들 중에서도 북극성(北極星)은 가장 뚜렷하게 구별되는 별자리이다. 방향을 알려주는 길잡이자 별들의 대표이며, 하늘의 해와 달과 별들을 모두 지배하는 하늘의 주재신으로도 여겨졌다.

북극성은 사시사철 같은 자리를 지키며 어두운 밤길을 밝히는 등대 역할을 해주는 별로, 생로병사의 고통에서 괴로워하는 인간에게 부처님의 깨달음과 삶이 희망과 힘을 주는 지표가 되어 온 것과 동일시되었다. 길을 헤매는 덧없는 나그네에게 든든한 길잡이 역할을 해주는 북극성이 불교의 절대적인 진리와 동일시되어 나투신 부처님이 바로 치성광여래이다.

통도사 비로암 치성광여래도 | 유형문화재
치성광여래를 중앙에 배치하고, 28수의 별자리를 화면 가득 표현한 독특한 작품으로 평가된다. (가로170×세로153cm, 마본 채색, 1904년)

해와 달, 별들의 호위 받는 여래

북두칠성(北斗七星)은 인간사의 모든 것을 주관하는 힘을 가진 별로 여겨졌다. 북극성과 북두칠성을 의인화하여 북극성을 치성광여래로, 북두칠성을 칠여래로 받아들인 것이다.

치성광여래는 인격화된 해와 달, 별들의 호위를 받으며 북두칠성과 함께 몸에서 뿜어내는 빛과 덕으로 하늘을 다스리며 별의 신들을 이끌고, 인간 세상에 내려와 중생을 제도하는 부처님으로 모셔졌다.

이 불화는 치성광여래를 그린 것이다. 그 중에서도 단순하고 파격적인 이미지와 아름다운 색감이 뛰어난 1904년에 조성된 '통도사 비로암 치성광여래도(熾盛光如來圖)'이다. 치성광여래를 중심으로 그린 불화는 치성광여래도, 치성광불회도, 칠성도라고 한다.

이 불화는 보통 사찰의 삼성각(三聖閣)에 산신도, 독성도와 함께 중앙에 봉안되어 있다. 혹은 북극전(北極殿), 칠성각(七星閣)에 걸리기도 하며, 이러한 전각이 따로 없을 경우에는 사찰의 주불전 측면에 봉안하기도 한다.

소원을 가장 잘 들어주는 기도처

치성광여래를 봉안하는 이런 전각들은 조선시대에 들어와서 사찰에 수용된 것으로 보인다. 사찰의 주요 전각보다 조금 높은 뒷켠의 한적한 곳에 주로 자리 잡고 있으며, 전각의 규모도 크지 않다. 그렇지만 사찰에 가는 중생들은 이곳을 가장 소원을 잘 들어주는 기도처로 여기고, 마음 편하게 자주 드나드는

치성광여래도의 하단 모습

공간에서 소망하는 것을 기도했다.

북두칠성에 대한 신앙은 불교 이전의 민간신앙과 도교에서도 뿌리 깊었던 신앙이다. 고구려 고분벽화에서도 북두칠성이 그려져, 고대인들에게도 북두칠성은 죽은 이의 영혼을 인도하는 길잡이로 받아들여졌음을 알 수 있다.

조선 초기에는 국가에서 소격서(昭格署, 하늘과 땅, 별에 지내는 도교의 초제를 맡아보던 관청)에서 북두칠성에 제사를 지냈다. 조선 후기에 오면 불교가 이러한 신앙과 결합하였고, 대부분의 사찰에서 치성광여래를 모셨다.

재앙·질병 퇴치하고 득남 발원하기도

불교에서 북극성을 여래화한 치성광여래 신앙은 재앙을 물리치고 질병을 다스리며 득남을 기원하는 것이다. 이전부터 도교에서는 사람의 수명을 이 북두칠성이 관장한다고 믿고 있었고, 후사를 잇고 오래오래 장수하고 싶어 하는 인간의 본능적인 바람을 이 칠성신을 통해 빌고자 하였던 것에 기원하고 있다.

〈북두칠성연명경(北斗七星延命經)〉에서는 일체중생의 중죄를 소멸하는 것이 북두칠성의 위신력이고 대소 생명이 모두 북두칠성의 소관이라 한다고 밝히고 있다. 중국에서는 당대(唐代)에 칠성을 상징하는 도교의 칠원성군(七元星君)을 칠여래로 받아들이고, 치성광여래로 이들을 주재하도록 하는 신앙이 만들어졌다.

이러한 내용을 바탕으로 그려진 '치성광여래도'는 하늘의 별자리를 의인화하여 표현한 것으로 불교와 도교의 융합을 잘 보여주고 있다. 일반적으로 '치성광여래도'는 북극성을 상징하는 치성광여래와 도교에서의 자미대제(紫微大帝), 북두칠성을 나타내는 칠여래와 도교적 상징인 칠원성군, 28개의 별자리를 의미하는 28수(宿) 등으로 구성되어 있다.

파격적 구도, 깔끔한 색의 배치

1904년에 조성된 '통도사 비로암 치성광여래도'는 조선시대에 조성된 여타 '치성광여래도'와 달리 파격적인 화면 구도와 깔끔한 색의 배치가 돋보이는 작품이다. '치성광여래도'는 크게 설법도와 강림도로 구분된다. 설법도는 치성광여래가 대좌 위에 앉아 설법하는 모습으로 표현됐으며, 강림도는 수레 위에 앉아 있거나 소가 끄는 수레를 탄 모습으로 주로 표현된다.

'통도사 비로암 치성광여래도'는 설법도의 형식이다. 이 불화에 등장하는 인물들은 다른 치성광여래도에 비해 매우 간략하다. 화면 중앙에는 왼손에 금색의 법륜을 들고 있는 치성광여래가 원형의 광배를 하고 중심에 앉아 있다. 치성광여래의 무릎 아래 좌우로는 붉은 해를 든 소재보살(消災菩薩)과 흰 달을 든 식재보살(息災菩薩)이 연잎 위에서 무릎을 꿇고 여래를 향해 합장하고 있다. 〈석문의범(釋門儀範, 1935년)〉에 '일광변조 소재보살(日光遍照 消災菩薩), 월광변조 식재보살(月光遍照 息災菩薩)'이라고 기록되어 있어 '일광보살'과 '월광보살'이라고 부르기도 한다.

일광보살과 월광보살 좌우에는 도교의 북두칠성을 인격화한 칠원성군이 서 있다. 불교에서 상징하는 칠여래는 등장하지 않고 도교적 인물들만 등장하는 것이 특징이다. 향 오른편에는 정수리가 높게 솟아오르고, 하얀 수염이 길게 늘어진 태상노군(太上老君)이 홀을 들고 있다. 태상노군은 수명을 관장하는 도교의 신으로 길상의 의미를 상징하며, 보통 수노인(壽老人)으로 불리기도 한다. 향 왼쪽 끝에는 치성광여래의 도교적 화신인 자미대제봉성(紫微大帝統星)으로 보여지는 인물이 등장한다.

치성광여래의 위에서 둥글게 감싸듯이 서 있는 11명의 인물은 해, 달, 화성, 수성, 목성, 금성, 토성과 가상 천체인 라후(羅睺), 계도(計都), 자기(紫氣 혹은 紫炁), 월패(月孛)로 구성된 십일요(曜)를 의인화한 것으로 보인다.

십일요는 치성광여래의 권속 중 하나로 등장한다. 십일요 신앙은 '일월'과 '아홉별'로 구성된 11요(曜)가 운행시 본궤도를 벗어나면 인간에게 재난 등의 영향을 주는데, 그에 따른 재난을 소멸시키기 위해 기도하는 별에 대한 신앙이다. 불교의 치성광여래 신앙과 마찬가지로 의인화된 성수(星宿)신에 제를 올려 재난을 막고자 하는 형태로 십일요 신앙이 자리 잡았다.

이 불화는 하얀 뭉게구름 안에 여러 인물들이 치성광여래를 에워싸고 있는 모습으로 배치되었다. 이 존상들은 대화하듯이 서로 마주보고 있거나 경전을 들고 있는 모습, 합장을 하는 등 자유로운 자세를 취하고 있다. 특히 일광보살과 월광보살이 양손을 합장한 채 무릎을 꿇고 본존을 향하고 있는 모습은 화면에 활기를 더해주고 있다.

구름 밖에는 여러 별들과 28수의 별자리가 마치 하늘에 떠 있는 듯한 모습으로, 둥근 원형으로 하얀 바탕에 붉은색으로 마감한 별들을 표현하였다. 별자리 끝에는 붉은색 원 안에 28수(宿)를 지칭하는 한자가 쓰여 있다. 28수는 천구의 적도 근처에 있는 별자리의 총칭으로, 고대 중국에서 하늘의 적도를 따라 부근에 있는 별들을 28개의 구역으로 구분하여 부른 이름이다. 수(宿)는 머무른다는 뜻인데, 집이라는 뜻의 사(舍)를 붙여 이십팔사라고도 한다.

특히 주목되는 부분은 색채가 주는 대비감이 간략한 화면 구성과 어울린다는 점이다. 인물의 옷은 붉은 색을 주로 하여 초록색과 청색을 섞었다. 전체 화면의 모서리에 옅은 황색의 구름을 배치하고 인물을 에워싼 구름은 하얀색으로, 뭉게구름 밖은 하얀 별자리로 수놓았으며, 바탕색을 진한 청색으로 색칠하여 강한 대조를 주어 깔끔하고 세련된 인상을 준다.

이 불화는 환월상휴(煥月尙休)가 주도하여 그린 작품이다. 전통적인 '치성여래도'의 화면구도를 따르지 않고, 작품의 집중도를 높이기 위해 치성광여래를 화면 중앙에 배치하고, 28수의 별자리를 화면 가득 표현한 독특한 작품으로 평가받는다.

하늘의 별과 해, 달을 보며 나쁜 기운을 없애고 소망을 기원하는 인간은 어쩌면 자연에 순응하며 순리대로 살아가는 것을 기도하지 않았을까. 통도사 성보박물관에 소장되어 있는 '통도사 비로암 치성광여래도'를 친견하며, 불화 안에 반짝이는 치성광여래께 이런 소망성취를 비는 것도 겸손한 인간으로 하늘의 별과 가까워지는 순간일 것이다.

32 양산 통도사 은제도금아미타여래삼존상

통일신라-고려 조각 전통 조화 아름다운 삼존불

통도사 은제도금아미타여래삼존상 | 보물
(가로11.2×세로11.4cm, 조선, 1450년)

부처님의 진신사리를 모신 불보(佛寶)사찰 영축산 통도사는 646년(선덕여왕15)에 자장율사가 부처님 진신사리와 대장경을 봉안한 곳이다. 진신사리는 금강계단에 모셨다. 스님들은 이곳에서 계를 받아 득도했다. 출가 수행자들은 부처님 진신사리 앞에서 일체중생을 제도할 것을 서원했고, 영축산의 품에서 수행하며 깨달음을 구했다. 이렇듯 역대 조사들의 지혜와 수행이 깃든 통도사에는 많은 성보 문화재가 전해지고 있다. 이 가운데 1450년 400여 명이 함께 조성한 '통도사 은제도금아미타여래삼존상(通度寺銀製鍍金阿彌陀如來三尊像)'은 중요한 의미가 있는 문화재이다.

금강산 發 아미타삼존불

흥선대원군이 쓴 '영축산 통도사' 편액이 걸린 일주문을 지나 경내로 들어서면 시원한 소나무 숲이 펼쳐진다. 키가 크고 밑동이 굵은 소나무 숲길을 걷다 보면 통도사의 장중한 역사가 그대로 느껴진다. 소나무 숲길로 접어든지 얼마 지나지 않아 오른편으로 가장 먼저 만나는 건물이 통도사 성보박물관이다. 우리나라에서 처음으로 문을 연 성보박물관으로 사찰박물관의 효시라 할 수 있다. 사찰 성보문화재를 현대적으로 관리하고 대중들에게 불교 사상의 진면목을 소개하는 곳이다. 특히 괘불을 비롯하여 규모가 큰 불화를 전시할 수 있는 공간이 마련되어 있고, 소장된 문화재의 종류도 많다.

'은제도금아미타여래삼존상'(보물)은 통도사성보박물관에 모셔져 있는 대표 문화재이다. 이 불상은 크기가 11.2×11.4cm로 작은 규모이지만, 온화한 부처님의 얼굴, 균형 있는 신체 표현과 정교한 조각 솜씨가 뛰어난 불상이다. 본래 금강산에서 조성되었으나 스님이 원불로 통도사에 모셔왔다고 전한다. 스승에서 제자에게 이어지면서 오늘에 이르게 된 불상이다.

고려 말부터 조선 전기에는 불상과 사리를 신령스러운 산이나 암벽, 계곡 등에 봉안하는 것이 유행했다. 이는 산악을 숭배하는 신앙과 관련된 것으로 보인다. 특히 금강산은 부처님의 모습을 닮은 산이라 하여 불교의 성지로 여겼다. 고려 말기 원나라(1234~1367) 황실을 중심으로 금강산을 숭배하였고, 명나라의 사신들도 조선에 오면 꼭 금강산을 참배했다고 한다.

전통문화와 새로운 문화의 조화

이 불상에 대해 한동안 학계에서 통일신라작이라는 설과 조선 초기작이라는 주장으로 나누어져질 만큼 논란이 컸다. 복장이 남아 있어 1450년이라는 정확한 조성 연대를 알 수 있음에도 이러한 논란에 휩싸였던 이유는 이 불상에 전통적 요소와 새로운 요소가 함께 나타나기 때문이다.

현재는 조선시대 불상 양식에 대한 연구가 선학자들에 의해 진

은제도금아미타여래삼존상 뒷모습

척되어 이 불상이 1450년에 조성되었음이 밝혀졌다. 특히 불상의 복장발원문은 조선 초기 불교미술사 연구에 중요한 자료이다. 삼존상은 대좌를 포함한 높이가 11cm의 작은 불상이지만 당시 꽤 비쌌던 은을 재료로 조각하고 그 위에 금을 입혔다. 중앙에 아미타불이 삼단으로 된 팔각의 연화좌 위에 결가부좌하고 있다. 관음과 대세지보살상은 본존불의 대좌 좌우에서 뻗은 가지에 있는 대좌에 서 있는 독특한 모습이다.

아미타부처님은 항마촉지인(오른손을 무릎 아래로 내려 땅을 가리키고 있는 모습)의 수인을 하고 있으며, 관음과 대세지보살은 손에 두루마리 경권(經卷)으로 추정되는 가는 봉을 쥐고 있다.

아미타부처님은 적당한 신체 비례로 안정적인 형태를 갖추고 있다. 명상에 잠겨있는 얼굴에 머리 정상의 계주는 뾰족하다. 한쪽 어깨를 드러내도록 대의를 입고 있다. 가슴에 유두를 표현하였고 옷주름은 간략하다. 관음과 대세지보살상은 아미타부처님과 흡사한 모습이나 나무모양의 보관을 쓰고 있다. 부처님과 다르게 보살상에 어울리는 화려한 목걸이, 팔찌, 귀걸이 장식을 하고 하늘거리는 천의를 입고 있다.

이 삼존상의 존명은 복장발원문에 '미타삼존불'이라고 쓰여 있다. 좌협시 관음보살은 보관에 화불이, 우협시 대세지보살은 보관에 정병이 새겨져 있어 〈관무량수경〉에 등장하는 아미타부처님의 협시보살 모습과 정확하게 일치한다.

그런데 이 아미타부처님은 왜 석가모니 부처님의 고유한 수인인 항마촉지인을 짓고 계신 걸까. 고려 말 조선 초기에 해당하는 중국 원명 교체기의 중국 불상에는 불상의 존명과 상관없이 촉지인을 한 불상이 자주 등장한다는 점에서 이는 중국 불상의 영향인 것으로 짐작된다.

구체적으로 이 삼존상에 나타난 전통과 새로운 양식을 살펴보면, 먼저 전통적 요소란 통일신라와 고려시대 불상 양식이 반영된 것을 뜻한다. 통일신라시대 불상 대좌에는 삼단의 형태가 종종 표현되는데 이러한 전통을 계승한 것이다. 보살상의 천의와 U형으로 흘러내린 부드러운 옷주름의 표현도 통일신라 시기 특징이다.

반면 새로운 요소란 고려 말에서 조선 초기 불상에 영향을 주었던 티베트불교인 라마교(喇嘛敎)의 미술양식을 말한다. 중국에서는 원대 왕실에서 크게 성행하였고 명대와 청대에 이르기까지 유행한 요소이다. 이러한 외래 문화의 유입은 우리나라 불상뿐만 아니라 사리기와 탑 등 불교미술에 많은 영향을 미쳤다. 아미타부처님의 뾰족한 정상계주, 촉지인을 한 수인, 한 쪽 어깨와 가슴을 드러낸 채 옷을 입은 형식, 명상에 잠긴 얼굴, 보살상의 나무형의 보관 장식 등은 티베트 불상의 영향이 반영된 특징들로 꼽을 수 있다.

400여 대중과 나옹화상 발원문

아미타부처님의 대좌 바닥에는 2.2cm의 복장공이 있다. 그 안에서 복장 기록을 비롯한 다량의 복장물이 발견됐다. 아미타부처님의 대좌와 불신(佛身)에 4단으로 구분하여 빈틈없이 충전하는 식으로 복장이 꽉 채워진 채, 원형이 잘 유지되어 있었다. 복장 기록에는 아미타삼존을 조성하며 발원한다는 제목과 나옹화상의 발원문, 그리고 400명에 가까운 시주자들의 이름이 나열되어 있다. 복장 기록의 마지막에는 화주(化主)한 스님들, 해료(海了)스님이 조각했다는 사실, 끝으로 1450년(景泰元年)이라는 조성 연대와 함께 극락왕생하자는 서원이 적혀 있다.

통도사 아미타여래삼존상은 정확한 부처님의 존명과 조성 연

불상 복장 발원문
조선 초기 불교미술사 연구에 중요한 자료로 꼽힌다. (가로36.4×세로34.2cm, 1450년)

대와 발원 내용, 작가와 시주자들을 알 수 있어서 더욱 중요한 불상이다. 또한 조선 초기의 새로운 문화를 그대로 수용하지 않고, 통일신라와 고려의 조각 전통을 결합하여 조성한 아름다운 불상이다.

"원컨대 저희로 하여금 세세생생 나는 곳마다(願我世世生生處)
언제나 반야 지혜에서 물러나지 아니하여(常於般若不退轉)
우리 본사 세존처럼 용맹한 지혜를 얻게 하시며(如彼本師勇猛智)
노사나 부처님처럼 큰 깨달음을 얻고(如彼舍那大覺果)
…(중간생략)… 원하노니,
모든 천룡과 팔부중이(願諸天龍八部衆)
이내 몸을 옹호하여 잠시라도 뜨지 말고(爲我擁護不離身)
아무리 어려운 곳에서도 어려움 없게 하오며(於諸難處無諸難)
이같은 큰 서원 모두 다 성취하여지이다(如是大願能成就). …
옹호하여 잠시라도 뜨지 말고(爲我擁護不離身)
아무리 어려운 곳에서도 어려움 없게 하오며(於諸難處無諸難)
이같은 큰 서원 모두 다 성취하여지이다(如是大願能成就)."

나옹화상 가송(歌頌), 발원(發願)

아미타여래삼존상을 보면 영축산 아래 새벽어둠 속에서 부처님을 모시고 무릎을 꿇고 지극지심으로 외웠던 나옹화상의 발원문 암송 소리가 들려오는 것 같다. 나옹화상의 발원문은 지금도 사찰의 예불에서 독송되어 진다. 통도사 은제도금아미타여래삼존상을 통해 신분의 차별이 엄격했던 시대에도 부처님 앞에서는 귀천의 구분 없이 평등했던 승속과 남녀가 함께 발원하였음을 알 수 있다.

33 여수 흥국사 수월관음도

붓놀림 신선 같던 의겸스님이 그린 관음보살

우리가 기도하고자 할 때 어떤 보살을 모실까. 아마 대자대비의 화신인 관음보살을 가장 선호할 것이다. '위로는 깨달음을 구하고 아래로는 중생을 교화하는' 보살의 이상을 가장 잘 보여주고 있기 때문이 아닐까. 그래서 사람들은 지극한 정성으로 "관세음보살"을 외웠는지 모른다.

현세 안락보다 극락왕생이 더 간절했던 것일까

이 불화는 1723년 의겸스님이 그린 여수 흥국사 수월관음도(興國寺 水月觀音圖)이다. 수월관음이란 명칭은 관음보살이 물(水)에 비친 달(月)을 보며 중생을 이롭게 한다는 것에서 붙여진 것이다. 〈화엄경〉 '입법계품(入法界品)'에는 관음보살이 남방 해상(海上) 보타락가산(普陀洛迦山) 아름다운 연못가 바위 위에 앉아 선재동자의 방문을 받는 내용을 설하고 있다. 이 장면을 그린 불화가 수월관음도이다.

여수 흥국사 수월관음도 | 보물
관음보살 옆 버들가지 정병, 발 아래 선재동자가 등장하는 모습은 한국 수월관음보살도에서만 보이는 독창적 모습이다. 또한 관음보살이 몸을 틀지 않고 정면을 보고 있다는 것은 조선시대에 이르러 크게 달라진 점으로 꼽힌다. (가로165×세로224.5cm, 1723년)

'나라가 흥하면 절도 흥할 것'이라는 '흥국(興國)'의 이름이 상징하듯, 임진왜란을 겪고 난 뒤 1723년 한여름에 그려진 이 불화는 여수산업단지를 품고 있는 지금의 여수와도 잘 어울린다. 관음은 '관(觀)해진 음(音)'이라는 의미인 산스크리트어 Avalokitesvara로, 한자로 번역하면 '관음(觀音)' 또는 '관세음(觀世音)'이 된다. 중생의 '소리를 관찰한다'는 것은 고난에 빠진 중생들을 잘 살펴 구제한다는 것이다.

〈법화경〉의 '관세음보살보문품'은 현실에서 부딪히는 여러 고난을 열거한다. 중생의 처지는 워낙 다양해서 그 부름에 맞게 응하기 위해 관음보살은 33가지의 모습으로 변신하여 나타난다. 우리나라에서는 특히 고려시대에 수월관음도가 많이 그려졌다. 관음보살 옆에 버들가지가 꽂혀 있는 정병, 그리고 발 아래 선재동자가 등장하는 모습은 한국의 수월관음보살도에서만 보이는 독창적 모습이다. 조선시대에 이르러 크게 달라진 점은 관음보살이 몸을 틀지 않고 정면을 보고 있다는 것이다.

현존하는 조선 후기 最古 관음보살도

이 불화는 현존하는 조선 후기 관음보살도 가운데 가장 일찍 그려진 그림이다. 화면의 중심에 정면을 향하고 있는 관음보살을 크게 그렸다. 보타락가산으로 상징되는 바위 위에 앉아 선재동자의 방문을 받고 있는 모습이다. 관음보살의 왼쪽으로는 대나무가, 오른쪽에는 이국적인 정병에 꽂혀 있는 버드나무가지가 있고 그 위로 푸른 새가 등장한다.

바탕을 황토색으로 칠하고 붉은색과 청색, 녹색을 주로 사용하여 채색했다. 관음보살이 앉아 있는 바위를 수묵으로 처리하고, 바닷가의 물결은 먹선으로 윤곽을 그은 뒤에 먹물을 사용하여 연하게 칠하는 담채기법으로 표현했다. 안정된 구도에 색채가 조화를 잘 이루고 있다. 관음보살의 붉은색 천의자락이 양 옆으로 휘날리는 모습과 발아래 일렁이는 파도는 정적인 화면에 생동감을 불어넣어 준다. 단정하고 맑은 얼굴과 화폭에 적당한 신체 비례, 바위의 색다른 표현이 돋보인다.

이 수월관음도는 흥국사 관음전에 후불도로 걸렸던 그림이다. 이 불화가 그려졌던 18세기에는 관음전이었으나, 현재는 흥국사 원통전으로 사찰의 가장 외곽에 있다. 이 불화는 보존을 위해 지금은 흥국사 의승수군유물전시관에 봉안되어 있다.

누가, 언제, 어디에서 왜 그렸는지에 대해서는 불화의 아랫부분 양쪽에 붉은색을 칠하고 검은색으로 쓴 화기(畵記)란에 쓰여 있다. 이 불화의 세부 이력서와 같은 것이다. 화기 앞부분에 불화를 조성한 연대와 봉안 장소, 불화의 명칭을 적는 것이 보통

그림 하단의 '화기'부분. 여수 흥국사 수월관음도의 이력서라 할 수 있다.

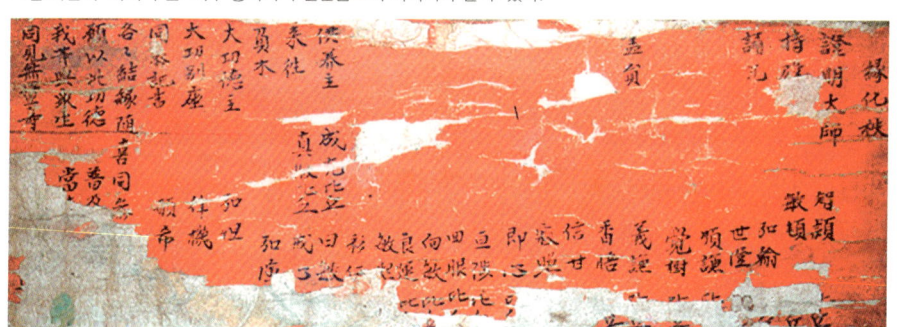

여수 흥국사 수월관음도에 나타난 '**선재동자**' 모습

인데, '흥국사관음전상단후불(興國寺觀音殿上壇後佛)'이라고 적혀 있다. 조선시대에는 불전의 불단은 상단(불보살단), 중단(신중단, 神衆壇), 하단(영단, 靈壇)으로 나눈 삼단신앙이 유행했다. 상단에는 영산회상도, 아미타불도 등을, 중단에는 지장보살도, 신중도를, 하단에는 감로도와 같은 불화를 건다. 이 불화는 흥국사 관음전의 상단에 후불도로 그렸다는 것이다.

다음으로 연화질(緣化秩)이란 이 불화를 그리는데 참여한 사찰의 인물과 그 소임을 적는 파트이다. 불화가 경전의 법식에 맞게 제작되었는지 불화 제작의 총책임을 감독하는 증명(證明)은 지영(知穎)스님이 맡았다. 법당을 청소하고 등과 향을 공양하는 소임인 지전(持殿)은 민돈(敏頓)스님이, 불화를 그리는 동안 다라니를 암송하는 송주(誦呪)는 홍한(弘翰)스님이 했다. 불화를 그릴 때 필요한 여러 가지를 제공하는 소임인 공양(供養)은 성윤(成允)스님이 담당했다. 그리고 이 불화를 그린 작가인 화원(畵員, 畵師, 良工, 金魚 片手, 畵工 등 다양한 명칭으로 불림)은 의겸(義謙)스님과 12명의 제자들이었다.

붓놀림이 신선 같은 의겸스님

여수 흥국사는 임진왜란 당시 의승군의 본거지였다. 한때는 의승군 300여 명이 훈련을 했던 장소였으나 임진왜란과 정유재란 때 폐허가 됐다. 17세기부터 18세기까지 중창불사가 많이 이루어졌다. 이때 관음전 관음보살도와 응진당 영산회상도와 16나한도가 조성됐다. 이 불사에 전라도와 경상남도의 지역을 누비던 의겸스님과 그의 제자들이 참여하게 됐다.

의겸스님은 숙종~영조 대에 걸쳐 약 50여 년간 수십 명의 제자들을 이끌고 호남과 지리산 지역에서 많은 불화를 제작한 화사(畵師)였다. 스님은 1722년 청곡사 괘불탱(국보), 1728년 안국사 괘불탱(보물), 1730년 운흥사 괘불탱(보물) 등의 대작을 비롯하여, 1757년 구례 화엄사 삼신불도(보물) 등 격조 높고 아름다운 불화들을 남겼다.

그의 존칭이 '붓의 놀림이 신선과 같다'는 칭호인 호선(毫仙, 해인사 석가모니불도, 1729년), '절정기에 달했다'는 호칭인 존숙(尊宿, 개암사 괘불도, 1749년)으로 등장한 것으로 보아 대단한 경지에 이르렀고 존경받던 화사였음을 알 수 있다.

의겸스님은 전통을 계승하면서도 새로운 것을 빨리 받아들여 작품에 새로운 시도를 추구했다. 불화는 대개 면을 꽉 채워 칠하는 진채법(眞彩)으로 그리는데, 일반 회화에서 사용하는 수묵담채기법(水墨淡彩技法)을 이용하여 호남지역만의 불화의 특징을 창출했다. 안정감 있는 구도와 짜임새 있는 구성, 생명력 있는 섬세한 인물묘사로 아름다운 불화를 그렸다.

스님의 영향력은 제자들에게 이어져 그의 불화의 구성과 표현을 따르는 경향이 한동안 지속됐다. 한편 의겸스님은 특이하게도 1730년에 관음보살상(내원정사 소장, 원 경남 고성 운흥사에서 조성)을 조각하기도 했으니, 뛰어난 예술적 기량을 엿볼 수 있다.

흥국사 원통전

극락왕생 무량수불 친견 발원

흥국사 수월관음도 조성에 참여했던 이들은 "원컨대 이 공덕이 일체에 널리 미쳐서 우리들과 뭇 이웃들이 극락세계에 태어나 무량수 부처님을 함께 뵈옵고 모두가 불도를 이루어지이다."라고 발원했다. 전쟁의 아픔을 극복하고 관음보살에 귀의한 이들이 간절하게 바랐던 것은 현세에서의 안락한 삶보다 극락왕생을 더 원했던 것은 아닐까.

이들의 소원을 들어 줄 분은 수월관음도에 등장하는 온갖 보배로 장식된 청정하며 꽃과 과일이 풍부한 정토에서 고통에 빠진 이들을 이끌어 주는 자비로운 모습의 관음보살이었을 것이다.

34 여수 흥국사 십육나한도

온갖 번뇌 끊고 깨달은 아라한은 어떤 모습일까?

여수 흥국사 십육나한도(十六羅漢圖) | 보물
가섭존자와 1·3·5존자. 인물묘사의 권위자로 꼽히는 의겸스님이 제작한
뛰어난 불화이다. (가로218×세로161cm, 마본 채색, 1723년)

나라 흥성을 위한 기도처

여수 영취산에 있는 흥국사(興國寺)는 고려 명종 25년(1195)에 보조국사 지눌(普照國師 知訥, 1158~1210)스님이 창건한 사찰이다. 사적기에 따르면 "국사께서 국리민복(國利民福)을 위하고 면벽관심(面壁觀心)하고 심신연마(心身鍊磨)에 환경이 좋은 성지를 택하여 가람을 창설했다."고 전하고 있다.
흥국사는 개산(開山) 이념과 사찰 이름에서도 짐작할 수 있듯이, 나라의 흥성을 위한 기도처로 개창되었다. 흥국사는 국가의 융성과 안녕을 우선한 호국불교의 대표적인 사찰이다.

조선시대에 들어와 흥국사는 호국도량으로서의 위상이 더욱 더 높아졌다. 임진왜란이 발발했을 때 흥국사에서는 기암대사(奇巖大師)가 충무공 이순신을 도와 스님 300여 명을 이끌고 수군으로 활약했다. 남해 바다에 접해있는 여수에서 흥국사 스님들이 수군으로 투입되었고, 불심으로 국난을 극복하겠다는 일념 아래 이순신 장군을 도와 사력을 다해 전투에 임했던 것이다. 임진왜란 내내 전쟁에서 혁혁한 공을 세웠고, 흥국사는 호국도량으로서의 위치를 공고히 하게 되었다. 호국도량의 그 승풍이 현재까지 이어지고 있다.

'공양 받아 마땅한 분' 16나한

한국 사찰에는 대웅전을 비롯하여 나한전이나 응진전이 세워져 있다. 모두 석가여래와 그 제자인 나한을 모신 곳이다. 불교미술사에서 나한도의 대표작이라 뽑을 수 있는 '흥국사 16나한도'이다.

1

2

3

1 　아난존자와 2·4·6존자
2 　7·9·11·13존자
3 　15존자와 대범천 및 신장과 사자

원래 흥국사 응진당(應眞堂)에는 정면 중앙에 영산회상도를 후불탱으로 걸고, 양쪽으로 '흥국사 16나한도' 여섯 폭을 걸었다. 중앙의 영산회상도는 없어졌고 지금은 나한도만 전하고 있다. 보존상 흥국사 의승수군유물전시관에 보관되어 있다.

나한(羅漢)이란 수행자들이 수행하는 단계 중 가장 높은 단계인 아라한(阿羅漢)과를 얻은 자로, 온갖 번뇌를 끊고 깨달음에 이르러 존경과 공양을 받을 수 있는 경지에 오른 성자(聖者)를 뜻한다. '공양을 받아 마땅한 분'이란 뜻의 '응공(應供)', 귀한 분이란 뜻의 '존자(尊者)'로 불리기도 한다.

나한신앙은 관음신앙이나 지장신앙과 같이 신앙 대상이 한 분이 아니라 독성, 16나한, 18나한, 500나한 등으로 신앙 대상의 숫자가 다양하다. 16나한은 불멸(佛滅) 후에도 신통력으로 스스로 수명을 연장하여 이 세상에 머물면서 미륵불이 하생할 때까지 불법(佛法)을 수호하고 중생을 제도하는 임무를 석존으로부터 위임받은 16명의 대아라한을 뜻한다.

16나한 신앙은 중국 당대(唐代)의 현장(玄奘)법사가 번역한 〈대아라한난제밀다라소설법주기(大阿羅漢難提密多羅小說法住記)〉 경전에 근거한다. 이 문헌에는 나한의 대승적 개념과 성격, 16나한의 구성과 특징 등이 구체적으로 기록되어 있다.

불교국가였던 고려시대에 나한재나 오백나한재는 왕이 참석하는 국가적 행사로 치러졌다. 〈고려사〉의 기록을 보면, 왕이 29번이나 참석하였고, 공양 받은 스님이 100명이 넘었다고 하니 그 규모가 대단했음을 알 수 있다. 불교의식집, 문집 등 나한 관련 기록을 통해 조선 전기에도 나한신앙이 면면히 이어오고 있었음을 알 수 있다. 그렇지만 현존하는 나한도 대부분은 조선 후기, 특히 18세기 이후에 조성된 작품이다.

조선 후기 가장 앞선 16나한도

16나한도 가운데 조선 후기에 가장 먼저 그려진 불화가 바로 '흥국사 16나한도'이다. 좌우 각각 세 폭으로 여섯 폭이며, 서로 마주하도록 대칭되게 배치한 독특한 구성으로, 조선 후기 나한도의 선구가 되는 뛰어난 화풍의 작품이다.

향우측에는 예를 갖추고 중앙 본존불을 향해 서 있는 노스님 모습의 가섭존자(迦葉尊者)와 1·3·5 존자가 한 폭에 그려져 있다. 향우 2번째 폭은 7·9·11·13 존자, 향우 3번째 폭은 15 존자와 대범천(大梵天) 및 신장(神將)과 사자(使者)을 그렸다. 향좌측에는 중앙을 향해 단정하게 서 있는 청년 모습의 아난존자(阿難尊者)와 함께 2·4·6 존자를 한 폭에 그렸다. 향좌 2번째 폭은 8·10·12·14 존자가 그려져 있으며, 향좌 3번째 폭은 다소곳이 앉아 합장하고 있는 스님 모습의 16존자와 신장과 사자를 거느리고 있는 제석천(帝釋天)을 표현했다.

'흥국사 16나한도'는 당시 유행했던 중국 명대에 간행 된 〈삼재도회(三才圖會)〉(1607)에 능상하는 나한의 모습을 범본으로 삼아 그린 것으로 보인다. 조선 후기로 넘어오면서 나한의 모습이 '눈은 깊고 코가 높은 얼굴(胡貌梵相 深目高鼻)'형과 신선의 모습, 스님의 모습 등으로 다양하게 표현되었다.

여섯 폭 모두 황토색 바탕에 인물을 그렸고, 배경으로 바위와 고목을 배치하였다. 자연스럽게 수묵화 기법을 활용한 먹선으로 흑백대비가 분명하며, 부드러운 중간색을 많이 사용함으로써 전반적으로 차분한 느낌을 준다. 16나한상과 함께 등장한 산수 표현과 동물, 화조(花鳥) 등 다양하고 화려하다.

특히 도교나 토착·민간신앙을 수용하여 십장생(十長生)과 길상(吉祥)의 상징물을 그린 민화적 색채가 두드러진다. 이는 신앙적 측면에서 수명장수나 부귀 등을 갈구하는 현세구복적(現世求福的) 염원이나 사상이 표현된 것으로 보인다.

채색 인물 권위자 의겸스님 대표작

'흥국사 16나한도'는 채색과 인물 묘사, 창안 등 여러 방면에서 뛰어난 기량을 발휘하였던 화사 의겸(義謙)스님의 대표적인 나한도이다. 차후 조선 후기 16나한도의 모본이 되었다는 점과 불화 속에 수묵화의 기법을 도입한 의겸스님의 특징을 가장 잘 보여준다는 점에서 주목되는 작품이다.

18세기 불화승을 대표하는 의겸스님은 1713년부터 1757년까지의 현존 작품을 통해 약 40여 년간 호남지역의 화단을 형성하는 데 큰 역할을 하였다. 대표작품으로 '청곡사 괘불'(1722), '흥국사 수월관음도'(1723), '흥국사 십육나한도'(1723), '안국사 괘불'(1728), '운흥사 괘불'(1730), '개암사 괘불'(1749) 등을 꼽을 수 있다.

삼재도회 제7존자

특히 의겸스님은 괘불을 많이 그렸다. 괘불은 제작 비용, 시간, 인원 등이 많이 소요되고, 전체적인 화면 구도, 존상의 형태, 필선, 채색 등에서 화승의 기량이 필요하다. 또한, 의겸스님은 새로운 문물에 대한 관심과 시도를 반영하고자 했던 진취적인 경향이 있었는데, 〈삼재도회〉의 도상을 응용하여 '흥국사 16나한도'를 그린 것에서 이러한 특징을 엿볼 수 있다.

이처럼 '흥국사 16나한도'는 안정된 구도와 짜임새 있는 존상들의 배치, 섬세하고 활달한 필선으로 완성된 인물표현 등 수준 높은 작품이다. 아울러 자유스러운 구도와 인물 표현에 담채풍의 색감을 적극적으로 사용한 의겸스님의 역량이 드러나는 불화라 할 수 있다.

여수산업단지는 밤에도 흥국의 불을 밝히며 한국 경제를 받치고 있다. 종교보다 국가를 먼저 생각하여 임진왜란 때 순교한 스님들의 성지인 흥국사를 순례하면서 온갖 번뇌를 끊고 깨달음에 이른 16나한을 만나 뵙기를 기원해 본다.

7·9·11·13존자

35 영광 불갑사 목조석가여래삼불좌상

17세기 전반 '독자적 화풍' 무염스님 가장 초기작

영광 불갑사 목조석가여래삼불좌상 | 보물
(석가여래불 높이 143cm·무릎폭 87cm·
좌우보처불 높이 125cm, 1635년)

영광 불갑사는 상사화로 알려진 꽃무릇이 유명하다. 가을이 되면 경내에는 꽃무릇 군락이 꽃망울을 터트리며 사찰 곳곳을 붉은빛으로 물들인다. 이 식물의 뿌리에는 독이 있어서 불화를 그릴 때 물감에 섞어 썼고, 단청을 할 때도 사용하면 목조 건축물에도 방충 효과가 있다고 한다. 그래서 사찰에서 많이 키워 '절꽃'이라 불리기도 한다.

백제불교 초전지 불갑사

불갑사는 백제에 불교가 처음 전해진 곳으로도 알려져 있다. 384년 인도 스님 마라난타가 중국을 거쳐 법성포에 이르러 불법(佛法)을 전하고, 불갑사를 창건했다고 전한다. 불갑사는 불갑산(佛甲山)을 배경으로 하여 멀리 서해 바다인 마라난타 존자가 도착한 법성포를 향해 자리하고 있는데, 이는 마라난타를 기리기 위한 것이라 한다.

불교 초전지인 불갑사의 명성은 사찰 이름에서도 알 수 있다. 불교가 전래된 이후 처음 건립되어 모든 사찰의 으뜸이며, 근원이 된다고 해서 부처의 불(佛), 첫째 갑(甲)자를 써서 '불갑사'라 부른 것이다. '불갑사고적기'(1741년)에 따르면 불갑사는 백제시대에 창건된 후 785년에 중창되었고, 고려 충렬왕 때 각진국사(覺眞國師, 1270~1355)에 의해 크게 중창됐다. 그 사세가 대단하였고, 조선시대는 전란의 피해로 어려움을 겪었지만 청봉(靑峰) 대선사에 의해 다시 중창을 이루어 오늘에 이르고 있다.

불갑사에는 대웅전 삼세불상(1635년), 명부전 지장삼존상과 명부 권속들(1654년), 팔상전 석가삼존상과 16나한상(1706년) 등 조선시대에 조성된 다수의 불상들이 봉안되어 있다. 특히 각 존상의 복장이 거의 완전하게 보존되어 있고, 복장에서 중요한 전적들이 많이 발견되어 그 가치가 주목되었다.

보물로 지정된 '영광 불갑사 목조석가여래삼불좌상(木造釋迦如來三佛坐像)'이 봉안된 불갑사 대웅전은 서향을 하고 있기 때문에 전각 안에 불단을 전각의 정면에 두지 않고 남쪽을 향하게 한 독특한 구조이다. 사찰에서 불전은 대개 남면을 향하게 하고, 부처님을 북면에 안치하는 것이 통상이므로 불단의 방향을 바꾸어 맞춘 것이다.

불갑사 대웅전은 조선시대 임진왜란 이후 사찰을 복원하는 과정에서 지은 건물이다. 이곳에는 당시 대표적인 조각승 가운데 한 분인 무염(無染)스님이 조선 후기인 1635년에 조성한 것이 확실한 '불갑사 석가여래삼불상'이 봉안되어 있다.

'무한 시공 모든 부처님' 봉안

이 삼불상(三佛像)은 나무로 만들었다. 커다란 불단 위에 3위의 불상이 각각의 대좌에 봉안되어 있다. 삼불상은 가운데 석가여래를 중심으로 왼쪽에 약사여래, 오른쪽에 아미타여래를 모셨다. 이렇게 한 불전에 3위의 여래를 봉안하는 것은 영원한 시간과 무한한 공간에 존재하는 모든 부처님을 모시는 것을 상징하는 것이다.

대승불교가 발달함에 따라 불교의 교주인 석가여래 외에 다른 여러 부처님이 존재한다는 다불(多佛)사상이 확대되었다. 불갑사 대웅전에 모셔진 삼불상은 현세의 석가여래와 동방정토의 주인인 약사여래, 그리고 서방정토의 주인인 아미타여래인 삼세불(三世像)을 봉안한 것이다. 이러한 삼세불은 중국에서 크게 유행한 것으로 〈법화경〉을 기본 경전으로 하였다.

본래는 과거불(연등불)·현재불(석가불)·미래불(미륵불)을 일컫는 것으로 시간적 개념의 삼세불을 의미하는 것이었다. 이후 공간적 개념까지 그 의미가 더욱 확대되면서 현재의 공간과 동방, 서방의 3세계를 의미하는 복합적 개념으로 발전하게 되었다.

조선 후기에는 커다란 불단에 삼불상을 일렬로 배치하였는데, 특히 이 삼세불 형식은 조선 후기 대웅전에 봉안된 불상 가운데 가장 인기가 많았던 봉안 방식이다. 이는 조선시대 배불정책으로 인한 종파의 통합과 임진왜란과 정유재란에서 피폐화된 사찰을 복원하는 과정에서 수용한 것으로 짐작된다. 그리고 무엇보다 당시 중생들이 가장 사랑했던 석가여래와 약사여래, 그리고 아미타여래를 함께 봉안하고자 하는 바람이 반영되었을 것이다.

조성 연대와 작가 밝혀져 주목

'불갑사 석가여래삼불상'은 얼굴과 신체가 모두 네모 모양으로, 신체는 건장하고 당당하다. 주존인 석가여래는 항마촉지인의 수인(手印)을 짓고 있으며, 삼불 가운데 가장 크고 건장한 신체와 당당한 모습에서 안정된 비례감을 보인다.

육계의 구분이 거의 없는 둥근 머리에는 중앙계주와 정상계주가 있다. 네모난 얼굴에는 뺨에 양감을 주었으며, 눈은 가늘고 코는 짧게 표현하였고, 옅은 미소를 짓고 있다.

법의(法衣)는 양어깨를 덮은 통견(通肩) 형식으로 입었다. 둥근 어깨와 가슴, 배, 무릎에 양감을 드러내고, 오른쪽 어깨를 감싼 대의가 드러낸 팔 아래에서 왼쪽 어깨로 넘어가면서 넓은 옷주름을 만들었다. 무릎 위에서 모아진 옷자락은 물결 모양을 만들며 가지런히 표현되었다.

약사여래와 아미타여래는 본존불에 비하여 크기가 다소 작고(본존불 143cm, 협시불 125cm) 수인은 아미타 설법인을 짓고 있다. 얼굴과 신체는 네모난 형상이고, 어깨는 둥글고 육계와 구분이 없는 둥근 머리 모양 등은 본존불과 거의 흡사하다. 다만 옷을 입은 형식에서 법의 속에 또 하나의 옷을 입어 오른팔까지 옷을 입은 채로 표현하여 존상별로 변화를 주었다.

'불갑사 석가여래삼불상' 1633년에 조성한 '선운사 대웅전 비로자나삼불상'과 비교해서 보면, 간략화된 옷주름과 상체를 길게 한 신체비례 등은 같은 유파의 조각기법이 보이지만, 좁아진 무릎과 안정적인 신체 표현에서 작가의 독창적인 작풍이 드러나고 있다.

'불갑사 석가여래삼불상'의 주존불이 석가여래상 안에서 발견된 불상 조성기를 통해 조성 연대와 작가를 알 수 있다. 숭정(崇禎) 8년, 즉 1635년(인조13)에 무염·승일(勝一)·도우(道

불갑사 대웅전 전경

祐)·성수(性修) 등 10인의 화승들에 의해 조성되었다. 조각승 무염스님은 승일 및 도우스님과 함께 독자적인 조각승 유파를 만들어 대규모의 화단을 형성했던 인물로, 전라도 일대 뿐만 아니라 강원도의 불사까지 참여했다.

'선운사 대웅전 비로자나삼불상'과 관련된 기록에서 무염스님은 '화사'로 처음 등장한다. 무염스님은 '불갑사 석가여래삼불상'을 조성한 다음해인 1654년에는 '불갑사 지장보살삼존상 및 명부권속상'을 조성하는 등 많은 불상 조성에 참여했다.

특히 '불갑사 석가여래삼불상'은 무염스님의 가장 초기작으로, 1630년대에 독자적인 화풍을 형성하고 많은 제자들을 배출했던 무염일파의 작풍을 파악하는데 기준이 된다. 또한 조성기를 통해 조성 연대와 조각승을 알 수 있어서, 조선 후기 미술사의 조각 양식과 유파 연구에도 중요한 자료가 되었다. 정유재란 이후 사찰들을 대대적으로 복원하던 17세기 전반에 불갑사는 무염파 조각승들의 주요 활동무대였음을 알 수 있다.

주변엔 국내 최대 '꽃무릇 군락지'

불갑사는 우리나라 최대의 꽃무릇 군락지로, 거친 풍랑을 견디며 불법(佛法)을 들고 법성포에 도달한 마라난타 존자의 뜻을 기릴 수 있는 곳이다. '불갑사 석가여래삼불상'을 참배하고, 불상에서 발견된 중요한 경전과 자료들이 소장되어 있는 불갑사 수다라성보관도 함께 관람하실 권한다.

36 영동 영국사 영산회상도-환지본처 還至本處

깔끔한 구도, 세밀하면서도 세련된 필치

'영국사 영산회상도(靈山會上圖)'는 크기가 3m에 가까운 대작으로 18세기의 서막을 여는 대표적인 불화로 손꼽힌다. 특히 이 불화는 도난당했다가 환수된 대표적인 문화재이다. 환수된 문화재마다 사연들이 가득한데, 이 불화 역시 사찰의 품으로 돌아오기까지 쉽지 않은 여정을 겪은 불화이다.

나라를 평안하게 하는 영국사

충북 영동 천태산 기슭에 자리하고 있는 영국사는 빼어난 자연경관으로 유명하다. 신라 문무왕 8년(668)에 창건된 영국사는 고려 명종 때인 12세기 원각국사에 의해 크게 중창이 된 것으로 추정된다. 고려 공민왕은 홍건적의 난을 피하여 이곳에서 국태민안을 기원함으로써 국난을 극복하고 나라가 평안하게 되었다 하여 사찰 이름을 영국사(寧國寺)로 하였다.

영국사 앞에는 보는 것만으로도 위엄이 느껴지는 웅장한 은행나무 한 그루가 서 있다. 수령이 1000살 가량 되고 31m가 넘은 천연기념물인 은행나무는 오랜 연륜으로 지혜와 너그러움이 가득한 노인처럼 사찰을 찾는 이들에게 한결같은 편안함을 안겨주고 있다.

영국사 영산회상도 | 보물
깔끔한 구도와 세밀하면서도 세련된 필치의 대작으로 평가 받는다. 도난당했다 환수한 성보 가운데 하나이다.
(가로275×세로289cm, 마본 채색, 1709년)

1991년 11월, 여러 불화가 모셔져 있던 영국사 불전에서 영산회상도와 삼장보살도가 도난당했다가 2003년 그중 영산회상도가 다시 사찰의 품으로 돌아왔다.

한국의 불교문화재는 일제강점기와 6. 25전쟁을 거치면서 갖은 수난에 시달려야 했다. 일제강점기에는 도굴과 약탈, 불법적인 국외 반출로, 6. 25전쟁 때는 전쟁의 소용돌이 속에서 어느 것 하나 안전하지 못하였다. 전쟁이후 사찰에 소장된 불교문화재의 높은 가치가 차츰 널리 알려지면서 매매가 손쉬운 비지정문화재들이 특히 표적이 되면서 많은 피해를 입었다. 도난을 방지하는 것이 문화재 관리의 가장 중요한 현안이 된 것이다.

특히 도난에 의한 피해를 가장 많이 입은 것은 불화였다. 불화는 불상과 함께 예배의 대상으로 늘 개방되어 있는 법당에 걸려 있었고, 비교적 가볍고 들고 나가기가 편한 특성이 있다. 그리고 크기가 상당한 불화라도 장황된 부분과 틀을 남겨 놓고 그림 부분만 오려서 접거나 말면 부피를 줄여 쉽게 반출할 수 있다는 점 등으로 도난에 취약할 수밖에 없었다. 또한 외국의 유명 미술품 경매장에서 한국 불화가 높은 가격에 매매된 사례들도 불화 절도를 부채질하는 요인이 되었다.

도난 후 재판 통해 소유권 인정

한편, 문화재 도난의 심각성이 드러나고 도난 문화재의 회수에 대한 관심이 증대하면서 되찾기 위한 노력들이 전개되었다. 1999년 대한불교조계종 총무원 문화부에서 처음 발간한 〈불교문화재 도난백서〉를 통해 사찰에서 도난당한 문화재가 얼마나 많았는지 알려지면서 사회적으로 큰 반향을 일으켰다. 이를 계기로 문화재 도난 방지를 위한 문화재 관련 법안들이 점진적으로 개정되었고, 사찰 문화재에 대한 조사사업들도 진행되었다.

2003년 영국사 영산회상도가 다시 사찰의 품으로 되돌아오는 데도 〈불교문화재 도난백서〉가 큰 몫을 했다. 이 불화는 2002년 한 고미술상에서 발견되었으나 이미 공소시효가 지난 상태였다. 고미술상도 도난된 문화재인줄 모르고 구입했다고(선의취득) 주장하여 재판이 진행되었다. 하지만 고미술상의 승용차에서 이 불화의 도난 내용이 실린 〈불교문화재 도난백서〉가 발견되면서 장물인줄 몰랐다는 주장이 거짓으로 밝혀져 영국사로 되찾아올 수 있었다. 도난 당시에는 문화재로 지정되지 않았지만, 되찾은 후 보물로 지정되고 안전하게 불교중앙박물관에 보관되었다.

영국사 영산회상도는 제목 그대로 〈법화경〉에 등장하는 영산, 즉 인도 영취산에서 석가여래가 여러 대중들에게 설법하는 장면을 그린 그림이다. 〈법화경〉 '서품(序品)'에는 제석천과 자재천, 범천과 권속들, 보살들, 용왕과 용녀, 팔부중과 수백 천의 권속들, 아사세 태자와 수백 천의 권속들이 부처님의 설법을 듣기 위해 몰려들었다고 한다. 영산회상도를 그린 작가들은 각각 사기의 특성을 살려 이들 인물을 취사선택하여 화면을 구성하였다.

세밀하면서도 세련된 필치

영국사 영산회상도에는 어떤 인물들이 그려져 있는지 살펴보자. 화면 정 중앙에 석가여래를 크게 그려 본존임을 강조하였고, 그 주위를 에워싸듯 보살상과 제자들, 그리고 여러 신중들을 배치하였다. 석가여래는 커다란 키형 광배를 등지고 높은 3단의 연화대좌 위에 앉아 있으며, 깨달은 붓다가 되었음을 상징하는 오른손으로 땅을 가리키는 항마촉지인을 하고 있다.

이 불화는 가운데 본존을 중심으로 양쪽에 인물들을 대칭적으로 배치하였다. 제일 하단에는 석가여래를 중심으로 협시보살인 문수·보현보살, 그리고 그 양옆으로 불법(佛法)을 수호하는 사천왕을 1존씩 그렸다. 그 윗단에는 부처님 제자 가운데 항상 석가여래 좌우에 등장하는 가섭과 아난존자를 배치하였고, 양옆으로 사천왕을 안치하였다. 그 위의 단에는 보살상을 2존씩 양쪽에 배치하였고, 제일 윗부분에는 좌우에 부처님의 십대제자 가운데 가섭존자와 아난존자를 제외한 8대존자와 용왕과 용녀, 금강역사 등을 그렸다.

중앙에 본존을 압도적으로 크게 그려 집중도 높이고 나머지 인물들은 위로 갈수록 작게 그려 평면의 화면에 원근감을 나타냈다. 전체적인 구도는 깔끔하다. 석가여래의 법화경 설법을 듣기 위해 모인 여러 인물들은 석가여래처럼 정면향을 하기도 하고, 좌우로 측면향을 적절한 곳에 배치하여 화면이 경직되어 보이는 것을 피했다.

인물들 위의 최상단에는 부드러운 중간 색조의 황색 색구름을 둔 뒤, 배경을 검은색으로 칠해 깊이 있는 공간감을 표현하였다. 색깔은 홍색이 가장 많이 쓰였는데 선명하고 밝은 홍색이어서 깔끔하고 고급스러운 인상을 준다.

보살과 사천왕의 광배에는 녹색이 쓰였고, 대좌와 석가여래가 입은 옷, 사천왕의 갑옷 등에 금으로 문양을 새겨 화려함을 더했다. 또한 사천왕의 옷과 협시보살의 옷에 옅은 갈색으로 바탕색을 칠하고 그 위에 구불구불한 선으로만 문양을 대신한 기법은 독특하다. 이러한 구불구불한 선들은 본존의 가슴에 물결치는 모양, 가섭존자의 목 주변을 나이테처럼 표현한 것에서도 나타난다.

인물 묘사를 보면 석가여래의 얼굴은 갸름한 편이고 눈, 코, 입이 가운데 몰리게 그렸으며, 눈은 짧고 코는 긴 편이며, 입은 약간 벌리고 있다. 늙은 수행자의 모습인 가섭존자의 얼굴은 실제의 노스님을 보는 듯하고, 반대로 젊은 아난존자는 생기 있어 보인다. 사천왕의 이국적인 얼굴은 4존마다 각각 특색 있게 개성을 부여하였다. 본존의 손 표현 등에서 부분적으로 다소 경직된 면이 있기는 하나, 단순한 듯 세밀하면서도 세련된 필치를 보여 뛰어난 솜씨를 볼 수 있다.

연대 명확해 불화 양식 파악에 귀중한 자료

불화 하단 중앙 부문에 먹으로 쓰여 있는 화기 중에 '강희사십팔년사월일(康熙肆拾捌年四月日) 신화성영산일부봉안우(新畵成靈山一部奉安于) 화사(畵師) 인문(印文) 민기(敏機) 세정(洗淨)'이라는 내용을 보아, 강희 48년(숙종35)인 1709년에 인문을 비롯한 민기, 세정스님 등이 참여하여 그렸음을 알 수 있다. 화사 인문스님은 조선 후기의 불화승 가운데 가장 이른 시기에 활동한 것으로 알려져 있다.

삼베 바탕에 그린 이 불화는 18세기로 들어선 직후 비교적 이른 시기에 그린 불화로, 17세기 전반에서 18세기 초반에 이르기까지의 불화 양식 흐름을 파악하는데 귀중한 자료이다. 또한 조성 연대와 제작자가 명확할 뿐만 아니라, 대작에 속하는 작품성이 뛰어난 불화로 평가받는다.

환지본처, 본래의 자리로 되돌아온다는 의미를 새겨본다. 잃어버렸던 성보는 제자리를 찾고, 사람들도 제자리를 찾아서 스스로 평화롭고 만족스러운 삶을 누렸으면 좋겠다.

37 영암 도갑사 목조문수·보현동자상

문수와 보현, 능동적 실천을 통해 해탈을 꿈꾸다

영암 도갑사는 초겨울에도 붉은 동백꽃 봉오리를 품고 있는 사찰이다. '신령스런 바위'라는 뜻을 지닌 '영암(靈巖)'하면 월출산이 가장 먼저 떠오른다. 기개와 수려함이 빼어나 남도의 금강산으로 불리는 월출산, 그 북쪽 자락에 도갑사가 자리하고 있다. 도갑사는 문수사 터에 지어졌다고 전한다. 영암이 배출한 신라 말의 뛰어난 선지식 도선국사는 문수사에서 어린시절을 보냈다. 중국을 다녀온 후에 이 터에 사찰을 창건하고 도갑사로 하였다고 한다.

영임 도갑시 목조문수·보현동자상 | 보물
어린아이 모습의 문수보살과 보현보살을 통해 깨달음과 실천행이 언제나 젊음과 생명력을 지니고 있음을 느끼게 한다. (1473년)

산문 最古 문수·보현동자상

고려와 조선시대에도 융성했던 도갑사에는 많은 문화재가 남아 있다. 조선 초기 주심포 건물인 도갑사 해탈문(국보)이 대표적이다. 이 해탈문 안에 나무로 만든 문수(文殊)동자상과 보현(普賢)동자상을 봉안했다. 이 문화재는 예술적으로 빼어날 뿐만 아니라 우리나라 산문(山門)에 문수동자상과 보현동자상을 모신 중요한 사례이다.

1960년 도갑사 해탈문을 수리하면서 상량문이 발견돼 1473년에 완성되었음을 알 수 있었다. 이를 계기로 건물에 봉안된 문수동자상과 보현동자상의 제작 연대도 판명되어 해탈문과 함께 유명해졌다.

현재 우리에게 전승되기까지 역사 없는 문화재가 없듯이 이 동자상들 역시 여러 우여곡절을 겪었다. 1988년 10월에 1차로 도난 당했는데 다행히 바로 되찾았다. 그러나 보물로 지정된 후인 1997년에 또 다시 도난될 위기에 처했다. 당시 도난범들은 문수동자상과 보현동자상이 워낙 무거워 옮기기가 어려웠는지 이 상들을 여러 조각으로 잘라서 훔치려고 했다. 바로 옮기지 못해 시간이 지체되었고, 새벽예불 시간 직전에 발견되어 다행히 도난은 미수에 그쳤다.

이 일을 계기로 문수동자상과 보현동자상은 성보박물관으로 옮겨졌다. 도난 과정에서 입은 여러 가지 상처를 보존처리 과정을 통해 원형을 회복해 지금은 안전하게 보존하고 있다.

문화재의 가치는 조성 연대를 확인할 수 있고, 그 역사적 이력

영암 도갑사 해탈문 | 국보
문수·보현동자상의 제작 연대를 알려주는 상량문이 발견되었다.

이 담겨 있으며, 예술적으로도 훌륭하고 그 예가 희귀할 때 높이 평가 받는다. 이런 의미에서 도갑사 문수동자상과 보현동자상은 이 삼박자가 잘 맞은 가치 높은 성보문화재로 꼽을 수 있다.

해탈문에 봉안한 이유

문수동자상과 보현동자상이 해탈문에 봉안되는 이유는 무엇일까. 대승불교의 많은 보살 가운데 문수보살은 지혜를 상징하는 보살이다. 문수사리(文殊師利)를 줄인 말이다. 범어로는 만주슈리(Mañjuśrī)라 한다. 지혜라는 추상적 개념을 사람으로 표현한 것이 문수보살인 것이다.

문수보살은 사자좌나 연화대좌에 앉은 모습으로 등장한다. 이는 지혜를 상징함과 함께 위엄과 용맹을 표현한 것이다. 사자를 타고 있는 모습은 "문수의 몸은 모두 백색으로 머리 뒤에 빛이 있다. 칠보의 영락, 보관, 천의 등으로 장엄하며 사자에 타고 있다"는 〈다라니집경(陀羅尼集經)〉 기록에서 유래한 것이다. 부처님의 사자후(獅子吼) 한 소리에 모두가 조용해진다는 말처럼 사자의 외침은 진리의 소리이니 문수보살이 타기에 알맞다 하겠다.

보현보살은 서원을 세우고 그것을 행동으로 실천하는 것을 인격화한 것이다. 보현보살은 범어로 '사만타바드라 보디사트바(Samantabhadre Bodhisattva)'이다. '넓게 뛰어남', '보편적인 수승(殊勝)' 등을 의미한다.

보현보살은 〈묘법연화경〉에 기술되어 있듯이 흰 코끼리를 탄 모습으로 형상화되었다. 이 코끼리는 육아백상(六牙白象)의 모습이다. 부처님의 깨우침을 세상에 알리고 중생을 이끄는 교화행의 여정을 나타내는 것이라 하겠다.

문수보살은 중생들에게 지혜의 좌표가 되고, 보현보살은 세상 속에서 실천적 구도자의 모습으로 인식된다.

이 두 보살은 항상 지혜와 실천행으로 서로를 보완하고 완성하므로 서로 짝을 지어 등장하는 경우가 많다. 도갑사 해탈문에 문수보살과 보현보살이 모셔진 의미는 해탈의 세계에 능동적 실천을 통해 들어가고자 하는 의미를 보여주기 위해서가 아닐까.

젊음 · 생명력으로 깨달음과 실천행

문수동자상은 사자 위에 걸터앉아 정면을 보는 모습이다. 동자상은 사자상과 따로 만들진 후에 결합했다. 왼발을 밑으로 내리고, 오른발은 다리를 접어 반가좌와 흡사한 형태이다. 작은 얼굴에 신체는 늘씬하다. 신체와 옷이 유기적으로 연결되어 유연한 느낌이 든다. 아이 같은 얼굴에 머리는 좌우로 상투를 틀어 붉은 띠로 묶었다. 살짝 미소를 머금고 있으며 턱선을 넣어 양감을 표현하였다. 귀 역시 작게 표현하여 전체적으로 순진무구한 어린아이의 모습을 하고 있다.

이에 비해 목조사자상은 용맹스럽고 활기차게 표현했다. 입에는 크고 붉은 여의주가 물려있고 눈은 부리부리하게 표현됐다. 턱밑의 수염, 머리털, 발가락과 몸체에 얹힌 안장의 표현까지 사실적이고 생동감 있게 조각했다.

코끼리상 위에 앉아 있는 보현동자상은 전체적으로 문수동자상과 거의 흡사하다. 코끼리 등에 걸터앉아 양발을 자연스럽게 아래로 늘어뜨리고 있다. 코끼리상은 사자상보다 심플하다. 장식 없이 매끄럽게 표현했다. 둥글고 긴 머리 위에는 연화문과 연주문을 연결한 장식이 달려있다. 코는 두 번의 굴곡을 주어 하늘로 길게 뻗었다. 다물어진 입가 양 밖으로 상아가 날카롭게 노출됐다.

도갑사의 문수보살상과 보현보살상은 어린아이의 모습이다. 문수보살과 보현보살의 깨달음과 실천행이 언제나 젊음과 생명력을 지니고 있기 때문일 것이다. 뿐만 아니라 당시 이 상들을 조성했던 스님들의 활동도 그 배경이 된 것으로 여겨진다.

스님의 혜안과 조각가의 기량

도갑사는 조선시대에 들어서 영암 출신인 수미(守眉)왕사의 원력에 의해 중창됐다. 세조가 1464년 전라 감사에게 수미왕사가 도갑사를 중창하는데 돕도록 명하였다는 기록에서 보이듯이 이 불사는 왕실에서 적극적으로 후원했다.

1653년(효종4)에 세워진 '도선수미대사비'에도 신미(信眉) · 수미 두 스님이 도갑사를 중건했다고 기록되어 있다. 이 비문에 의하면 수미왕사가 신미라는 동갑내기 스님과 절차탁마하였다고 한다. 출가 당시부터 도반으로 서로에게 많은 영향을 주고받았음을 알 수 있다.

신미스님은 한글 창제에서도 큰 역할을 한 인물이다. 속가의 동생이었던 김수온을 비롯해 여러 학자와 스님들과 함께 세종을 도왔다. 주목할 것은 신미스님이 오대산 상원사 문수동자상

(국보, 1466년)을 조성할 당시 상원사에 주석했다는 사실이다. 이러한 배경으로 문수보살상과 보현보살상을 동자형의 모습으로 조성하는데 상원사 문수동자상이 모티브가 되었을 것으로 추정된다.

오대산 상원사와 월출산 도갑사는 당대 왕실의 문수신앙의 기도처로 대표되는 사찰이었다는 공통점이 있다. 도갑사는 창건 당시부터 문수신앙과 밀접한 관련이 있었는데, 크게 중창하는 조선 전기 시대에 문수신앙이 다시 부흥한 것으로 보인다. 당대의 뛰어난 학승이었던 신미스님과 수미스님의 혜안과 기량이 뛰어난 조각가의 만남으로 이루어진 것이 바로 도갑사 문수동자상과 보현동자상임을 알 수 있다.

도갑사 성보박물관에 모셔진 문수동자상과 보현동자상을 다시 친견해 보고 싶다. 그곳에서 지혜는 입으로만 외치는 것이 아니라 행동으로 실천할 때 나와 남, 세상사람 모두가 다 같이 좋아진다는 부처님의 가르침을 함께 배울 수 있을 것이다.

38 영주 부석사 조사당 벽화

우리나라 最古 사찰 벽화, 의상대사 호법신중

영주 부석사 조사당 벽화 | 국보
국내에서 가장 오래된 사찰 벽화이다.

영주 봉황산 자락의 부석사로 들어가는 길목. 가을이 물들어갈 때 사과도 함께 붉게 영글어가고, 길은 온통 노란 은행잎으로 덮혀 있던 풍경들이 떠오른다. 그 길을 따라 걷다 보면 부석사 일주문에 다다르게 된다. 여기서부터 가파른 층계를 올라가야 한다. 부석사의 가람배치는 산세의 지형과 조화를 이루어 만든 전형적인 산지가람 양식이다. 참배자들이 숨 가쁘게 안양루(安養樓) 아래로 들어설 때야 마침내 감추어진 무량수전과 만날 수 있다. 무량수전 마당에서 바라보는 세상과 배흘림기둥의 단아한 멋에 저절로 취하게 된다.

부석사는 676년(문무왕16) 통일신라시대 의상대사가 화엄을 꽃피웠던 곳이다. 부석사 선묘각(善妙閣) 옆으로 난 돌계단을 따라서 소백산 자락을 내려다보며 계단을 오르다 보면 국보인 조사당(祖師堂)이 나온다. 조사당은 정면 3칸 측면 1칸 규모의 맞배지붕이다. 부석사를 창건하고 우리나라에서 화엄종을 처음 시작한 의상대사를 모시고 있는 건물이어서 조사당이라 하는 것이다. 대각국사 의천스님은 여기에 모셔진 의상스님의 초상을 보고 찬(讚)을 지었다고 한다.

고려시대에 지어진 부석사 무량수전과 함께 우리나라를 대표하는 목조건물로 조사당을 꼽을 수 있다. 관련 기록을 보면 고려 1016년에 원융국사(圓融國師)가 무량수전을 창건하였고, 1201년에는 조사당을 단청(丹靑)하였다는 기록이 있다. 그런데 1376년에 큰 화재가 있었고, 그 해에 무량수전을 중수한 후, 1377년에 조사당을 재건하였다고 한다.

영주 부석사 조사당 | 국보

가장 오래된 사찰 벽화 보존

조사당은 건축적 가치뿐만 아니라 우리나라에서 가장 오래된 사찰벽화가 있는 곳이다. 조사당 내부 벽면에는 제석천, 범천과 사천왕을 그린 6폭의 벽화(국보)가 있다. 이 벽화는 고려시대 불화 가운데 매우 희귀한 것이다.

벽화는 일제강점기인 1916년 경 해체·분리됐고, 6폭의 벽화는 각각 벽체 뒷면 일부를 제거하고 석고로 보강하여 나무보호틀을 짠 뒤에 부석사 무량수전을 거쳐 지금까지는 성보박물관에 보관·전시됐었다.

그러나 석고로 인해 백색 오염이 화면 전반에 발생하였고, 과거 보존처리에 사용된 재료가 떨어지면서 벽화의 박리현상과 균열이 생기는 등 구조적인 손상도 심해졌다. 이런 연유로 2020년 시작하여 2026년까지 보존처리를 완료하는 것을 목표로, 현재는 사찰을 떠나 국립문화재연구소로 이운되어 있다.

고려시대 불전 장엄 벽화

벽화를 좀 더 자세히 살펴보자. 불전을 장엄하는 방법으로 불전의 안과 밖에 그림을 그려 장식하는 것은 매우 오래된 전통이다. 그런데도 현재 남아 있는 불전 벽화와 단청 등은 대부분 조선 후기에 그려진 것이다. 이는 전란으로 사찰 건축이 많이 소실되었을 뿐만 아니라 사찰의 건축물을 중수하고 보수하는 과정에서 사라져 버렸기 때문이다. 그런 면에서 고려시대에 그려진 조사당 벽화의 문화재적 가치는 따지기 어려울 정도로 크다.

이 벽화는 흙벽 위에 그린 그림이다. 건물의 기둥과 기둥 사이에 흙벽을 만들고, 흙벽의 면 위에 회(灰)를 칠한 후, 그 위에 불화를 그린 것이다. 회가 마르기 전에 그리는 프레스코(fresco)기법을 사용하였는데, 이 기법은 안료가 벽면까지 스며들어 채색이 선명하면서도 오래가는 장점이 있다.

각 상(像)을 그린 선들은 먼저 묽은 묵선으로 그리고, 채색한 뒤에 다시 필요에 따라 더 진한 먹선으로 윤곽선을 그렸다. 여러 선들이 중복되어 나타나는 경우는 색을 여러 번 개칠한 흔적이다. 개칠할 경우에는 원래의 채색 위에 흰색을 칠한 후 다시 그리는 수법을 사용했다. 흙벽 위에 녹색을 바탕으로 칠하고 붉은색·백색·금색 등으로 채색하였으며, 각각의 크기는 길이 205cm, 폭 75cm 가량이다.

1916~1917년 일제강점기 조사당 벽화 유리원판 사진

복원된 조사당 벽화(박은경 '영주 부석사 조사당 벽화의 도상과 배치', 2019 石堂論叢, 도판 인용)

화엄종 조사 의상시대의 호법신중

일제강점기에 찍은 조사당 벽화 유리원판 사진이 남아 있어 벽화가 본래 배치된 구도를 알 수 있다. 이를 바탕으로 현재 조사당에 벽화를 복원하였으며, 성보박물관에서도 원본 벽화를 같은 구조로 전시했다.

조사당 벽화는 벽면 안쪽에 그려져 있는데, 각 양측 좌우로 천부도상인 제석천(帝釋天)과 범천(梵天)을 두고, 그 안쪽으로 사천왕(四天王) 도상을 2위씩 배치했다.

남면을 향하고 있는 의상대사상을 기준으로 바라볼 때 향좌측부터 제석천, 동방 지국천왕(持國天王), 남방 증장천왕(增長天王), 서방 광목천왕(廣目天王), 북방 다문천왕(多聞天王)이 시립하여 있다.

제석천은 수미산(須彌山)의 꼭대기인 도리천(忉利天)의 왕으로 사천왕과 팔부중(八部衆)을 거느리고 모든 나쁜 무리들로부터 부처님과 정법(正法)을 수호하는 신이다. 범천은 본래 제석천보다 높은 우주를 주재하는 신이다. 사천왕은 제석천의 명령을 받아 불법(佛法)을 수호하고 외적을 무찌르는 천왕이다. 그러므로 제석천과 범천, 사천왕은 부처님과 불법을 수호하고 모든 중생을 지켜주는 호법신인 것이다.

조사당 벽화는 의상대사를 지키는 호법신(護法神)들을 그린 것이다. 토함산 석굴암이 입구에서부터 사천왕의 휘하인 팔부중을 가장 입구에, 그 다음 사천왕을 배치하고, 이어 제석과 범천상을 배치하여 부처님을 보호하고 있는 것처럼 석굴암과 같은 구도를 보여준다. 이런 의미에서 화엄종의 조사(祖師)인 의상대사는 부처님과 같은 위계에서 호법신들의 보호를 받고 있는 셈이다.

고려 불교도상 분석 중요 사례

양쪽 끝의 두 천부상은 우아한 귀족풍으로 화려한 보관을 쓰고, 보살상과 같은 여성적인 모습으로 양감을 풍만하게 표현했다. 제석천은 두 손을 합장하고 있는데 신체의 굴곡이 유연하면서도 늘씬하다. 이에 비해 범천상은 손을 옷 속으로 내린 모양이며, 제석천보다 풍만하고 장대해 보이는 느낌을 준다.

사천왕상은 앞의 상들과 다르게 무인(武人)의 형태를 하고 있다. 모두 갑옷에 투구를 쓰고 칼, 또는 창과 활을 들고 악귀를 밟고 서있는 건장한 장군의 모습이다. 동방 지국천왕은 오른손을 올려 긴 칼을 들고, 왼손은 가슴까지 올리고 있다. 남방 증장천왕은 오른손에는 둥근 활을 쥐고 있고, 어깨위로 들어 올린 왼손에는 화살을 쥐고 있는 형상이다.

특히 화면 상단 향좌측에 붉은색 방형 구획안에 '南方天王(남방천왕)'이라는 묵서가 있어서 존명을 판명하는데 중요 근거가 된다. 서방 광목천왕은 항상 맑은 눈으로 염부리에 있는 중생을 관찰하고 서방을 지키는 왕으로, 왼손에 긴 칼을 들고 있다. 머리에 날개형의 투구를 착용하고 있는데, 오른쪽 귀 부분 근처에 용과 비슷한 형상을 그려 서방 광목천왕의 지물인 용인 것으로 짐작된다. 북방 다문천왕은 왼손에 창을 들고 있고, 오른손을 내린 형태로 지금은 잘 보이지 않지만 보탑이 있었다고 한다.

조사당 벽화는 오랜 세월의 상처로 많이 훼손되어, 후대에 덧칠하여 원래의 모습이 많이 사라졌지만, 율동감 넘치는 유려한 선은 잘 남아 있다. 당당하면서 세련된 상들의 형태와 힘찬 신체의 표현 등에서 현존하는 14세기 고려 불화보다 더 앞선 시기에 조성된 것으로 짐작된다. 이처럼 부석사 조사당의 제석·범천 및 사천왕 벽화는 현존하는 사찰벽화 가운데 가장 오래된 그림이며, 특히 고려시대 호법신상의 모습을 어떻게 표현하였는 지를 알 수 있는 중요한 사례라 할 수 있다.

조사당 처마 밑에서 자라고 있는 '선비화(仙扉花)'는 신선의 집이라는 뜻을 지닌 것으로 골담초의 별명이다. 부석사를 창건한 의상대사가 꽂은 지팡이에서 나무가 자랐다고 한다. 의상대사는 자신의 지팡이를 지금의 이 자리에 꽂은 뒤 "이 지팡이를 비와 이슬을 맞지 않는 곳에 꽂아라. 지팡이에 잎이 나고 꽃이 피면 우리나라의 국운이 흥왕할 것이다."라고 했다는 설화가 전해온다.

의상대사의 말씀처럼 지팡이가 자라나 나무가 되었고, 나라의 기운이 흥할 때는 나무에서 잎과 꽃이 피었지만 나라가 기울면 잎과 꽃이 피지 않았다고 한다. 선비화가 한껏 잎과 꽃을 피워 코로나로 인한 상처에서 벗어나 나라가 흥하길 발원해 본다.
세상사 욕심을 내려놓을 수 있는 부석사 무량수전을 찾아 길을 나섰다면 조사당까지 발걸음하기를 권한다. 안양루에서 바라보는 세상이 극락이라면 조사당에서 극락의 고요함을 느낄 수 있으리라.

39 예산 수덕사
목조석가여래삼불좌상

고려시대 수미단 실물로 볼 수 있는 삼불좌상

예산 수덕사 목조석가여래삼불좌상 | 국보
고려 불화에서 볼 수 있는 수미단이 눈길을 끈다(1639년).

수덕사는 충남 예산 덕숭산에 자리해 있다. 고려시대의 대표적 건축물인 대웅전(국보)이 있는 사찰로 유명하다. 일주문 편액의 '동방제일선원(東方第一禪院)'이라는 문구는 한국불교 선종의 맥을 상징한다. 수덕사는 시대를 훌쩍 넘어 역사의 큰 물결이 요동치던 한국 근대 불교에 새로운 획을 그은 두 선사가 수행했던 곳이다.

계율에 얽매이지 않고 마음을 중시한 경허스님과 만공스님의 선풍은 계속 이어져 암자인 정혜사 능인선원에는 선객들이 줄을 잇고 있다. 또한 우리나라의 대표적인 비구니 스님 선원인 견성암에서도 100여 명의 스님들이 화두를 잡고 참선하고 계신다. 일엽스님이 수덕사에서 출가하면서 세간에 관심이 더 모아졌다. 일엽스님은 일제강점기의 나혜석 등과 함께 개화기 신여성 운동을 주도했던 언론인이며 시인이었던 인물이다. 1933년 만공선사를 스승으로 모시고 출가하여 견성암과 환희대에서 수도했다.

개인적으로는 고등학교 시절, 친구들과 처음으로 과감하게 단행했던 1박2일 여행지였던 까닭에 수덕사는 다른 사찰에서 볼 수 없는 향수를 일으키는 곳이다. 당시 친구들과 함께 수덕사 입구의 이응로 화백의 집이었던 '수덕여관'에 머물렀었다. 이응로 화백이 옥고를 치를 때조차도 혼자 여관을 지켰던 화백의 부인을 내가 만났었는지 기억이 정확하지 않지만, 그곳 역시 수덕사와 함께 내게 선명하게 기억되는 곳이다. 지금은 문화공간으로 재탄생하여 많은 이들에게 예술가적 감흥을 선사하는 곳이 되었다.

만공스님이 모셔온 삼세불상

수덕사 대웅전은 경내에서 가장 높은 단 위에 자리하고 있다. 대웅전은 건물 자체로도 중요한 문화재이면서 한국조각사에서 매우 중요한 세 분의 불상이 모셔져 있는 곳이기도 하다. 바로 보물 '예산 수덕사 목조석가여래삼불좌상 및 복장유물'(1639년)이다. 이 삼불상은 만공스님이 수덕사를 중창 불사할 당시에 전북 남원에 있는 만행산 귀정사(歸淨寺)에서 이운해 와 봉안한 불상이다. 특히 수덕사는 백제 사찰의 하나로 문헌에 등장하여 현재까지 그 명맥을 유지하는 사찰이다. 〈삼국유사〉와 〈속고승전〉의 기록에 따르면, 백제의 고승 혜현스님이 수덕사에 주석하며 〈법화경〉과 〈삼론〉을 강의했다고 한다.

고려시대 수덕사의 역사를 엿볼 수 있는 것은 바로 주불전인 대웅전이다. 수덕사 대웅전은 1937년 전면적으로 해체 수리를 하게 되었는데, 이때 고려 후기인 1308년(충렬왕3)에 건축되었다는 사실이 밝혀졌다. 대웅전 부재들 사이에 불상과 공양한 꽃, 나한들, 극락조, 비천 등을 주제로 그려진 작은 벽화들은 고려 시기의 아름다운 작품이다. 대웅전을 수리할 때 보존하고자 떼어낸 후에 안타깝게도 6. 25전쟁 당시 모두 부서져 사라졌다. 그중 모사했던 그림 몇 편만 남아 있을 뿐이다.

〈동국여지승람〉에 대웅전 이외에 취적루와 불운루라는 두 개의 누각이 있었다고 쓰여 있다. 16세기 전반까지도 큰 가람이 유지되었음을 확인할 수 있다. 임진왜란의 전쟁 통에도 다행히 대웅전은 유지되어 현재에 이르고 있다.

시간적 개념 공간으로 확장한 삼세불

수덕사 대웅전에 모셔져 있는 목조삼불상과 그 안에서 나온 복장유물, 그리고 연화대좌, 수미단(須彌壇)이 일괄로 보물로 지정됐다. 이 삼불상의 존명은 현재불인 중앙의 석가여래를 중심으로 왼쪽(향우)에 동방유리광정토의 주존인 약사여래, 오른쪽(향좌)으로 서방극락정토의 주존인 아미타여래를 함께 봉안한 석가여래삼세불이다.

삼세불이란 본래 과거불·현재불·미래불을 일컫는 시간적 개념의 삼세(三世)이다. 수덕사 삼불상은 공간적으로도 확장하여 현재의 공간과 동방, 서방의 공간이 합쳐진 삼세 불상의 개념으로 봉안된 것이다. 이러한 공간적 개념의 삼세불은 조선시대 크게 유행하였고, 사찰마다 많이 모셔졌다.

임진왜란 후 사찰의 주불전에 봉안된 삼세불상들은 대부분 커다란 불단 위에 세 불상을 각각의 대좌 위에 봉안하는 것이 일반적이었다. 수덕사 삼세불상은 이와 달리 중앙의 석가여래는 대좌형 수미단(須彌壇) 위에 봉안되어 있다.

이 수미단은 고려시대 불탁(佛卓)과 그 장엄수법이 동일한 것으로, 고려시대 불탁의 특징을 보인다. 수미단의 기초는 일반형 불탁과 달리 대웅전 마루 밑면 약 30cm 지점의 초기 평면과 동일하다. 그곳에서부터 육각의 지대석이 탁자를 지탱하고 있으므로 조성 시기는 대웅전 건립 연대(1308년)와 같을 것으로 추정된다.

석가여래는 당당한 어깨와 무릎을 넓게 하여 안정되어 보인다. 네모난 넓은 이마에 이목구비는 단정하고 얼굴에는 부드러운 미소가 번져 있다. 수인은 왼손을 무릎 위에 두고 오른손은 무릎 아래로 내린 항마촉지인(降魔觸地印)을 하고 있다. 옷차림은 양어깨를 다 덮는 통견(通肩)식으로 입었으나, 석가여래는 오른팔을 드러낸 모습이다. 옷주름은 몇 가닥으로 정돈되어 규칙성을 보이고 있다.

약사여래와 아미타여래는 본존불과 모습이 흡사하다. 그러나 각각의 불상에 작가적 기량을 발휘하여 옷차림과 흐르는 옷단 등에 약간씩의 변화를 주었다. 약사여래는 왼손을 위로 하고 오른손을 아래로 하여 엄지와 중지를 맞댄 채 오른손 바닥에 약그릇을 들고 있다. 이에 비해 아미타여래는 약사불과 손의 위치를 반대로 하고 있어 좌우 대칭을 이루고 있다.

완숙한 경지 수연스님 대표작

삼세불상은 대웅전에 봉안되어 있지만 발견된 복장유물은 수덕사근역성보관에 따로 이운되어 있다. 복장에서는 조성 연대와 사찰, 작가와 시주자를 알 수 있는 발원문을 비롯하여 17세기 초반에 간행된 목판본인 중요 전적들이 나왔다. 뿐만 아니라 조선 중기 두루마기 형태의 의복이 발견되어 직물과 복식 연구에 중요한 자료가 되고 있다.

복장유물을 통해 1639년(인조17)에 수연(守衍)스님과 6명의 스님들이 함께 조각한 것으로 밝혀졌다. 대표 화원인 수연스

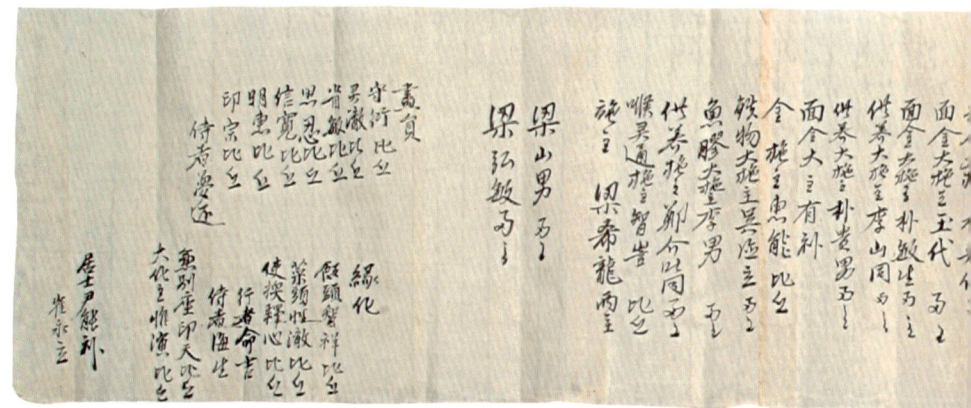

목조석가여래삼불좌상 복장발원문
조성 연대와 사찰, 작가와 시주자를 알 수 있는 발원문뿐만 아니라 조선 중기 두루마기 형태의 의복도 발견되어 직물과 복식 연구에 중요한 자료가 되고 있다(1639년). (사진제공:수덕사근역성보관)

님은 17세기에 여러 스님들과 많은 불상을 조성하여 현재에도 전해진다. 서천 봉서사 아미타삼존상(1618년), 강화 전등사 대웅전 삼세불상(1623년), 나주 다보사 석가삼존상 및 16나한상(1625년), 익산 숭림사 영원전 지장보살삼존상과 명부 권속(1634년), 강화 전등사 지장보살삼존상과 명부 권속(1636년) 등이 스님이 남긴 불상이다.

발원문을 통해 삼세불상을 조성할 당시에 풍국사에 봉안했던 것이 확인됐다. 그런데 석가여래상과 약사여래상은 대웅전에 모시고, 아미타여래상은 보광전에 봉안했다고 한다. 삼존을 함께 조성했으나 사찰의 사정으로 나누어 봉안했던 것으로 추정된다. 이 삼세불상은 후에 전북 남원에 있는 만행산 귀정사로 옮겨졌다가 만공스님에 의해 다시 수덕사에 모셔졌다.

崇禎十二年歲次己卯三
冬月日萬行山豊國寺
普光殿
彌陀尊像新造成腹
藏發願同叅記
願以此功德普及於一
切我等與衆生當生
極樂國親見無量壽
皆共成佛道
伏願
主上殿下壽萬歲
王妃殿下壽齋年
世子邸下壽千秋
亦願
佛像施主萬善莊嚴
法界含灵九蓮化生
仰惟
三寶證明功德

이처럼 '수덕사 목조석가여래삼불좌상'은 17세기 전반에 하나의 유파를 형성하여 불상을 조성했던 수연스님의 완숙한 경지에 이른 작품세계를 보여주는 대표작이다. 특히 고려 불화에서나 볼 수 있는 고려시대의 수미단을 실물로 볼 수 있으며, 복장물에서 발견된 다양한 유물들은 당시 불상의 복장물이 어떻게 구성되어 있는지도 살펴볼 수 있는 귀한 유물이다.

맞배지붕으로 된 단아한 대웅전에서 삼배를 올리고 대웅전을 한 바퀴 돌아본다. 그러다 마당을 내려다 보니 오가는 사람들 모습도 고요하고 평화롭게 느껴진다.

① '녹원전법상'과 '쌍림열반상'

40 예천 용문사 팔상도

부처님 탄생에서 열반까지 가장 드라마틱한 장면

초록으로 빛나는 거리에 형형색색 나부끼는 연등이 삭막한 우리 마음을 환하게 밝혀준다. 부처님오신날이 다가오면 이를 위한 준비로 사찰은 1년 중 가장 분주한 시기를 보낸다.

석가여래의 생애를 여덟 장면으로 그린 '예천 용문사 팔상도'는 무명에 빠져 허덕이며 사는 중생들에게 진리의 빛을 선사한 석가여래의 생애에 대해 쉽게 가르쳐준다. 석가여래가 세상에 오신 이유와 우리의 존재에 대해 다시 한번 곰곰이 생각해 볼 수 있다.

예천 용문사 팔상도 | 보물
1709년(숙종35)에 제작된 팔상도. 전 장면이 한 폭에 두 장면씩 그려져 총 4폭이 온전하게 남아있다. (가로180×세로224cm, 비단 채색, 1709년)

부처님 생애 여덟 장면으로 압축

사찰에는 석가여래를 모신 법당이 있다. 대웅전(大雄殿)은 석가여래의 다른 호칭인 '위대한 영웅을 모신 집'이라는 뜻이다. 이외에도 석가여래의 진신사리를 모신 적멸보궁(寂滅寶宮)이 있다. 팔상전(八相殿) 또는 영산전(靈山殿)도 석가여래를 모시는 법당이다. 특히 팔상전에 모신 팔상도는 석가여래의 일생을 여덟 개의 장면으로 압축하여 그린 그림이다. 불교회화 가운데 가장 서사적이며, 중생들이 부처님의 일대기를 이해하고 삼보에 귀의하기를 바라는 뜻이 담겨 있다.

팔상(八相)은 인도에서 시작됐다. 석가여래의 입멸 후 구도의 길에서 방황하는 많은 불교도들이 스승을 그리워하게 된다. 상실감에 빠진 이들이 스승을 그리워하며 자주 찾게 되는 곳, 석가여래를 기념할 수 있는 대표적인 곳이 있었다. 바로 석가여래가 탄생한 룸비니, 깨달음을 이룬 부다가야(보드가야), 처음으로 설법했던 사르나트, 열반에 들었던 쿠시나가라 등이다. 이러한 장소와 거기에서 벌어진 이야기들이 8장면으로 요약되어 큰 탑의 난간이나 문, 혹은 석굴사원에 조각이나 그림으로 표현됐다.

많은 사람들은 이렇게 표현된 여러 장면들을 보고서, 스승의 위대함에 경외를 표하고, 스스로를 위무하며 더욱 확고한 신앙심을 갖게 됐다. 조각이나 그림으로 표현된 내용들을 직접 보면서 느낀 감동은 이야기를 듣는 것보다 대중들에게 전달력이 훨씬 뛰어났기 때문이다.

그렇다면 인도에서 중요한 석가여래의 8장면은 우리나라와 같았을까. 그렇지 않다. 인도에서 팔상은 탄생, 성도, 설법, 열반의 4장면에 석가여래가 신통력으로 여러 이적을 보이는 장면이 더해졌다.

사위성에서 이교도를 불교에 귀의시키기 위해 다양한 기적을 이루신 대신변(大神變), 어머니 마야부인을 위해 도리천에서 설법한 뒤 하강하는 종도리천강화(從忉利天降下), 라자그리하(왕사성)에서 술 취해 난동을 부리는 코끼리를 항복시킨 취상조복(醉象調伏), 원숭이가 석가여래의 사발을 찾아서 꿀을 가득 채워 공양했다는 원후봉밀(猿猴奉蜜) 등 이다.
포교를 위해 석가여래께서 보여준 여러 가지 이적을 나타내는 장면이 당시에는 더 선호되었음을 짐작할 수 있다. 이처럼 부처님 생애의 8장면 구성과 내용은 나라마다 약간씩 차이가 난다.

한국의 팔상도는 어떠한 내용으로 그려졌을까.
현재 남아 있는 팔상도는 조선 후기에 그려진 그림들이다. 대표작으로는 용문사(1709년), 송광사(1725년), 쌍계사(1728년), 통도사(1775년), 흥국사(1869년) 등이 있다. '예천 용문사 팔상도(八相圖)'는 그 가운데 가장 이른 시기인 1709년(숙종35)에 조성된 것이다.

조선 후기 팔상도에 니디니는 그림의 연원을 찾아 올라가면 조선 전기의 판화 그림에서 찾을 수 있다. 세조가 즉위한 후 〈월인천강지곡〉과 〈석보상절〉을 합쳐 편찬한 〈월인석보(月印

釋普)〉, (1459)에 팔상도가 남아 있다. 이를 모본으로 하였음을 알 수 있다. 이후 〈석씨원류응화사적(釋氏源流應化史跡)〉, (1673)에 그려진 다양한 장면들을 더해서 팔상도가 그려졌다.

한 폭에 두 장면씩 생생하게 묘사

'용문사 팔상도'는 첫 번째 도솔내의상(兜率來儀相)부터 여덟 번째 쌍림열반상(雙林涅槃相)에 이르기까지 팔상도의 전 장면이 한 폭에 두 장면씩 총 네 폭에 온전하게 남아 있다. 그려진 장면들은 이야기를 술술 풀어내 듯 생생하게 전달하고 있다.

제1폭은 석가여래가 도솔천에서 코끼리를 타고 사바세계로 내려오는 장면인 도솔래의상(兜率來儀相)과 석가여래가 룸비니공원에서 마야부인의 옆구리를 통해 출생하는 모습을 그린 비람강생상(毘藍降生相)이다.

제2폭은 태자가 성문 밖 중생들의 고통을 관찰하고 인생무상을 느끼는 장면의 사문유관상(四門遊觀相)과 부모의 반대를 무릅쓰고 출가하는 장면을 묘사한 유성출가상(踰城出家相)이다.

제3폭은 설산(雪山)에서 신선들과 수행하는 모습을 그린 설산수도상(雪山修道相)과 태자가 수행 중 온갖 유혹과 위협을 물리치는 수하항마상(樹下降魔相)이다.

마지막 4폭은 녹야원에서 최초로 설법하는 모습을 나타낸 녹원전법상(鹿苑轉法相)과 쌍림수 아래에서 죽음에 이르는 모습을 표현한 쌍림열반상(雙林涅槃相)이다.

이처럼 '용문사 팔상도'는 석가여래의 탄생에서 죽음에 이르기까지 가장 드라마틱한 장면을 보여주고 있다.

② '비람강생상'과 '도솔래의상'

③ '유성출가상'과 '사문유관상'

④ '수하항마상'과 '설산수도상'

인물이 생동감 있게 표현된 '수작'

'용문사 팔상도'는 비단에 안료로 채색하여 그려진 것이다. 바탕색은 황토를 써서 전체적으로 밝고 따뜻한 느낌을 준다. 인물과 사물에는 붉은색과 녹청색을 주로 사용했다. 밝고 선명한 색상과 다채로운 채색이 아름답다. 한 장면에 여러 이야기를 표현하기 위해서 구획이 필요한 부분은 파스텔톤의 구름을 이용하여 나누었다.

한 폭의 그림에는 2~3장면만을 강조하여 비교적 간단하게 요약하여 구성했다. 예를 들면 도솔래의상에서 보듯이 상하 2단으로 나누었다. 상단에는 구름 속 주악천녀(奏樂天女)에 싸여서 코끼리를 타고 마야부인의 꿈속으로 내려오는 호명보살(護明菩薩) 일행을 나타내었다. 하단에는 궁전 누각에서 잠을 자는 마야부인 일행만 배치했다.

이러한 단순한 구도는 팔상도 각 폭에 공통적으로 나타나는 특징이다. 이렇게 인물들을 간소화시키면서 화면에 중요 인물이나 대상들을 모두 큼직하게 묘사할 수 있었다. 인물들을 원만하면서도 개성 있고 활달하게 묘사했다.

이 불화는 예천 용문사 성보박물관에 봉안되어 있다. 용문사는 870년(경문왕10)에 두운(杜雲)스님이 창건했다고 한다. 우리나라에 하나밖에 없는 대장전(大藏殿)과 윤장대(輪藏臺, 국보)로 유명한 곳이다. 4계절마다 그 전경이 아름다워 예로부터 많은 이들이 찾아와 시를 남긴 곳이기도 하다.

누구나 한번 태어나고 반드시 죽음에 이르는 것처럼 자연에 순응하면서 여유 있게 살라고 스스로 격려해 보고 싶다. 부처님 오신날에는 등(燈)을 올리며 어떠한 소원을 빌어볼까. 연등을 밝힌 사람들이 마음에 품은 조그마한 소원 하나는 반드시 이루어지기를 바래본다.

41 익산 심곡사 칠층석탑 출토 금동불감 및 금동아미타여래칠존좌상

다시 세상에 나툰 석탑 속 일곱 부처님

익산 심곡사 금동아미타여래칠존좌상 | 보물
심곡사 칠층석탑에서 출토됐다. 한국불교조각사 연구에서 조선 초기
외래 양식의 전래와 수용 과정을 살펴볼 수 있는 중요한 성보이다.

익산 심곡사는 미륵산 중턱 깊숙한 곳에 자연 그대로의 아름다운 모습을 간직하고 있다. 대중들에게 잘 알려지지 않는 사찰로 호젓한 산길에서 만나는 시원한 바람이 살갗으로 스며드는 듯하다. 2012년 이 조용한 사찰에서 세상의 이목을 집중시키는 일이 발생했다. 바로 심곡사 경내에 있는 칠층석탑 안에서 불상들이 쏟아져 나왔던 것이다.

출토 당시 칠층석탑 불상 모습

필자도 이 소식을 듣고 기대감으로 부풀어 한걸음에 달려갔다. 심곡사에 도착해 예술적으로 뛰어난 불상들과 조우했을 때 느꼈던 감동이 아직도 생생하다. 그리 크지 않은 탑 안에 이렇게 많은 불상이 납입된 것이 신기할 정도였다.

심곡사는 통일신라시대 문성왕(839~856)때 창건되었으며, 19세기에 중건됐다. 100여 년 전 200m쯤 떨어진 산등성이에서 현재의 위치로 옮겨 왔다고 전하는데, 이때 대웅전 앞마당에 있는 칠층석탑도 함께 이전된 것으로 보인다. 이 석탑은 조선 초기에 조성된 탑으로 규모는 크지 않다. 전체적으로 단아한 느낌을 주며 좁은 7층의 탑신을 밀집하게 쌓아놓은 형태이다.

석탑 사리공 불감 불상 7구 발견

2012년 기울어진 칠층석탑을 보수하기 위해 해체 수리를 하면서 익산 심곡사 칠층석탑 출토 금동불감(金銅佛龕) 및 금동아미타여래칠존좌상(金銅阿彌陀如來七尊坐像)이 세상에 드러났다. 탑을 다 해체하고 마지막 지대석 윗면이 드러났을 때 사리를 넣기 위해 마련한 사각형의 홈(사리공, 25.0×24.0cm, 깊이 18.0cm)에서 불상 7구가 불감 안에 놓여 있었다.
불상이 발견된 사리공의 위치가 지표면과 거의 같아, 오랜 세월 동안 빗물과 흙 등에 범벅이 되었기 때문에 일부는 훼손된 상태였다.

불감 앞쪽에는 아미타여래와 관음보살과 대세지보살상으로 구성된 삼존불이, 뒤쪽에는 여래상 2구와 관음·지장보살상 4구가 안치되어 있었다. 뒤편 4구의 상들보다 앞에 안치된 삼존상이 조금 더 큰 편이다. 모두 개금을 한 이 상들은 흙 속에 매몰되어 있던 부분에는 금박이 많이 남아 있어 반짝반짝 빛났다.

원·명대 티베트 라마불교 영향

앞쪽에 있는 삼존불은 두 보살상이 본존을 향하고 있으며, 가운데 상은 본존불로 다른 보살상보다 약간 크게 조각되었다. 가운데 금동아미타불상(높이 14.5cm)은 갸름한 얼굴에 명상에 잠긴 듯한 표정이다. 머리 정상에는 뾰족한 정상계주가 표현되었고, 노출된 가슴에는 유두(乳頭)를 도드라지게 표현하였다. 옷은 한쪽 어깨를 드러낸 편단우견식으로 입었다. 가슴 앞을 사선으로 가로지른 대의 자락은 바깥으로 접혀져 있는데, 주름을 자연스럽게 표현하여 신체와 유기적으로 결합되어 있다. 뒤로 넘겨진 옷자락도 너풀거리며 율동적으로 내려오는 세련된 조각기법이 돋보인다. 상의 뒷면은 일부 깨어져 있으며, 내부는 머리까지 거의 비어 있는 기법으로 주조되었다.

설법인을 짓고 있는 두 협시보살상은 본존불과 신체비례와 얼굴 표현이 거의 흡사하다. 대좌 아래에서 솟아오른 한 줄기 연꽃 위에 발을 얹고 있는데, 유희좌의 포즈로 유연하고 자연스러운 모습이다. 장신구와 천의를 매우 화려하게 표현하였다. 좌협시인 금동보살상(높이 12.4cm)은 가슴과 배 부분의 양감이 풍부하다. 보관은 삼산관 형태인데 좌우 대칭적으로 뻗어나간 덩쿨 자락 끝에 구슬을 달아 장식하고 있다. 왼손을 올리고 오른손으로는 천의 자락을 잡고 있다. 우협시 금동보살상(높이

12.4cm)은 오른손을 올리고, 왼손으로는 천의자락을 잡고 있어 앞 보살상과는 대칭적인 모습을 띠고 있다. 이 두 보살상은 거의 비슷한 모습이다. 우협시 보살상의 보관에 화불이 표현되어 있어 관음보살상임을 알 수 있다.

고려시대 전통 불상 계승

삼존불 뒤에는 불·보살상 4구가 안치되어 있다. 향우측 끝에 정병을 든 관음보살상(높이 7.35cm)은 보관과 영락 등에 표현된 구슬형 장식이 묵중한 느낌을 준다. 상의 뒷면까지 허리 중앙에 영락 장식을 하였고, 발목 근처에 모아지는 대의 끝자락에 문양을 새겨 화려함을 강조하였다. 향좌측 끝에 두건을 쓴 금동지장보살상(높이 6.84cm)은 두 손으로 보주를 들고 있다. 이 두 보살상 사이에는 아미타구품인을 대칭적으로 짓고 있는 두 구의 불상을 안치했다. 이 두 금동불상(높이 7.26cm)은 크기와 얼굴, 옷의 표현에서 서로 같다. 수인은 설법인을 하였는데, 대칭적인 모습이다. 가슴에 만(卍)자가 선각으로 새겨져 있다.

이들 4구의 존상들은 앞에 안치된 아미타삼존상과는 그 모습이 많이 달라 함께 조성된 상이 아닌 것으로 보인다. 둥근 머리 모양에 얼굴은 둥글고 납작한 편이며 어린아이 같은 얼굴이다. 육계는 낮고, 안정적인 신체비례감을 보인다. 앙복련(仰覆蓮)으로 구성된 2중 대좌 형태이며, 대좌 끝에는 연주문(連珠文)이 표현되어 있다. 이처럼 연주문이 표현된 연화대좌는 고려 말부터 조선 초기에 유행했던 형식이다.

칠층석탑에서 나온 불감

이 7구의 불상들은 불감 안에 놓여 있었다. 불감의 밑면에는 두 줄로 불상 7구를 고정했던 구멍이 흔적으로 남아 있다. 뒤에 4구, 앞에 3구를 불감 안에 봉안했던 것으로 실제 발견된 불상과도 일치하고 있다.

불감은 금동판에 타출기법으로 여러 불보살상과 문양들을 조각해 이어 붙인 형태로 지붕이 없다. 이는 본래부터 불상을 탑에 봉안하기 위한 외함으로 조성했던 것으로 보인다. 문짝은 2

중의 동판으로 이루어져 있는데, 두 개의 판을 마주 붙여 고정하였다. 불감의 몸체 내부 중앙벽에 아미타 삼존불을 타출기법으로 새겼다. 그 위에 구름문양이나 옷주름을 음각선으로 새겨 세부적으로 간략하게 문양을 새겼다.

이렇게 불감 밑면에 상들을 고정시켜 봉안한 예는 고려 후기에 조성된 구례 천은사 불감에서도 나타난다. 금동 불감의 중앙벽을 타출기법으로 사경화와 같이 불보살상을 표현한 것도 고려 말 조선 초 불감에서 많이 보이는 특징이다.

불감 중앙벽

앞쪽의 아미타삼존불에서는 중국에서 유행했던 원·명대(元·明代) 티베트 라마불교 불상의 영향이 강하게 보인다. 우견편단의 착의법, 높고 뾰족한 정상계주 표현, 가슴에 두드러진 유두의 표현, 두 보살상의 높고 화려한 보관과 복잡한 영락 장식 및 귀걸이 등의 표현법이 그 특징이다. 이에 비해 뒤에 안치된 지장보살상과 관음보살상, 2구의 여래상은 고려시대의 전통양식을 따르고 있다. 양쪽 어깨를 덮은 옷을 입고 있으며, 둥근 얼굴과 낮은 육계, 단순화시킨 영락 표현 등에서 고려시대 불상의 전통양식을 따르고 있음을 알 수 있다.

조선 초기에는 이러한 두 가지 계통의 불상이 함께 조성되었으므로 이 7구의 불보살상들과 불감은 조선 초기에 심곡사 칠층석탑을 조성할 때 탑에 봉안된 것으로 보인다. 그러나 불감은 고려 때 제작한 것을 이후 탑에 봉안되었을 가능성도 있다.

탑에 진신사리 대신 불상 봉안

이 불상들은 작은 금동불상이지만 당시 불상의 불복장 의식 예법을 따르고 있다. 탑 안에 불상을 봉안하는 것을 마치 법당에 불상을 봉안하듯이 복장을 하고, 마지막 의례인 점안을 하여 탑에 안치하였던 것이다.

이렇게 탑에 다른 사리장엄구를 넣지 않고 불상을 봉안하는 것은 무슨 이유일까. 탑에 불상만을 봉안한 것은 복장을 한 불상이 완벽한 신앙의 중심이 되었으므로 불상이 진신사리를 대신했던 것으로 이해된다. 진신사리를 구하기 어렵다는 문제도 탑 안에 불상을 봉안하였던 현실적 이유가 되었을 것이라고 짐작된다.

익산 심곡사 칠층석탑 봉안 불상은 한국불교조각사 연구에서 조선 초기 외래 양식의 전래와 수용 과정을 살필 수 있는 중요한 상이다. 또한 탑이라는 분명한 출토지에 7구의 불상이 모두 한 불감 내 온전한 형태로 발견되었다는 점에서 더욱 그 가치가 크다.

당시 이 불상을 조성한 발원자들은 무슨 바람으로 탑 안에 불상을 봉안하였을까. 아마도 불상을 조성한 공덕으로 사랑하는 가족이 극락정토에 태어나고, 현세에서도 늘 행복하고 건강하기를 염원하였을 것이다. 그리고 가족을 넘어 세상을 위해서 평화와 안녕을 기원하였을 것이다. 시대를 거슬러 불상에 담긴 그 마음들을 돌아본다.

42 진주 청곡사 목조제석천·대범천의상

친견할 때마다 생동감 넘치는 독창적 불상

**진주 청곡사
목조제석천·대범천의상 | 보물**
관복에 보관을 쓰고 앉아 있으며
손에는 연꽃을 들고 있다.
사진은 범천상.

청곡사는 명당에 있다. 천년의 세월, 고고한 청학의 자태로 아름다움을 간직하고 있는 사찰이다. 여기 청곡사에 우리나라 불교조각사에서 아주 귀한 사례인 조선 후기에 조성된 제석천·대범천상이 봉안되어 있다. 이 신상들을 조각한 작가는 인영(印迎)스님으로 1657년 청곡사의 여러 존상들을 조성하면서 제석상과 범천상도 함께 조각한 것이다. 이러한 추정은 이 스님의 작품 세계가 매우 독창적이고, 조각 기술이 뛰어나서 다른 불상들과 확연히 구분되기 때문에 가능하다.

조선 후기 인영스님의 제석천·대범천상

인영스님이 남긴 불상은 청곡사에만 남아 있어 '청곡사 제석·대범천상'은 그 가치가 크다. 이 상들은 여러 면에서 주목되어 1995년에 보물로 일찍이 지정됐다. 현재 '청곡사 목조제석천·대범천상'은 대웅전에서 성보박물관으로 옮겨 모시고 있다.

청곡사 만큼 학과 인연이 깊은 곳이 있을까. 청곡사는 879년(신라 헌강왕5)에 도선국사가 창건했다. 도선국사는 남강 변에서 학이 이곳으로 날아와 앉는 것을 보고 천하명당이라 여겨 여기에 절터를 잡았다고 한다. 학이 찾아와 먹이를 먹는 계곡에 징검다리가 있어 이곳에서 학을 날려 보냈다 하는 방학교(訪鶴橋)가 있다. 학이 목욕을 했다는 학영지(鶴影池)도 있다. 종루 옆에는 환학루(喚鶴樓)가 있는데 학을 부른다는 뜻이다. 이처럼 청곡사는 학과 인연이 깊다.

청곡사는 월아산(月牙山)에 있는데 달빛이 아름다운 산이라는 뜻이다. 높이가 482m밖에 되지 않아 한나절 산행으로 알맞은 곳이다. 청곡사는 조선을 건국한 태조 이성계의 계비(繼妃)인 신덕왕후(神德王后)의 원찰(願刹)이다. 청곡사 아랫마을이 신덕왕후의 고향이다. 인근 우물가에서 신덕왕후가 버들잎 가지를 띄운 물을 이성계에게 건넸다는 이야기는 유명하다. 현재 국립중앙박물관에 소장되어 있는 '청곡사명 청동 은입사 향완'은 왕후의 명복을 빌기 위해 1397년에 만들어진 것이다.

관복 입은 제석천 · 대범천상

'청곡사 제석천 · 대범천상'은 양 끝으로 용이 장식된 의자에 앉아 있다. 머리에는 화려한 장식이 있는 보관(寶冠)을 쓰고 있다. 범천상은 오른손을 들어 설법인의 수인을 짓고 있고, 왼손은 무릎 위에 놓아 중지와 검지를 구부려 엄지와 맞대고 있다. 제석천은 범천과 대칭적인 손 모양을 하고 있으며 연꽃가지를 들고 있다. 얼굴은 보살상 같은 자비로운 인상이다. 보관에는 봉황 · 화염무늬 장식이 달려 있으며, 보관 윗부분에는 구슬형의 장식이 달려 있다.

제석천과 범천의 얼굴은 가로로 긴 방형에 가깝고, 당당하고 명랑한 인상을 준다. 이 상들은 명부전의 시왕상들처럼 문관복을 입었다. 목깃을 접고 허리에는 띠를 둘렀다. 허리띠 자락이 양다리 사이로 흘러내려 발까지 이르고 있다. 정강이 부분에는 불꽃모양으로 아래로 향하게 장식했다.

범천상은 양 어깨에서 내려온 옷자락이 마치 손목을 거쳐 무릎 옆으로 흐르는 듯하다. 반면에 제석천은 무릎 부분에서 엇갈리

제석천상과 대범천상

고 발목 부분에서 다시 한 번 교차되면서, 허리에서 늘어진 띠로 휘감겨져 있다. 얼굴과 피부는 호분으로 칠해 하얗다. 옷과 의자는 붉은색과 초록색으로 채색되어 선명하고 밝은 색채감으로 경쾌한 인상을 준다. 이처럼 '청곡사 제석천·대범천상'은 관복에 보관을 쓰고 의자에 앉아 있으며 손에는 연꽃을 들고 있다. 이러한 모습은 명부전이나 시왕전에 있는 시왕상의 모습과 아주 흡사하다.

또 다른 제석천·대범천상 모습

우리나라에 남아 있는 다른 제석천·대범천상은 어떤 모습일까. 대범천은 고대 인도 브라만교에서 '세계창조의 신'인 동시에 수행자의 모습으로 등장한다. 이에 비해 제석천은 무사적 성격을 지닌 '신들의 왕'이었다. 불교에 수용되어 불법(佛法)을 지키는 신상이 되었다. 사천왕상 등과 더불어 불교미술에 있어 중요한 위치를 차지하고 있다.

제석천과 범천은 간다라나 인도 초기 불교미술에서는 석가여래의 탄생, 범천이 석가여래에게 설법을 청하는 이야기, 제석굴에서 설법하는 이야기, 석가여래의 열반 등 석가여래의 일생의 주요 장면을 조각한 불전도에서 등장한다.

한국에서 범천과 제석천상이 함께 등장하는 것은 751년 무렵 조성된 토함산 석굴암이다. 본존인 석가여래를 중심으로 향좌측에는 범천상이, 향우측에는 제석천상이 배치되었다. 석굴암에 등장한 모습은 우아한 보살형이다.

범천상과 제석천상은 공통적으로 오른손에는 불자(拂子)를 들고 있다. 범천상은 왼손에 인도 수행자의 지물인 정병(淨瓶)을 들으며, 제석천은 끝이 다섯 갈래로 된 금강저(金剛杵)를 들고 있다. 이 지물들은 〈다라니집경〉에 근거한 것이다. 제석천이 들고 있는 금강저는 벼락을 형상화한 것이다. 옛 인도 신화에서부터 제석천이 지녔던 강력한 무기를 상징하고 있다.

통일신라 후기와 고려 초기 불교조각에서 범천과 제석천상은 석탑과 승탑, 사리기에 부조상으로 조각됐다.

조선시대에 이르러 단독상으로 제석천상을 모신 예가 나타났다. 1645년 상원사 목조 제석천상이다. 인조의 아들 소현세자(1612~1645)의 명복을 빌기 위해 조성된 것이다. 관복을 입고 보관을 쓰고 의자에 앉아 있는 모습으로 '청곡사 제석천·대범천상'과 비슷하다. 또한 1656년(효종7)에 완주 송광사 나한전에는 범천과 제석천상을 함께 모시지 않고, 제석천상만 2위를 봉안했다고 한다. 이처럼 조선시대에는 상원사처럼 제석천상만 단독으로 모셔지기도 하고, 완주 송광사 나한전처럼 2위의 제석천상만 봉안되기도 했다.

개성파 인영스님의 유일 조각

'청곡사 제석천·대범천상'은 얼굴과 신체의 표현 등에서 조선 후기에 조성된 다른 불상들과 확연히 구별되는 독창적인 모습을 하고 있다. 특히 가로로 긴 동그란 얼굴에 눈매와 입을 야무지게 표현하여 보는 이에게 즐거움을 준다. 어린아이 같은 얼굴을 하고 있으며, 신체비례도 아이와 같이 귀엽게 표현했다. 나무라는 재질의 특성을 잘 이용하여 만든 활달한 선들은 유기적으로 조화를 이루고 있다. 깔끔하고 섬세하게 마무리했다.

이 상들을 조각한 작가가 궁금해지지 않을 수 없다. '청곡사 제석천·대범천상'은 현재 업경전에 있는 지장보살과 시왕상들의 모습과 워낙 흡사하여 같은 작가의 작품임을 의심할 여지가 없다. '업경(業鏡)'은 살아생전에 지은 죄를 비쳐주는 거울을 뜻한다. '업경전'은 명부의 세계를 관장하는 지장보살과 권속을 봉안하는 전각이다. 일반적으로 지장전과 명부전으로 편액하는 것에 비해 특이한 사례이다.

다행히도 업경전의 지장시왕상 등에서 복장물이 발견되어 1657년 인영스님을 수화승으로 하여 여러 화원에 의해 조성된 사실

청곡사 목조지장보살삼존상 | 보물
(1657년)

이 밝혀졌다. 인영스님이 조성한 다른 작품은 아직 발견되지 않았다. 그의 작가적 개성을 보여주는 유일한 작품인 것이다.

그러나 제석천·대범천상은 원래 명부전에 모시는 존상이 아니다. 아마 석가여래를 모시는 전각인 대웅전과 나한전 등에 봉안했을 것이나 현재 모셔져 있는 불상들과 달라 여러 궁금증을 자아낸다.

도선국사가 택한 명당, 청곡사에 모셔져 있는 '청곡사 제석천·대범천상'을 친견하시길 권한다. 인도의 초기 불교미술에서 한 쌍으로 조성되던 제석천과 범천상이 조선시대에 재현된 상이다. 뵐 때마다 생동감 넘치는 긍정에너지를 받을 수 있고, 미소를 머금게 하는 상이다. 시간을 내어 친견한다면 누구에게나 남다른 즐거움을 선사할 것이다.

43 평창 월정사 석조보살좌상

이 지극함! 무엇을 공양하는 모습일까?

강원도 평창 오대산 월정사에 가면 매번 그냥 지나치지 않는 곳이 있다. 탄허스님이 행서로 쓴 '월정대가람(月精大伽藍)'이란 현판이 걸려 있는 일주문으로 들어서서 1km 정도 펼쳐진 울창한 전나무 숲길이다. 원래 이 숲은 전나무 아홉 그루에서 시작됐다고 한다. 씨를 퍼뜨려 나무가 숲을 만들고, 숲이 나무를 키워 지금의 숲을 이루었다.

천년고찰 월정사는 아름다운 전나무 숲과 길을 품고 있다. 피톤치드가 가득 차 있는 이 길을 걷노라면 머릿속이 맑아지고, 마치 세상 모든 번뇌와 동떨어진 세계로 들어선 것 같다. '월정(月精)'이라는 사찰의 이름처럼 고요한 달이 내 마음을 비추어주듯 아름다운 세계로 접어든 것이다.

자장율사가 643년(선덕여왕12) 창건한 월정사는 6. 25전쟁 때 전각이 모두 전소되는 아픔를 겪게 된다. 몇 군데 총알자국이 있지만, 다행히도 월정사 팔각구층석탑과 그 앞에 있는 석조보살좌상만 큰 화를 피했다. '월정사 석조보살좌상(平昌 月精寺 石造菩薩坐像)'은 월정사를 대표하는 성보일 뿐만 아니라 우리나라만의 독창적인 문화재이다.

평창 월정사 석조보살좌상 | 국보
높은 천정에서부터 내려오는 빛이 석조보살상을 비추도록 전시해 본래의 보살상을 친견하는 묘미를 더해주고 있다.
(사진제공:월정사 성보박물관)

국보가 된 월정사 석조보살좌상

원래 월정사 팔각구층석탑만 국보였는데, 2017년 보물이었던 석보보살좌상이 국보로 승격됐다. 당시 문화재청은 "월정사 팔각구층석탑과 월정사 석조보살좌상은 조성 당시의 조형적, 신앙적 의미를 모두 찾을 수 있는 것으로 판단되어 함께 국보로 묶는다."고 취지를 설명했다. 월정사 석조보살좌상과 팔각구층석탑은 어떤 의미를 담아 함께 조성한 한 세트이다. 따라서 보살상을 탑에서 분리하는 것은 그 가치와 의미를 상실한다는 것이다.

월정사 팔각구층석탑은 높이 15.2m로 평면은 팔각형을 이루고 있다. 우리나라 석탑은 고려시대에 이르면 평면이 통일신라 석탑의 방형에서 벗어나 다각형으로 되었다. 층수도 다층으로 변하게 된다. 월정사 팔각구층석탑은 우리나라에 현존하는 고려시대 다층석탑 가운데에 가장 아름답다는 평가를 받고 있다.

탑 앞의 보살상은 높이 1.8m로 석조로 조성됐다. 연화대좌 위에 두 손을 가슴에 모으고 무릎을 꿇고 앉아 무언가를 공양하는 모습을 하고 있다. 탑을 향해 공양하는 보살상은 고려시대, 특히 강원도 지역에서만 집중적으로 조성됐다. 고려 불교와 이 지역의 특성이 독특하게 결합된 사례이다.

탑 앞에 공양하는 보살상 명칭은?

보살상의 명칭에 대해서는 여러 가지 설이 있다. 탑을 향해 공양하는 모습이기 때문에 일반적으로 '공양보살상'이라고 표현한다. 또한 고려시대 정추(鄭樞)의 시에는 문수보살로 칭해지

월정사 팔각구층석탑과 석조보살좌상
부처님 진신 사리를 모신 석탑을 향해 오른쪽 무릎을 꿇고 두 손 모아 공양 올리는 모습을 한 석조보살좌상

기도 했다.

당시 오대산은 대중에게 지혜의 상징인 문수보살의 성지로 워낙 유명했기 때문에 당연히 문수보살로 여겼던 것이 아닐까. 산 전체가 불교성지가 되는 곳은 남한에서는 오대산이 유일했던 만큼 인지도도 그만큼 컸을 것이다.

그런데 이보다 더 유력한 보살상의 명칭이 월정사 관련 기록에 등장한다. 고려 후기 민지(閔漬, 1248~1326)가 찬한 〈오대산사적(五臺山事蹟)〉의 '신효거사친견오류성중사적(信孝居士親見五類聖衆事跡)'편에 "탑 앞에 약왕보살(藥王菩薩像)의 석상이 손에 향로를 들고 무릎을 괴고 앉아 있는데, 전해오기를 이 석상은 절 남쪽의 금강연에서 솟아 나왔다."는 기록이 있다. 지금의 보살상의 모습과도 일치하는 기록이다.

이 기록이 사찰의 사료라는 점에서 '약왕보살'이라는 명칭이 설득력이 있다. 신앙적 근거도 〈묘법연화경(妙法蓮華經)〉권6 '약왕보살본사품(藥王菩薩本事品)'에서 찾을 수 있다. 약왕보살은 전생에 일체중생희견(一切衆生喜見)보살일 때 부처님을 찬탄하며 자신의 몸을 태워 공양을 올렸다. 그 불이 1200세까지 꺼지지 않았다. 다시 홀연히 화생한 희견보살은 부처님 입멸 전 두 팔을 공양했다.

이처럼 약왕보살은 부처님께 두 차례 소신공양(燒身供養)을 했다고 경전에 전해진다. 경전에 그림으로 나타낸 약왕보살의 형상은 경전 내용과 같이 팔에 불이 붙은 형상으로 소신공양하는 모습이다. 돌로 조각하기 어려우므로 이러한 형상을 하고 계신 것은 아닐까.

무엇을 공양하는 모습일까

월정사 경내 팔각구층석탑과 석조보살좌상을 뵈었다면 이젠 성보박물관으로 발걸음을 돌려야 한다. 보살상을 좀 더 구체적으로 살펴보기 위해 꼭 가야 할 이유가 있다. 바로 이곳에 석조보살좌상 진품이 있기 때문이다. 팔각구층석탑 앞에 이 보살상의 복제품을 봉안했을 때 그 생경하던 모습은 세월이 흘러 많이 자연스러워졌다. 그래도 진품을 뵈어야한다.

오대산 월정사 경내로 들어서기 전에 도로 우측으로 나란히 왕조실록·의궤박물관과 월정사 성보박물관, 한강시원지체험관 3개의 박물관이 세워져 있다. 오대산의 역사와 문화유산을 소개하는 시설이다. 전통사찰의 영역 밖에 새롭게 조성된 이 시설들은 지역민들과 더욱 가깝게 문화의 공간으로 활용되고 있다. 월정사 성보박물관으로 들어가면 돔 형식의 커다란 전시관에 석조보살좌상만 특별하게 모신 전시실이 있다. 높은 천정에서부터 내려오는 빛이 석조보살상을 비추도록 구상한 이 공간에서 오랜 세월에 거쳐 완성된 본래의 석조보살좌상을 뵐 수 있다.

이 보살상은 팔각으로 된 삼단 연꽃대좌 위에 앉은 자세를 하고 있다. 탑 앞에 원래 봉안되었을 때 모습은 보살상이 탑을 올려다보는 비율을 맞추기 위함인지 대좌의 중간 부분부터 땅에 묻혀 있었다. 보살상을 대좌에 안정적으로 고정시키기 위해 보살상과 한 몸으로 대좌의 중간 부분을 만들어 대좌에 촉처럼 끼울 수 있게 했다.

두 손은 가슴 앞에서 모아 무엇인가를 공양하는 모습을 하고 있다. 손에 쥐고 있던 지물은 사라졌지만 꽂았던 구멍은 남아 있다. '오대산사적'에 약왕보살이 향로를 들고 있다고 했으니 아마 향로를 공양하는 모습이었을 것이다. 그렇다면 어떤 향로를 들고 있었을까. 고려시대의 향로는 밥그릇 모양도 있고, 손으로 들 수 있도록 손잡이가 있는 향로도 있다. 그런데 꼽았던 두 손 사이의 구멍 외에 가슴 앞에도 구멍이 있다. 손에 들고 있는 지물을 지지하는 촉이 있었을 것으로 추정된다. 이러한 형태로 미루어보아 손자루가 달려 있는 병향로(柄香爐)였을 것이라 짐작된다.

복스런 상호에 기다란 원통형 보관

월정사 석조보살상의 가장 눈에 띄는 모습은 머리에 쓰고 있는 기다란 원통형의 보관이다. 통일신라시대의 보살상에서는 볼 수 없다. 중국 요(遼)나라 보살상의 모습과 흡사하여 중국에서 새로운 문화 요소가 들어와 반영된 것으로 보인다. 얼굴은 길고 뺨은 통통하다. 친근하고 복스럽게 보인다. 눈·코·입은 작고, 코와 인중이 짧게 처리되어 있어 이목구비가 얼굴 중심부에 몰려 있다. 신체는 얼굴에 비해 가는 편으로 허리는 잘록하다.

월정사 석조보살상 이외에도 한송사지 석조보살좌상(국보)과 강릉 신복사지 석조보살좌상(보물) 등 고려 전기에 조성된 유사한 상들이 남아 있다. 강원도 지역 외에서는 이러한 상들이 등장하지 않는다. 고려 때 강원도 지역의 불교사상과 역사를 규명해 볼 수 있는 중요한 보살상이다.

자신의 몸을 바쳐 공양하는 월정사 석조보살상의 모습은 '내가 할 수 있는 최선을 다해 후회 없이 살라'는 지혜를 주시기 위함이 아닐까. 월정사 단기 출가학교 출가자들이 진리의 세계로 나아가고자 깎은 머리카락을 묻었다는 전나무 숲길 초입의 삭발탑! 전나무가 자라고 숲이 되고 길이 다시 시작되리라.

44 평창 월정사 팔각구층석탑 사리장엄구

고려 초기 금속공예·문화 교류의 대표

월정사 팔각구층석탑 사리장엄구 | 보물
고려 초기 금속공예·문화교류·불교사상사 연구에 중요한 문화재이다.

탑은 석가여래의 열반 후 부처님의 무덤으로 만들어졌다. 부처님의 형상을 만든 불상은 석가여래 열반 후 500년이 지나서야 조성되므로, 불교미술은 탑에서 시작되었다고 할 수 있다. 석가여래의 열반 직후 말라(Malla)족을 비롯한 여덟 부족들이 부처님의 사리를 독차지하기 위해 전쟁을 불사했던 것처럼, 탑은 불교도들에게 불교의 구체적인 진리에 한층 더 다가설 수 있다는 믿음의 실감나는 실체였을 것이다.

부처님의 사리는 그냥 탑에 납입하는 것이 아니라 예법에 따라 봉안했다. 사리를 봉안하기 위한 여러 장치들, 즉, 사리를 장엄하거나 공양하는 모든 것들을 사리장엄구라 부른다. 사리는 몇 겹의 그릇을 중첩하여 가장 안쪽에 봉안됐다. 사리장엄구의 봉안 절차가 시대를 불문하고 통일성이 있는 것은 그만큼 사리신앙을 중요시 여겼기 때문이다. 그래서 사찰에는 대부분 탑을 모시고 있다.

고려시대 대표하는 아름다운 탑

월정사 경내에도 부처님의 사리를 봉안한 월정사 팔각구층석탑이 있다. 월정사는 6. 25전쟁 당시 후퇴하던 국군의 작전으로 전각들이 대부분 전소됐다. 유일하게 전란의 피해를 피한 것이 바로 '월정사 팔각구층석탑'이다.

고려시대를 대표하는 아름다운 탑으로, 여러 면에서 특색이 많다. 석탑은 총 9층에 높이가 15.2m로 하늘을 향해 쭉 솟아 있으며, 평면은 팔각형을 이루고 있다. 탑의 몸체와 지붕돌이 높지 않아 각 층의 밀집도가 높다.

탑을 받치고 있는 기단부를 연꽃 모양으로 조각하여 탑이 마치 연꽃에서 솟아난 듯한 모습을 하고 있다. 옥개석의 각 처마에는 층마다 풍탁이 달려 있어 살짝 바람이라도 불면 흔들리며 경쾌한 화음을 낸다.

월정사 팔각구층석탑 앞에는 아름다운 보살상이 있다. 연화대좌 위에서 두 손을 가슴에 모으고 무릎을 꿇고 앉아 무언가를 공양하고 있는 모습이다. 이 보살상은 자신의 몸을 바쳐 부처님께 공양하였다는 〈법화경〉의 약왕보살상일 가능성이 높다.

2000년 여름, 이 보살상을 보존처리하는 과정에서 보살상의 대좌 아래 부분을 발굴하면서, 그 아래 묻혀있던 기단부의 중대석과 하대석을 발견했다. 탑 아래를 확대해보니, 노출되어 있는 탑 기단부 아래에도 8각의 지대석이 있었다. 또한 탑과 보살상을 하나의 공간에 조성하기 위한 장치들도 함께 확인되어 탑과 보살상이 함께 조성되었음이 명백해졌다.

그 동안 이 탑의 조성 시기를 11세기로 보는 것이 정설이었다. 그러나 발굴조사 과정에서 12세기 전반에 중국에서 유통된 화폐 성송원보(聖宋元寶)와 숭녕중보(崇寧重寶)가 발견되었고, 화재를 당한 흔적 등이 드러나면서 조성 시기를 12세기 중엽 이후로 추정하는 설이 제기되었다.
그러나 화폐가 발견된 층위가 교란된 흔적이 있고, 어느 시기에 화재 등으로 사찰이 폐사되었다가 다시 여러 번 중창되었다는 점을 감안한다면, 이 탑 역시 이전되었을 가능성이 있어 다각적 검토가 필요하다.

5층서 불상, 1층서 사리 발견

월정사 팔각구층석탑과 보살상의 조성 시기를 좀 더 좁혀볼 수 있는 유물들이 탑에서 발견됐다. 바로 이 탑에 봉안된 사리장엄구이다. 1970년 월정사 팔각구층석탑을 해체하여 수리할 때 5층 탑신의 네모난(넓이 13.2~14.2cm, 폭 16~16.5cm, 깊이 16cm) 사리공에서 보자기에 싸인 상태로 남쪽을 향하고 있는 은제 도금한 아미타불입상이 발견됐다.

그리고 1층의 탑신 윗면 중앙 원형의 사리공(넓이 32cm, 깊이 19cm)에서 각종 사리장엄구와 사리가 발견됐다. 사리공 중앙에는 청동으로 만든 원형합이 있었다. 그 아래에 청동으로 만든 거울(靑銅龍文鏡) 1점, 동쪽에 작은 청동거울(靑銅無文鏡) 1점, 북쪽에 청동거울(靑銅四龍文鏡) 1점, 서쪽에도 청동거울(靑銅波文鏡) 1점을 세워 놓았다.

그 주위에는 부식된 향목편(香木片)이 다수 놓여 있었다. 청동합 내부에는 중앙에 은(銀)으로 만든 원형합과 보라색, 황색의 향을 넣은 주머니, 그리고 금동의 네모난 합과 향목 등이 들어 있었다. 은합 안에는 담홍색 사리 14과가 들어 있는 표주박 형태의 수정제 사리병 1개와 '전신사리경(全身舍利經)'이라고

탑신 1층에서 발견된 청동합 안 **사리장엄구**

쓰여 있는 닥종이로 만든 두루마리형태의 경전이 폭 0.8cm 정도의 삼베 끈으로 둘러져 있었다.

가장 중요한 사리를 안쪽에 봉안하고, 이를 외호하기 위해 은합, 청동합으로 삼중의 장치를 둔 형태였다. 특이한 것은 청동으로 만든 거울을 이 사리장엄구 밑면과 남면을 제외한 동, 서, 북면에 세워 마치 사리장엄구를 보호하는 외합처럼 만든 것이다.

법사리 '보협인다라니경' 등장

〈전신사리경〉은 〈일체여래심비밀전신사리보협인다라니경(一切如來心祕密全身舍利寶篋印陁羅尼經)〉으로 보통 〈보협인다라니경〉으로 칭한다. 탑에는 신사리(身舍利) 외에도 법사리(法舍利)로 경전을 봉안했다.

일반적으로 백제 계통의 탑 안에는 〈금강경〉이, 통일신라 시기에는 〈무구정경〉에 의한 조탑 법식이 크게 유행했다. 그리고 고려시대에 들어오면서 새롭게 등장한 경전이 〈보협인다라니경〉이다. 이 경전은 중국 오월국(吳越國)의 왕인 전홍숙(錢弘淑, 948~978)에 의해 널리 유통됐다. 전홍숙은 10세기 후반 탑 안에 〈보협인다라니경〉을 봉안한 팔만사천탑을 제작하여 아쇼카왕임을 자처한 인물이다. 이 경전의 내용은 "탑 안에 이 경전을 사경해 안치하면 그 탑은 일체여래의 신력으로 보호받는 탑이 되며, 이 경전을 탑에 안치하면 이 탑은 전신사리를 장(藏)하게 될 것"으로, 비교적 간단한 의식으로 접근할 수 있는 방법 때문에 더욱 유행했던 것으로 보인다.

신사리와 불상, 경전 함께 봉안

5층에서 발견된 '월정사 탑 봉안 불상'은 은제 금도금기법으로 만든 것이다. 불신과 두광·신광의 광배 그리고 이중의 원형 연화대좌로 구성되어 있다. 몸에서 나는 빛을 상징하는 커다란 광배는 별도로 만들어서 불상에 접합시킨 것이고, 머리 부분의 빛을 상징하는 두광은 7엽으로 된 연꽃을 새기고 얇은 은판을 두들겨서 만들었다. 이 불상은 통통한 얼굴에 수인으로 시무외 여원인을 하고 있어 고려 초기 불상의 특징을 보여주고 있다.

이들 유물들은 대부분 고려 전기인 10~11세기 무렵 제작된 것들이다. 유물 중 상당수가 중국과 형태가 유사한 것이 많아서 당시의 문물 교류 실상을 살필 수 있으며, 탑과 보살상의 조성 시기 파악에도 중요한 정보를 제공해 준다.

'월정사 팔각구층석탑'에는 부처의 유골을 가리키는 신사리와 법신의 형상인 불상, 그리고 부처님의 말씀인 경전을 함께 봉안했다.

한국에서 석탑을 조성한 이래 탑신부의 사리공을 중심으로 신사리와 법사리, 그리고 불상을 함께 봉안하는 형식은 삼국시대부터 정착되었는데, 이후 고려시대까지도 꾸준히 계승되었음을 보여주는 사례라 할 수 있다. 이처럼 '평창 월정사 팔각구층석탑 사리장엄구(平昌 月精寺 八角九層石塔 舍利莊嚴具)'는 고려 초기의 금속공예사, 문화교류사, 불교사상사 등을 연구하는 데 중요한 문화재로 평가된다.

탑신 5층에서 발견한 불상

45 하동 쌍계사 대웅전 삼세불도

18세기 마지막 장식, 완전한 형태의 대형 '삼세불화'

쌍계사 대웅전 삼세불도 | 보물
왼쪽부터 ①아미타불도(가로314.5×세로495cm), ②석가불도(가로316.5×세로474cm) ③약사불도(가로320.5×세로496cm) 정교한 필치와 화려하면서도 은은한 색채감의 조선 후기 대표 수작이다(비단 채색, 1781년)

하동 쌍계사는 지리산과 섬진강을 품고 있다. 722년(신라 성덕왕21)에 의상대사의 제자 삼법(三法)화상이 육조혜능대사(六祖慧能大師)의 정골(頂骨, 머리뼈) 사리를 봉안하고 세웠다. 이후 진감선사가 사찰을 크게 일으켰으며, 이때 사찰명도 쌍계사라고 했다.

쌍계사 대웅전 앞에는 '진감선사탑비'(국보)가 세워져 있다. 진감(眞鑑)은 호이고 법명이 혜소(慧昭)인 진감선사는 당나라에서 귀국한 후 쌍계사에서 선풍(禪風)을 크게 일으켰다. 진감선사는 또한 한국 범패의 선구자이다. 진감선사 입적 후 왕명을 받아 당대 최고의 학자였던 최치원(857~?)이 비문을 짓고 썼다. 이 비문은 한문학의 최고 절정으로 평가될 정도로 표현력이 뛰어날 뿐만 아니라 감동을 주는 명문으로 알려져 있다.

임란 후 대형화된 후불도로 조성

'쌍계사 대웅전 삼세불도'는 석가모니불도(釋迦牟尼佛圖)를 중심으로 좌우에 약사불도(藥師佛圖)와 아미타불도(阿彌陀佛圖)를 배치한 세 폭 형식이다. 삼세불이란 과거세와 현재세, 미래세에 출현한 부처님을 말한다.

'삼세불도'는 한 폭의 크기가 가로 3.2m에 세로 5m에 이르는 대형 불화로, 비단에 세 폭으로 구성됐다. 원래 대웅전 후불도로 봉안했던 것을 현재는 쌍계사 성보박물관으로 옮겨 봉안하고 있다. 이 '삼세불도'는 1781년이라는 조성 연대와 작가와 시주자들의 명단까지도 밝혀진 조선 후기 한국 불화를 대표하는 불화이다.

이 시기 대형 불화가 조성된 배경은 무엇일까. 임진왜란 후 전쟁의 피해를 입은 사찰들은 재건에 총력을 기울였는데, 이때 불전도 대형화되며 그 안에 봉안된 불상과 불화도 규모가 크게 조성됐다. 또한 조선 후기에는 여러 종파가 합쳐지는 통불교(通佛教)화 되어 다양한 부처님을 모시는 전각이 건축되고 이에 따라 각종 불화가 제작됐다. 또한 커다란 불전에 대형불화가 조성되기 시작하는데, 이러한 조건에 가장 적합한 것이 삼세불도였다.

'쌍계사 대웅전 삼세불도'처럼 석가여래와 약사여래, 아미타여래의 구성은 과거, 현재, 미래의 시간에 따른 삼세불이라기보다는, 공간으로 나눈 즉 현세의 석가여래와 동방정토의 주인인 약사여래, 그리고 서방정토의 주인인 아미타여래를 함께 그린 것이라 할 수 있다.
이처럼 이 삼세불도가 유행한 것은 당시 중생들이 가장 사랑했던 석가여래와 약사여래, 그리고 아미타여래를 함께 봉안하고자 하는 바람 때문이었을 것이다.

쌍계사도 전란으로 피해가 매우 커서 국가의 후원을 받으며 대웅전 중창 등 사찰 재건 사업이 활발히 이루어졌다. 1640년(인조18)까지 금당 영역의 복구와 함께 새롭게 대웅전 영역을 조성했다. 대웅전 안에 봉안된 목조삼세불상도 1639년에 조성된 것이다. 대웅전 후불도인 '삼세불도'는 1781년부터 국사암에 총 8~9점의 불화를 조성하는 등 대규모의 불사가 진행되었던 시기에 조성된 것이다. 아마도 1639년 삼세불 조성 때 함께 조성된 불화가 150여 년의 세월이 흘러 훼손되자 이를 대체하고자 '삼세불도'를 새로 조성한 것으로 추정된다.

압도적 크기 주존불 '초월적 존재'

'삼세불도'를 한 폭 한 폭 살펴보자. 이 불화는 각기 본존불을 중앙에 두고 기타 존상(尊像)들이 에워싼 소위 군도식(群圖式) 구도를 하고 있다. 가운데 봉안된 '석가불도'에는 항마촉지인의 수인을 한 석가여래를 중앙에 배치했다. 석가여래의 신체는 그림의 3분의 1을 차지할 정도로 크게 그려져 있다. 적색과 녹색을 주색으로 채색하여 보색 대비를 이루었고 색상은 원색적이다.

석가여래 아래 협시보살인 문수보살과 보현보살이 서 있다. 그 주변으로 보살과 10대 제자, 연등불, 미륵불, 범천, 제석천, 사천왕, 용왕, 용녀, 신장상 등 총 32명의 존상이 좌우대칭으로 석가여래를 에워싸고 있다.

향해서 우측에 있는 '약사불도'는 약사여래가 왼손에 약합을 들고 있다. 약사여래를 중심으로 아래에 일광보살·월광보살이 시립해 있고, 좌우로 대칭되게 보살과 사천왕, 12신중을 배치했다. 중앙에는 약사여래 역시 화면의 3분의 1을 차지할 정도로 크게 그려 주존(主尊)임을 강조하고 있다.

'아미타불도'는 향해서 좌측에 있다. 중앙에 아미타여래를 중심으로 아래에 협시보살인 관음보살과 대세지보살이 서 있다. 주위에는 보살과 제자, 타방불, 사천왕, 금강 등 여러 존상을 좌우대칭으로 배치했다.

세 폭의 불화 모두 수미대좌에 앉은 본존을 화면 중앙에 꽉 차게 배치해서 주존불을 더욱 부각시켰다. '삼세불도'에서 주인공인 여래는 거대한 신체에 당당한 모습을 하고 있다. 각진 어깨와 방형의 얼굴, 작은 입에 근엄한 표정을 한 여래는 신성한 초월적 존재감을 보여준다. 협시보살과 일부 보살은 예배자를 응대하여 주는 듯이 정면을 바라보며 서 있다.

색채는 적색과 녹색을 주로 사용했고 절제된 색채미를 보여 준다. 주목되는 점은 사천왕의 갑옷이나 보살의 구슬 장식 등에서 부분적으로 보이는 표현기법이다. 불화를 자세히 보면 장식 효과를 주기 위해 농도가 짙은 호분을 올려 두툼하게 하고, 그 위에 금으로 채색한 돋음기법을 쓰고 있다.

규모 큰 화사 집단에 의해 조성

불화의 맨 아래쪽에는 적색으로 화기란을 만들어 불화 제작과 관련된 정보를 적고 있다. '석가불도'의 화기에는 1781년 5월에 하동 지리산 쌍계사 대법당의 영산탱으로 조성되었음을 적었다. 화기란은 크게 시주질(施主秩)과 연화질(緣化秩)로 나누

석가불도 화기란(시주질)
'가선대부', '통정대부'라는 관직을 가진 스님들의 비중이 높게 나타나 눈길을 끈다.

어져 있다. 시주질에서 많은 승려와 일반 신도들이 참여한 것을 확인할 수 있는데, 특히 가선대부(嘉善大夫), 통정대부(通政大夫)라는 관직을 가진 스님들의 비중이 높게 나타난다.

연화질에는 불사에서 맡은 소임을 세분화하여 적었다. 화사(畵師) 명단에는 금어 승윤과 편수 평삼을 비롯한 19명의 화승들이 기록되고 있어 규모가 꽤 큰 화사 집단에 의해 조성되었음을 알 수 있다.

'약사불도'의 시주질에서는 구체적인 시주 품목에 대한 시주 내용을 기재하고 있다. '아미타불도'의 시주질에는 쌍계사 주변 사찰인 다솔사, 용문사, 서봉사, 옥룡사 등이 함께 시주하여, 이 불화를 조성하는 데 참여하였음을 기록했다. 마지막에는 '원차공덕공성불도(願此功德共成佛道)'라 하여 이 불화를 조성한 공덕으로 모든 중생이 함께 불도를 이루고 성불하기를 소망한다는 내용을 담고 있다.

이 불화들은 모두 스님들이 그린 것이다. '석가불도'는 승윤(勝允), 만휘(萬輝), 홍원(泓源), 지순(智淳) 등이 그렸다. '아미타불도'는 평삼(平三), 함식(咸湜), 왕인(旺仁), 찰삼(察三), 극찬(極贊)등이 그렸고, '약사불도'는 함식, 왕인, 극찬, 계탁(戒卓) 등이 그렸다. 이 스님들은 18세기 전반 전라도 지역의 대표적 화사인 의겸(義謙)스님의 영향을 받은 불화의 장인들이다.

'쌍계사 대웅전 삼세불도'는 조선 후기 불화 장인의 계보를 파악하는데 중요한 자료가 되며, 완전한 형태를 갖춘 18세기 후

석가불도 화기란(연화질)
불화를 그린 장인들의 이름이 적혀있다.

반의 대형 불화이다. 정교한 필치와 화려하면서도 은은한 색채감을 보여 주는 조선 후기를 대표하는 수작으로 평가된다.

지리산 자락의 쌍계사(雙磎寺) 근처에는 화개(花開)라는 곳이 있다. 꽃이 얼마나 만발했으면 이렇게 불렀을까. 또한 섬진강을 두고 경상도 사람들과 전라도 사람들이 만나는 곳이기도 하다. 쌍계(雙磎)의 두 개울이 만난다는 사찰명과도 어울리는 고장이다.

쌍계사는 선(禪), 다(茶), 음(音)을 대표하는 사찰이다. 지리산 계곡의 청량함과 섬진강의 노을을 보면서 쌍계사에서 보내는 시간도 좋을 듯하다.

46 합천 해인사 건칠희랑대사좌상

진영 조각의 진수, 한국 最古 스님 조각상

청정도량 해인사! 신라시대에 창건된 천년고찰이다. 부처님의 말씀을 모은 팔만대장경을 봉안하고 있는, 한국의 삼보(三寶) 사찰 가운데 법보(法寶) 사찰이다.

해인사의 해인(海印)이란 〈화엄경〉의 해인삼매에서 비롯된 것이다. 해인삼매는 한없이 깊고 넓으며 아무런 걸림 없는 바다에 비유된다. 거친 파도 같은 우리들의 마음의 번뇌망상이 비로소 멈출 때 우주의 갖가지 참된 모습이 그대로 물속에 비치는 경지를 뜻한다.

이러한 여실한 세계를 뜻하는 해인사는 우리 마음의 안식처이며 긍지를 갖게 하는 곳이다. 해인사는 창건 이후 조성된 수많은 문화재로 가득 찬 보물창고로 이곳을 모르는 한국인은 거의 없을 것이다.

또한 그 어느 곳에서도 찾을 수 없는 성보가 있는 곳으로, 그 귀중한 성보가 바로 '해인사 건칠희랑대사좌상(海印寺乾漆希朗大師坐像)'이다. 우리나라에서 가장 오래된 실제 생존했던 스님의 진영 조각상이다. 건칠(乾漆)은 삼베와 종이 등에 옻을 바르는 것을 여러 번 반복하여 몇 겹으로 올리면서 상(像)의 형태를 만드는 기법이다. 그 중요성이 인정되어 '해인사 건칠희랑대사좌상'이 2020년 보물에서 국보로 승격됐다.

해인사 건칠희랑대사좌상 | 국보
2018년 국립중앙박물관에서 열린 〈고려 개국 1100년 기념 '대고려, 그 찬란한 도전' 특별전〉 당시 진품의 정면 모습. (높이 82cm, 고려)

화엄종을 크게 일으키다

희랑대사는 10세기 초 해인사를 크게 중창했던 스님으로 화엄학의 대가로 알려져 있다. 이 스님의 조각상이 고려 초에 해인사에 봉안된 후 현재까지 이르게 된 그 배경부터 먼저 살펴보자.

희랑대사는 889년(진성여왕3)에 태어나 15세에 해인사에서 출가하였고, 949년 이전에 열반했다고 전해진다. 〈균여전〉에 의하면 "신라 말 가야산 해인사에 화엄학의 대가가 있었는데 관혜(觀惠)와 희랑이다. 그들은 나중에 남북으로 갈라져 관혜는 남쪽서 견훤의 복전(福田) 되고, 희랑은 북에서 고려 태조의 복전이 되어 각기 화엄의 일가를 이루었으므로 관혜의 법문을 남악파(南岳派)라 하고 희랑의 법계를 북악파(北岳派)라 한다."고 전한다.

이처럼 희랑대사는 고려 태조의 건국을 도왔던 왕실과 밀접하게 관련된 인물이다. 왕실의 비호를 배경으로 희랑대사에 의해 해인사는 확장되고 새로워졌을 만큼 극히 융성했다.

통일신라시대의 대학자인 최치원은 만년에 해인사에 머물렀다. 최치원은 희랑대사를 유명한 용수보살이나 문수보살에 비유하기도 하고, 부처님까지 비견하고 있는 기록을 남겼다. 이로 보아 대사는 900년 무렵을 전후로 이미 상당한 명성을 얻고 있었음을 알 수 있다. 특히 해인사에서 〈화엄경〉을 강의하여 화엄종을 크게 떨쳤다는 것을 강조하고 있는 것이 주목된다.

스승 존승사상으로 조성

스님의 초상(肖像, 眞影)을 사찰에 봉안하는 전통은 약 5세기 이전 중국에서 시작되어 한국, 일본에서도 이어졌다. 그러나 고승의 모습을 조각한 조사상은 중국과 일본에서는 많이 제작됐지만, 우리나라에는 유례가 거의 전하지 않았다. 또한 그림으로 그린 진영탱들의 대부분은 조선 후기에 집중적으로 조성된 것이다.

고승의 진영을 모시는 것은 불교가 가장 대중화되었던 고려시대에 매우 활발했던 것으로 짐작된다. 특히 선종사상이 유행했던 나말여초는 스님에 대한 존승사상이 매우 높았던 시절이다. 남아 있는 이 시대의 승탑이나 비를 보면 부처님과 비등할 정도로 상당한 공력을 기울였음을 알 수 있다. 스님의 진영은 사자상승(師資相承)의 증표로, 스승의 은혜를 늘 생각하게 하는 대상으로 매우 많이 조성되었을 것이다. 그러므로 '희랑대사상'은 실제 생존했던 고승의 모습을 재현한 유일한 고려시대의 조각품으로 전래되고 있다고 할 수 있다. 그러면 이 '희랑대사상'은 언제 조성된 것일까.

가슴에 구멍 있는 희랑대사상

희랑대사상은 덕이 높은 스님이 조용히 산사에 앉아서 정진하는 모습을 사실적으로 표현하고 있다. 그 크기(높이 82cm) 또한 실제 스님이 앉아 계신 듯한 모습이다. 불거진 마니가 드러난 두 손을 마주 잡고 앉아 있다. 머리는 매끈하며 얼굴은 길다.

이마에는 스님의 연륜을 나타내는 깊은 주름살을 표현했지만 쌍꺼풀이 있는 작은 눈에서 나오는 눈빛이 형형하다. 큰 코는 우뚝 서 있는 반면, 자연스럽게 번져가는 듯한 눈가와 입가의 미소는 노스님의 자비로운 모습을 잘 나타내고 있다. 두드러지게 표현한 광대뼈 또한 인상적이다. 삼각형으로 흐르는 긴 턱선은 개성 있는 얼굴과 함께 비범한 모습을 드러내주고 있다.

목은 긴 편인데, 불거진 앙상한 뼈가 강인함을 보여준다. 여원 몸 위로 흰 바탕에 붉은색과 녹색, 황색의 동심원 형태의 점문이 있는 장삼을 입었다. 그 위에 붉은색 가사를 걸치고 있다. 가사에는 녹색의 띠를 엇갈리게 표현했다. 이는 많은 천을 기워 만든 분소의(糞掃衣, 탐심을 없애고자 헌 천의 조각조각을 기워 모아서 만든 가사)를 표현한 것이다. 왼쪽 어깨 위에는 가사를 고정하는 띠 매듭이 장식되어 있다. 가사의 아래로는 금색이 일부 남아 있다. 원래 도금하였으나 이후 세월이 흐르면서 채색한 것으로 추정된다.

희랑대사상 가슴에는 폭 0.5cm, 길이 3.5cm의 작은 구멍이 뚫려 있다. 그로 인해 '가슴에 구멍이 있는 사람'이라는 뜻의 '흉혈국인(胸穴國人)'이라 불리기도 한다.
설화에 의하면 희랑대사가 다른 스님들의 수행 정진을 돕고자 모기에게 피를 보시하기 위해 가슴에 작은 구멍을 뚫었다고 한다. 고승의 흉혈이나 정혈(頂穴)은 대개 신통력을 상징하기도 한다.

측면 모습

살펴본 바와 같이 희랑대사상은 스님의 노년 모습을 생생하게 표현하였다. 아마 입적하기 얼마 전의 모습을 조성한 것으로, 스님의 열반 전후인 10세기 중엽에 조성된 것으로 추정된다. 이 상은 원래 진영각이나 조사당 등에 모셔졌을 것이다. 이후 조선시대 문헌 기록을 통해 해행당(解行堂), 진상전(眞常殿), 조사전(祖師殿), 보장전(寶藏殿)을 거치며 수백 년 동안 해인사에 봉안되었던 사실에서 알 수 있다.

건칠과 나무를 조합하다

희랑대사상은 한동안 나무로 조성한 것으로 알려져 왔다. 오랜 시간이 지나오면서 일부 훼손이 심하여 2008년 보존처리를 하게 되었다. 이 과정에서 과학적으로 조사한 결과 얼굴과 가슴, 손, 무릎 등 앞면은 건칠로, 등과 바닥은 나무를 조합해서 제작한 것이 밝혀졌다. 우리나라 불교 조각에서 '건칠'로 조성된 상들은 대부분 고려 말에서 조선 초에 집중되어 나타난다. 희랑대사상은 한국조각사에서 건칠로 만든 초기의 상이라고 할 수 있다.

건칠로 만든 상은 비교적 가볍고 상의 내부에 공간이 넓은 편이다. 희랑대사상에서 표현된 것처럼 신체의 표현이 자연스러우며 섬세한 표현이 가능하다. 얼굴의 생생한 표정과 살갗을 사실적으로 나타낼 수 있는 장점이 있다.
반면 제작하는 시간이 오래 걸린다. 좋은 옻칠을 하기 위해서는 상당한 비용이 드는 단점도 있다. 이 상은 앞쪽은 건칠, 뒤쪽은 나무로 조성했다. 건칠로 상을 조성하는 기법이 발전하기

전에 약한 등 부위는 나무로 만들어 안정성을 추구한 것으로 보인다. 그로 인해 후대에도 변형되지 않고, 제작 당시의 원형을 잘 간직하고 있다.

희랑대사는 고려 태조의 스승이자 해인사의 중창주로 문헌 기록에 남아 있는 인물이다. 이러한 고승의 모습을 그대로 재현하고, 예술적으로 그 가치가 뛰어난 희랑대사상은 고려 초기 한국의 초상 조각의 실체를 알려주는 매우 귀중한 작품이다.
희랑대사상은 해인사 성보박물관에 소장되어 있었으나, 보존처리 이후 공개하지 않고 있다. 대신 전시와 참배용으로 희랑조사상을 복원하여 일반인들에게 공개하고 있다.

해인사에 다녀 온 지 몇 해가 지났다. 또 다른 좋은 기회가 주어진다면 희랑대사상을 다시 친견하고 지혜를 구하고 싶다. 희랑스님의 수행처였던 희랑대(希郎臺)라고 하는 암자가 지금도 해인사에 남아 있다. 욕심에 지쳐 이 시대를 살아가는 우리들에게 위안과 지혜를 주는 형형한 눈빛이 다시 필요한 것은 아닐까.

47 해남 대흥사 관음보살좌상

안전한 바닷길 기원 '윤왕좌' 관세음보살상

대흥사(大興寺)는 해남 땅끝마을 두륜산(頭崙山)에 포근하게 안기듯이 자리하고 있다. 두륜산을 대둔산(大芚山)이라 부르기도 했기 때문에 원래 사찰명은 대둔사(大芚寺)였으나, 근대 초기에 대흥사로 명칭을 바꾸었다.

대흥사는 서산대사 청허휴정(淸虛休靜, 1520~1604)스님이 전쟁을 비롯한 삼재가 미치지 못할 곳(三災不入之處)으로 만년 동안 훼손되지 않는 땅(萬年不毁之地)이라 하여 그의 의발(衣鉢)을 보관하도록 한 도량으로도 유명하다. 이로 인해 호국불교의 성지로 자리매김하고 있다. 이후 대흥사는 많은 선각들을 배출하여 선수행과 강학으로 유명한 도량이 되었고, 근대 한국불교사에서 중요한 위상을 차지하였다. 13명의 대종사(大宗師)와 13명의 대강사(大講師)가 이곳에서 배출되었는데, 이 가운데 한 분인 초의선사는 우리나라 차문화(茶文化)를 선양한 대표적 인물이다.

대흥사 경내는 북원(北院), 남원(南院), 별원(別院)으로 나눠진 독특한 구조를 하고 있다. 각 전각에 봉안된 불상과 불화는 국가지정문화재가 많은 부분을 차지할 정도로 중요한 성보가 많다. 또한 해남, 목포, 영암, 무안, 신안, 진도, 완도, 강진 등 바다 근처의 사찰들을 관할하고 있어, 우리나라 해상 불교문화를 이해하는 데도 빼놓을 수 없는 곳이다.

해남 대흥사 관음보살좌상 | 보물
안전한 바닷길을 안내해주는 관음신앙이 널리 자리 잡았음을 알려주는 보살상이다. (높이 49.3cm·대좌 높이 38.6cm, 조선 전기)

해상 불교문화 이해에 중요

안전한 바닷길과 해난(海難)에서 중생을 구제하는 신앙으로 '대흥사 관음보살좌상(觀音菩薩坐像)'은 조성되었다. 우리나라에는 예부터 관음보살이 이 땅에 상주한다는 낙산사 관음신앙과 더불어 이러한 해난구제(海難救濟)의 관음신앙이 있었다.

관음보살은 현실에서 중생들의 고통에 귀 기울일 뿐만 아니라 사후에도 아미타여래와 함께 극락으로 인도해 주는 자비로운 보살님으로 많은 사랑을 받았다. 또 모든 보살 가운데 제일 전지전능한 보살로도 인기가 많았다. 〈화엄경〉 '입법계품(入法界品)'에는 관음보살이 남방 해상(海上) 보타락가산(普陀洛迦山)의 아름다운 바닷가 바위 위에 앉아 선재동자의 방문을 받는 내용을 설하고 있다. 또한 〈법화경〉의 '관세음보살보문품'에는 현실에서 발생하는 여러 고난을 해결해 주기 위해 중생이 부르면 그에 맞는 33가지의 모습으로 변신하여 나타난다고 하였다.

이처럼 관음신앙은 현실의 고통을 없애주는 것과 깨달음을 인도하는 보살의 성격을 모두 가지고 있다. 그래서 다양한 중생의 소원을 들어주는 관음보살상을 조성하는 것은 어느 종파에 한정되지 않고 모든 종파에서 적극적으로 받아들여 더욱 유행하였다.

이 가운데 특히 해난과 관련된 신앙 내용을 종종 발견할 수 있다. 해난이 발생하자 관음상을 진상했다는 서긍(徐兢)의 〈선화

봉사고려도경(宣和奉使高麗圖經)〉권34 해도매봉조(海道梅岑條)의 내용을 통해 해상을 오가던 상인들이 관음보살을 바다에서 당하는 어려운 일들을 돕는 영험한 존재로 믿어왔음을 알 수 있다.

좌대를 뺀 상태의 대흥사 관음보살좌상

새로운 모습 '윤왕좌'로 등장

그런데 대흥사 관음보살좌상에는 우리가 보통 고려불화에서 볼 수 있는 관음보살상이 오른쪽 다리를 아래로 내린 반가좌와는 다른 포즈를 취하고 있다. 이러한 모습은 고려가 중국에서 새롭게 받아들인 문화의 영향인 것으로 보인다. 이러한 좌세를 윤왕좌(輪王坐)라 한다.

윤왕좌는 결가부좌 상태에서 한쪽 무릎을 세우고 그 위에 손목이나 팔꿈치를 올려놓고, 다른 팔은 뒤쪽을 짚은 채 몸을 기울인 자세를 일컫는다. 초기 윤왕좌상은 인도의 본생담 부조 등에서 전륜성왕이나 신의 모습으로 종종 나타나므로, 전륜성왕이나 신들이 취하는 모습임을 알 수 있다.

관음신앙과 관련하여 중국에서는 당말(唐末)에 등장하여 송대(宋代)에 발생한 다양한 형태 중 하나의 모습으로 추정된다. 당시 송과 교류가 활발했던 고려는 송에서 가장 유행한 윤왕좌의 모습을 받아들였다. 이후 중국 원(元) 황실은 티베트계 라마불교를 신봉하였다. 이러한 윤왕좌 보살상의 모습은 지속적으로 유행하였으므로, 고려 후기 불교문화에도 많은 영향을 주었던 것으로 보인다.

대흥사 관음보살좌상은 금동불상으로는 비교적 규모가 큰 49.3cm 크기의 보살상이다. 현재 이 보살상은 대흥사 성보박물관에 나무로 만든 팔각 기단의 연화대좌 위에 봉안되어 있다. 앙련과 복련이 맞붙여 돌아간 좌대와 연꽃과 안상으로 장식한 기단이 있는 대좌는 조각기법이 매우 뛰어나다. 그런데 대좌의 크기가 보살상보다 훨씬 커서 본래 관음보살상의 대좌로 제작된 것인지는 확실하지 않다.

이 보살상은 전체적으로 원래의 모습을 잘 간직하고 있다. 신체는 허리가 길고 무릎이 낮은 편이며 손과 발은 작다. 윤왕좌의 여유 있는 포즈는 편안함을 준다.

머리에는 투각기법으로 화려한 무늬로 장식한 보관을 쓰고 있으며, 보관에는 휘날리는 듯한 관대 장식이 달려있다. 보발은 어깨에서 둥글게 모아지고 세 가닥으로 갈라져 내려온다. 다소 긴 타원형 얼굴에 살짝 아래로 내려뜬 눈, 포물선형의 눈썹에서 그대로 이어지는 오똑한 코, 미소를 약간 머금은 입 등에서 전체적으로 온화한 느낌이 든다.

얼굴과 가슴, 복부에는 양감을 표현하였다. 팔은 원통형으로 가는 편이며, 다리는 굵고 짧은 편이다. 가슴에는 목걸이가 걸쳐져 있고 팔에도 장식을 하고 있다. 천의를 입었는데 옷자락이 가슴 앞에서 묶어서 매듭처럼 흘러내리고 있고, 하체에는 다소 경직된 옷주름이 표현되어 있다.

이러한 보살상의 모습은 고려 후기에서 조선 초기에 유행하였다. 보살상의 세부 표현은 전반적으로 고려 시기 보살상의 모습과 비슷하다. 그러나 굵은 다리와 경직된 천의 자락의 표현에서 고려시대 보살상의 모습을 계승하여 조선 초기에 조성된 것으로 추정된다.

바다 인접 해남과 강진서 유행

이와 유사한 보살상이 인근 지역인 '강진 고성사 청동관음보살좌상'이다. 이 상은 고성사 건축 공사 과정에서 발굴된 것으로 총고 51cm 크기이다. 윤왕좌의 자세와 옷을 입은 방법과 얼굴 표현 등에서 대흥사 관음보살좌상과 여러 면에서 비슷하다.

이 청동보살좌상은 백련사(白蓮寺)의 암자였던 백련결사도량인 고성사에서 출토되었다는 사실에서 더욱 주목된다. 이는 고려 후기 어느 종파를 불문하고 관음보살상을 예불 대상으로 모셨음을 알려주는 중요한 사례이기 때문이다.

이처럼 대흥사 관음보살좌상은 고려시대부터 나타난 관음

강진 고성사 청동관음보살좌상 | 보물
'윤왕좌' 자세와 옷 입은 방법 등이
대흥사 관음보살좌상과 유사하다.
(높이 41cm, 무위사 성보박물관)

보살상의 새로운 윤왕좌의 모습과 당시 퍼져있던 안전한 바닷길을 기원했던 관음보살 신앙을 알려주는 보살상으로 그 가치가 크다.

지금도 바다는 과학적으로 밝혀진 내용보다 많은 것을 비밀로 품고 있는 두려운 세계이다. 보타락가산에 계신 관음보살은 특히 이러한 어려움을 구제해 주는 특별한 존재로서 바다와 인접한 해남과 강진에서 이러한 윤왕좌 관음보살상이 유행한 것은 당연한 일이 아니었을까! 초록이 우거진 숲길을 따라 두륜산에 올라 삼재가 들지 않는 포근한 대흥사와 남해 바다를 바라보고 싶다.

48 해남 대흥사 서산대사 유물

호국불교 상징 '서산대사 충절'을 새기다

서산대사 의발 등 유물 | 전라남도 유형문화재 제166호
선조가 하사한 금란가사와 발우, 염주, 신발 등을 통해 서산대사의 공로와 발자취를 생생하게 느낄 수 있다.

땅끝마을 해남 대흥사는 언제 가도 아름답고 경치가 빼어나다. 호국불교와 차문화의 성지로 유명한 대흥사는 녹음이 가득하여 한층 더 싱그러울 것이다. '누워있는 부처님(臥佛)'처럼 두륜산이 부드럽게 대흥사를 감싸고 있는 지세에서 많은 선각들을 배출한 도량의 기품이 느껴진다.

서산대사 의발이 전해지는 도량

호국불교 성지 대흥사는 서산대사로 널리 알려진 청허휴정(淸虛休靜, 1520~1604)대사의 의발(衣鉢)이 전해지는 곳이다. 서산대사는 해남을 '삼재가 미치지 못할 곳이니 만년 동안 흐트러지지 않을 땅'이라 하여 입적 후 의발을 대흥사에 보관하도록 제자들에게 유언했다. 불가(佛家)에서 가사와 발우를 전하는 것은 자신의 법맥을 전하는 것을 뜻한다.

1604년 묘향산에서 입적한 후 대사의 금란가사와 발우는 유언대로 해남 대흥사로 보내졌다. 이런 연유로 대흥사는 조선 왕실로부터 사액(賜額)을 받아 표충사(表忠祠)를 건립하며 호국의 공로를 인정받는 사찰이 되었다.

선교양종 통합한 조선불교 중흥조

서산대사는 억압받던 조선불교를 다시 세운 중흥조로, 그 문하에 의해 조선불교는 획기적인 전환기를 맞이했다. 교리적으로 분열되어 있던 많은 종파들이 통합되었고, 선사들의 큰 맥을 형성하여 그 법맥이 오늘에까지 이르고 있다.

서산대사가 남긴 〈선가귀감(禪家龜鑑)〉, 〈청허당집(淸虛堂集)〉 등의 저서를 통해 중요한 사상을 알 수 있다.

서산대산 금란가사

〈선가귀감〉은 경전과 어록 중에서 수행의 지침이 될 가장 중요한 부분을 가려 뽑은 선학(禪學) 입문서이다. 〈청허당집〉에서는 선(禪)과 교(敎)의 의미를 명확히 해주고 있다. 제자 사명 유정스님에게 보낸 글에서 "선은 부처님의 마음이고, 교는 부처님의 말씀이며, 선은 말 없음으로써 말 없는 데 이르는 것이고, 교는 말 있음으로써 말 없는 데 이르는 것"이라 정의했다. 선과 교가 다르지 않으므로, 선교양종의 통합을 가르친 것이다. 대흥사는 대사의 법을 받아 근세에 이르기까지 13명의 대종사와 13명의 대강사를 배출했다.

서산대사는 73세 되던 해 임진왜란(1592)이 일어나자 왕의 특명을 받아 팔도도총섭(八道都摠攝)이 되어 1,500여 명의 의승군을 지휘했다. 제자인 사명(四溟)·처영(處英)대사와 함께 평양성 탈환에 성공하는 등 전장에서 혁혁한 공을 세웠다. 이후

제자들에게 모든 일을 맡기고 묘향산으로 들어간 후 85세 되던 해, 묘향산 원적암(圓寂庵)에서 결가부좌한 채 입적했다. 임진왜란이 일어나자 국가와 불교의 안위를 걱정하고, 승군으로 참전해 나라를 구한 서산대사의 충절은 호국불교라는 한국불교의 유구한 전통을 만들었다.

선조가 하사한 서산대사 의발과 발우

서산대사 입적 후 선조 임금으로부터 하사 받은 의발(衣鉢), 염주(念珠), 신발 등 유품이 대흥사에 모셔졌다. 1604년(선조 37) 서산대사가 입적할 때 제자에게 유촉하여 "내가 입적한 뒤에 의발을 호남도 해남면 두륜산 대흥사에 전하라."는 내용을 〈보장록(寶藏錄)〉에서 볼 수 있다.

이 가운데 가장 중요한 유물은 선조 임금이 하사했다고 하는 서산대사 금란가사(金襴袈裟)이다. 금란가사는 〈현우경(賢愚經)〉에 따르면 마하파자파티(大愛道)가 부처님께 공양을 하기 위해 손수 금란가사를 지어 올린 데서 유래한 것이다. 또한 〈대당서역기(大唐西域記)〉에서는 부처님께서 열반에 드실 때 금란가사를 가섭에게 주면서 잘 보관하였다가 미륵보살이 성불하면 전해주라고 하셨다고 한다. 이를 통해 금란가사는 불법(佛法)의 전수를 증명하는 상징성을 갖게 되었다.

신라와 고려, 조선시대에 이르기까지 국왕이 금란가사를 만들어 당대 최고의 고승에게 하사하는 전통이 있었다. 대표적으로 신라의 자장율사와 고려의 대각국사, 그리고 조선의 서산대사와 사명대사 등의 금란가사가 전해져 내려오고 있다.

가사의 품계는 조(條)의 수로 구분되며 5조에서 25조까지 홀수로 나타낸다. 25조까지 구분해서 만드는 것은 25류의 모든 중생을 위해서 복전(福田)을 짓기 위한 것이라 한다.

서산대사의 금란가사는 황금색 바탕에 팔길상문(八吉祥紋)을 표현한 직금단(織金緞, 비단바탕에 금실로 무늬를 짜 넣어 만든 직물)으로 된 겹가사이다. 중국 명대(明代)에 팔길상문이 많이 나타나는데, 서산대사 금란가사의 팔길상문은 여의문(如意紋, 여의형 구름문)을 추가하여 아홉 가지의 보배무늬로 장식했다. 팔길상 문양은 지혜와 복덕을 상징한다.

이외에도 선조 임금이 하사했다는 스님의 발우와 신발 등의 여러 유품이 대흥사 성보박물관에 보존되어 있다.

서산대사 행초 정선사가록

〈서산대사 행초 정선사가록(西山大師 行草 精選四家錄)〉은 서산대사가 중국 선문(禪門)을 대표하는 마조(馬祖)·백장(百丈)·황벽(黃蘗)·임제(臨濟)의 선(禪)을 요약하여 적은 것이다. 1장부터 6장까지는 서산대사의 친필이며, 뒤에 사명대사의 친필이 덧붙여 있다.

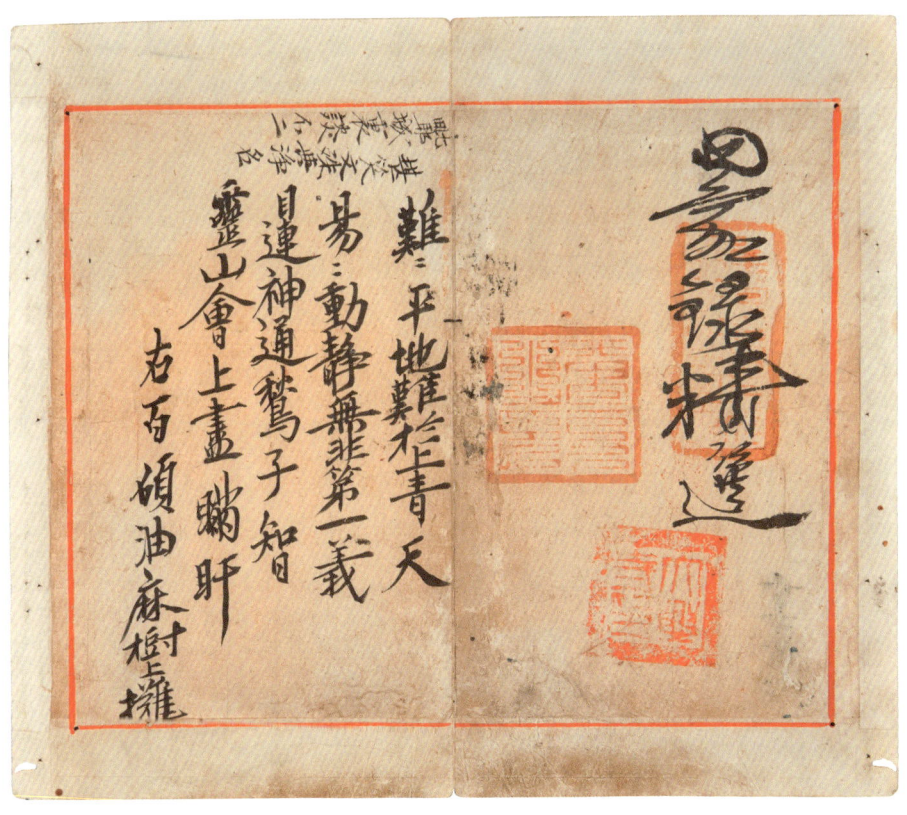

서산대사 행초 정선사가록(精選四家錄) | 보물

표지의 제목은 '사대사어(四大師語)'라 하였고, 서첩안 제목은 '사가록정선(四家錄精選)'과 '정선사가록(精選四家錄)'이라 쓰여 있다. 모두 15장 30면으로 구성되어 있다. 이 서첩은 서산대사의 분방하고 자유로운 필치가 잘 드러나 있어 조선시대 서예사 연구에서도 중요한 유물이다. 조선전기 고승의 필적이 매우 드물고, 호국승병장인 서산대사의 친필이어서 그 가치가 매우 높다.

선조대왕 교지 · 서산대사화상당명

교지는 임금이 신하에게 명령을 전달하거나 어떤 사람을 임명할 때 내리는 공식문서이다. 〈선조대왕하사 교지(宣祖大王下賜敎旨)〉는 선조 35년(1602)에 서산대사(西山大師)를 '일도대선사선교도총섭(一都大禪師禪敎都總攝)' 즉, 임진왜란 때 승군(僧軍)으로 나선 서산대사를 승군 대장 도총섭(都總攝)으로 임명하는 내용이다.

〈서산대사화상당명(西山大師畫像堂銘)〉은 정조가 서산대사의 충절을 기리는 내용을 친히 적은 것이다. 서산대사 입적 후 180여 년이 지난 1788년(정조12) 대흥사에 서산대사와 유정, 처영대사를 모시는 표충사가 건립됐다. 1794년에 대흥사에 서산대사의 진영이 봉안되자, 정조는 친히 지은 〈서산대사화상당명〉과 그 서문을 써서 대흥사에 내려 보냈다.

꽃, 구름무늬 채화가 그려진 담황색 비단에 내용이 적혀있고, 끝부분에는 정조의 친필임을 상징하는 '홍재(弘齋)'라는 도장

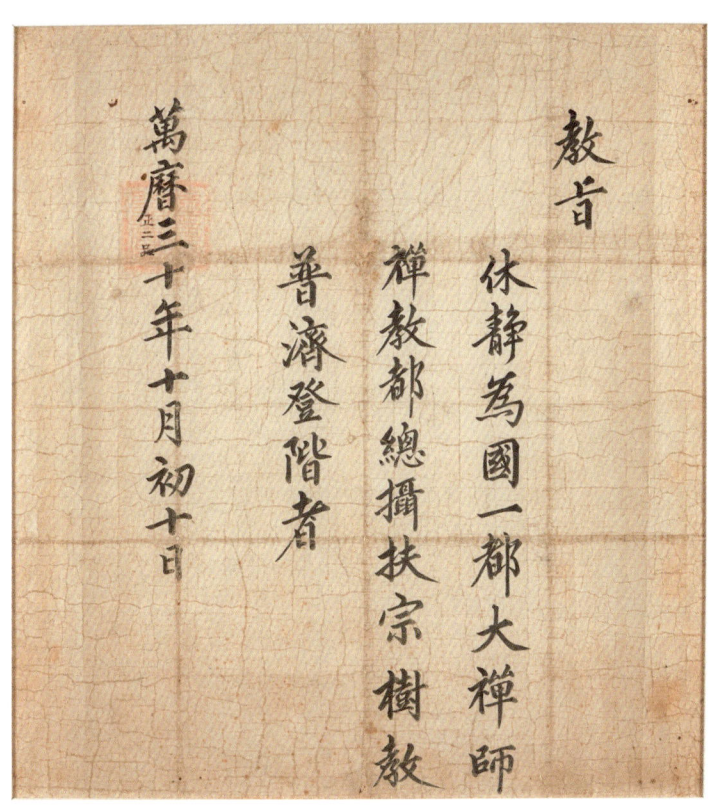

선조대왕 하사 교지(敎旨) | 보물
(1602년)

이 찍혀 있다. 서산대사의 충절을 기리는 글을 담고 있다.

내용 가운데 "서쪽과 남쪽의 신하들이 선사의 초상화를 모신 영당에 편액을 청하기에, 나는 남쪽에는 '표충(表忠)'이라는 편액을, 서쪽에는 '수충(酬忠)'이라는 편액을 내려주고 관리에게 제수(祭需)를 갖추어 해마다 세사 드리라고 명하였다."는 구절이 있다. 이에 따라 두륜산 대흥사에는 표충사를, 묘향산에는 수충사를 세워 대사의 구국활동을 기렸음을 알 수 있다.

조선시대 불교는 억불정책으로 어두웠으며, 이에 겹친 임진왜란의 피해는 중생들에게 상상하기 어려울 정도로 참혹했을 것이다. 서산대사가 호국 의병장으로 스님들의 의승활동을 격려하고 이끈 것은 불교와 중생들의 안위를 위한 자비심의 발로였다. 더욱이 서산대사는 선교통합을 통해 불교의 분열을 극복하고, 시대의 어려움을 극복하여 큰 법맥이 유지되도록 했다.

서산대사화상당명병서(西山大師畫像堂銘幷序) | 보물 (1794년)

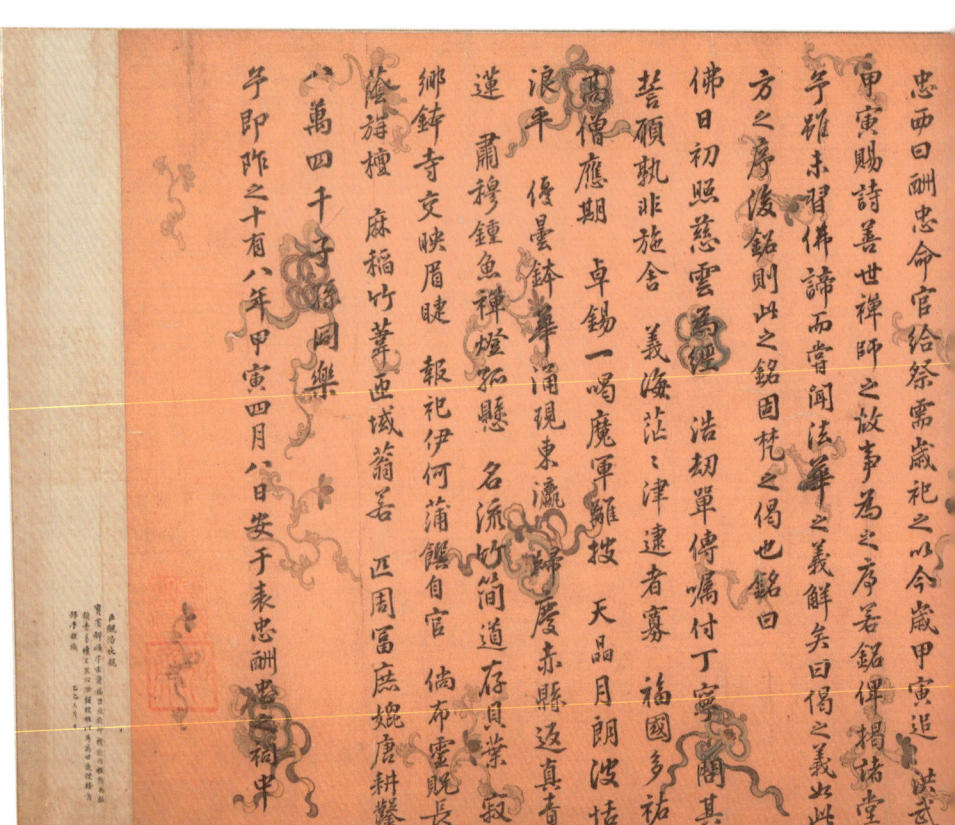

이 시기 서산대사의 역사의 발자취를 생생하게 볼 수 있는 것이 대흥사 성보박물관에 소장되어 있는 서산대사의 유품과 유물들이다. 서산대사의 금란가사와 발우를 친견하고, 일지암과 북미륵암을 참배하면서 두륜산 숲길에서 우리를 괴롭히는 어려움을 잘 극복하는 지혜를 찾길 바란다.

49 화성 용주사 불설대보부모은중경판

불교 효행문화의 진수 알리는 세상에서 가장 아름다운 경전

화성 용주사 불설대보부모은중경판 | 보물
현재 목판 42판, 동판 7판, 석판 24판 등 모두 73판이 남아있다. 목판 42매는 각각 한문판 11매, 한글판 25매, 변상도 6매로 양면으로 양각되어 있으며, 석판 24매 역시 한문판, 한글판으로 나뉘고, 동판은 변상도 7판이 단면에 양각되어 있다. (1796년, 목판)

요즈음은 사찰에 가면 성보박물관을 종종 볼 수 있다. 수많은 사찰의 성보문화재는 신앙의 힘과 원력, 뛰어난 장인이라는 삼 박자가 잘 맞아 조성된 것이다. 사찰에 봉안된 성보문화재는 당연히 예경의 대상으로 불전에 모시지만, 도난과 화재 등에서

불설대보부모은중경 석판

불설대보부모은중경 동판

보호하기 위한 대안으로 박물관이 설립되었다. 현재 박물관에 소장된 성보문화재는 다른 사찰과 구별되는 독창성이 있어 그 안을 자세히 살펴보면 사찰의 역사적 문화적 특성이 뚜렷하다.

서울에서 1시간 거리 정도 지척에 위치한 화산 용주사에서도 성보박물관을 만날 수 있다. 용주사는 우리가 쉽게 가 볼 수 있는 정겨운 사찰로, 융건릉에서 병점 방향으로 가다보면 왼쪽이 넓게 트이면서 용주사가 반긴다.
과거 정조는 이 길을 가기 위해 한강에 배다리를 설치하고 길 위의 백성들을 만나면서 아버지 사도세자를 만나러 먼 길을 떠났었다.
용주사 일주문을 들어가 경내에 들어서면 왼쪽에 용주사효행박물관이 있다. 효행이란 종교와 이념을 넘어서는 인간의 소중한 가치이다. 효행박물관이라는 박물관 명칭이 따뜻하게 다가온다.
용주사 효행박물관의 대표적 문화재는 과연 이름에 걸맞게 〈불설대보부모은중경판(佛說大報父母恩重經版)〉이다. 이 경판은 부처님께서 설하신 부모님 은혜의 귀중함과 그 은혜를 어떻게 보답할 것인가를 새긴 것이다. 이 경판이 용주사에서 만들어진 배경에는 조선의 성군 정조대왕이 있다.

정조의 효심 가득한 용주사

조선시대의 중흥을 이끌었던 대표적인 군주로 영조와 정조를 꼽는다. 정조의 할아버지인 영조는 탕평책을 실시하여 관리를 골고루 등용하는 등 사회적 · 정치적으로 큰 업적을 남겼다. 특히 83세까지 천수를 다한 조선에서 가장 장수한 왕이며, 52년 동안 왕위를 누린 인물이다.

그러나 나이 들어 어렵게 얻은 아들인 사도세자를 뒤주에 가두어 죽인 비정한 아버지이기도 하다.

사도세자 죽음의 배경에 대해 당파 싸움에 희생되었다는 설과 영조가 보기 드물게 장수하여 그 정적이 바로 그 아들이 된 것이라는 설 등 분분하지만 모두 영화의 소재가 될 만큼 드라마틱한 내용이다. 결국 손자인 정조가 왕위를 계승하였고, 사회개혁을 이루어 내어 역사의 진전된 발전을 이루어낸 현명한 왕이 되었다.

특히 정조시대는 문화의 르네상스시대라 일컬을 정도로 문화의 부흥을 일으켰는데, 이는 본인의 문화적 소양에 기인한 바가 큰 것으로 추정된다. 현재 동국대박물관에 소장되어 있는 정조가 그린 파초도에서 그의 예술적 기량을 엿볼 수 있다. 이외에도 여러 저술과 강론을 남겼으며, 그의 기개가 느껴지는 서예도 능했음을 알 수 있다.

정조는 왕이 되자마자 "본인은 장헌세자(莊獻世子: 사도세자 思悼世子, 1735~1762)의 아들이다."라고 천명할 정도로 그의 부친의 삶을 애달파했다. 이에 양주 배봉산에 있던 부친의 묘를 천하제일의 복지(福地)라 하는 이곳 화산(花山)으로 옮겨와 현릉원(뒤에 융릉으로 승격)이라 하였다.

또 현릉원의 능사(陵寺)로 용주사를 중창하고 비명에 숨진 아버지 사도세자의 능을 수호해 명복을 빌게 하였다. 조선시대에는 왕실의 능침사찰은 대부분 운영되는 사찰 가운데 정하는 것이 일반적인 것에 비해 용주사는 왕실에서 주도하여 세운 특이한 경우이다.

정조는 용주사의 설립계획을 치밀하게 구상해서 빠르게 실행에 옮겼다. 1790년 2월에 용주사의 입지를 선정한 것을 시작으로 그해 9월에 대웅전에 불상을 점안하여 마무리 하였다. 용주사 건립에는 총 216일 밖에 소요되지 않았다. 그야말로 총력을 기울였음을 알 수 있다. 이때 정조의 측근이자 수족들이 총동원 되었는데, 채제공(蔡濟恭, 1720~1799)과 김홍도(金弘道)는 우리에게 널리 알려져 친숙한 인물이다.

정조는 직접 '용주사'라는 사명(寺名)을 지었다. 〈정조실록〉에 실린 부친인 장헌세자의 꿈에 용이 구슬을 안고 들어오는 태몽을 꾸고 정조가 태어났다는 기사와 〈화산용주사상량문〉에 "아 대궐의 임금이 처음으로 사찰의 이름을 내리신 것은 평상시 부처의 덕을 갚고자 한 까닭이다."라는 부분에서 그 사연을 알 수 있다. 오늘날 세계의 유례없는 효행본찰(孝行本刹)이라는 이름으로 용주사를 부르는 것은 바로 이러한 이유이다.

부모의 은혜를 경판에 새기다

사람들은 보통 불교에서 효는 중요한 덕목이 아니라고 오해하고 있다. 그러나 인도 초기 경전에서부터 석가여래 스스로가 효행을 실천한 인연 설화를 서술하고 있다.

불교에서 효는 현세의 부모 봉양에 안주하지 않고, 윤회 속 괴

로움을 종식시켜 해탈로 지향한다는 점이 효행을 구현하는 가장 큰 특징이다.

〈부모은중경〉은 내용이 길지 않으나 누구라도 쉽게 이해할 수 있도록 간략하게 구성되어 있는 완성도가 높은 경전이다. 정조는 보경당 사일스님에게 〈부모은중경〉에 대한 설법을 듣고 섣달그믐과 단옷날에 〈부모은중경〉 게송을 인쇄하여 배포하도록 하였다.

정조는 1796년 목판과 동판의 간행을 완성하였고, 이후에도 영구히 후세에 전하고자 돌에 새겨 용주사에 내려 주었다. 석판은 경문을 반전하지 않고 글자 그대로 새긴 석경(石經)인 것이다. 용주사본은 당대 최고 기량을 갖춘 자비대령화원에 의해서 밑그림이 그려졌으므로, 주도한 인물은 김홍도일 가능성이 매우 높다.

용주사 〈부모은중경〉은 서분(序分), 정종분(正宗分), 유통분(流通分)으로 구성되어 있다. 정종분은 본문 격으로 석가모니 부처님이 고골(枯骨)에게 예배하고 이가 곧 전생의 부모일지 모른다고 설명하는 여래정례도(如來頂禮圖)를 시작으로 한다. 이어 임신에서 양육까지의 은혜를 10폭으로 그린 것을 다음과 같이 담았다.

① 회탐수호은(懷耽守護恩)은 임신을 하여 몸가짐을 조심하는 은혜

② 임산수고은(臨産受苦恩)은 해산에 임박하여 고통을 이기시는 은혜

③ 생자망우은(生子忘憂恩)은 자식을 낳고 근심을 잊는 은혜

④ 연고토감은(咽苦吐甘恩)은 쓴 것을 삼키고 단 것을 뱉어 먹여 키우시는 은혜

⑤ 회건취습은(回乾就濕恩)은 진자리 마른자리를 가려 누이는 은혜

⑥ 포유양육은(哺乳養育恩)은 젖을 먹여서 기르는 은혜

⑦ 세탁부정은(洗濁不淨恩)은 손발이 닳도록 깨끗하게 씻어주신 은혜

⑧ 원행억념은(遠行憶念恩)은 부모의 곁을 떠날 때 걱정하시는 은혜

⑨ 위조악업은(爲造惡業恩)은 자식을 위해 악업으로 나아가시는 은혜

⑩ 구경연민은(究竟憐愍恩)은 자식을 평생 애처롭게 여기고 걱정하시는 은혜

다음은 불효의 죄를 구체적으로 설명한 지수제건(指數諸愆)과 부모의 은혜가 막중함을 비유하여 설명한 원유팔종(援喩八種)의 내용이다. 용주사판은 원유팔종 가운데 주요수미(周遶須彌周) 장면만 변상으로 새겼다. 수미산을 백 번 천 번 돌너라도 부모의 깊은 은혜를 다 갚지 못한다는 내용이다.

마지막 장은 부모의 은혜를 갚기 위한 방법을 제시한 것이다. 계발참회(啓發懺悔)는 사경·독송하며 삼보를 공양하는 것을 설하고 있다. 아비타고(阿鼻墮苦)는 불효를 행하면 아비무간지옥(阿鼻無間地獄)에 떨어진다는 과보를 설하고 있다. 상계쾌락(上界快樂)은 이 경전을 조성하면 은혜를 갚는 것이 되어 부모가 하늘에 태어나게 된다고 설하고 있다. 상계쾌락도를 새긴 것은 용주사판이 유일하다.

유통분은 설법을 들은 대중들이 부처님의 가르침을 받들겠다는 맹세와 부처님이 경전의 이름을 '대보부모은중경'으로 정한다는 내용이다. 이 경전은 부모에게 보은하는 방법으로 〈부모은중경〉의 간행과 배포가 중요함을 설하였다.
오늘날 용주사 간행의 〈부모은중경〉은 많은 사람들이 세상에서 가장 아름다운 경전으로 칭송하고 있다

용주사의 부모은중경판은 불심에 담긴 효심을 되새기게 하는 문화재이다. "부모의 은혜에 고마움을 느끼는 것은 자기의 중심을 세우는 것으로, 어려운 세상을 헤쳐 나가는데 버팀목이 된다."는 어느 스님의 법문을 들었던 것이 생각난다. 효행의 길은 쉽지 않고 멀기만 하다. 힘든 세상살이를 헤쳐오신 모든 부모님들이 늘 건강하시기를 기원한다.

주요수미(周遶須彌周) 장면 변상

50 화성 용주사 삼장보살도

사도세자 극락왕생 발원 수륙재 때 걸었던 불화

화성 용주사 삼장보살도 | 경기도 유형문화재

정조가 화성 용주사를 완성하고 거행했던 수륙재에 걸었던 불화이다. 화면 상단 중앙에 천장보살, 향하여 왼쪽에 지장보살, 향하여 오른쪽에 지지보살이 배치되어 있다. 삼장보살의 옷에 그려진 화려한 문양과 금니의 사용 등에서 왕실 발원 불화의 특징을 볼 수 있다. (가로319.5×세로174.5cm, 비단 채색, 1790년)

경기 화성 용주사는 조선 후기에 새로운 문화의 부흥을 일으킨 정조(1752~1800)가 아버지 사도세자(1735~1762)의 명복을 빌기 위해 건립한 사찰이다. 정조는 1789년 사도세자의 능을 화성으로 옮기고, 1790년에 능침사찰로 용주사를 창건했다. 용주사는 조선 왕실에서 직접 창건한 유례없는 사찰로, 사찰의 구조와 봉안된 성보문화재는 당대 왕실 문화를 그대로 반영했다는 특색이 있다.

용주사 삼장보살도(1790년 조성, 경기도 유형문화재)는 정조가 용주사를 완성하고 거행하였던 수륙재(水陸齋)에 걸었던 불화이다.
수륙재란 물과 육지에 떠도는 외로운 영혼을 구제하기 위해 불법(佛法)을 설하고 음식을 베푸는 의식이다. 수륙재는 중국 남북조 시기 양나라 무제(武帝)에 의해 시작되었다고 한다. 우리나라에서는 고려시대부터 왕실의 천도재, 가뭄과 기근 소멸 등을 기원하기 위해 거행됐다.

971년 고려 광종 22년에 갈양사(葛陽寺)에서 수륙재가 개최됐다는 기록이 있다. 혜거국사의 건의로 개최됐는데, 광종은 갈양사에 많은 재화와 땅을 지급하여 혜거국사가 지속적으로 도량을 베풀어 국가를 위한 추복을 이어나갈 수 있도록 하였다고 한다.
갈양사는 용주사의 전신으로 알려져 있다. 1917년 이능화가 지은 〈조선불교총보(朝鮮佛敎總報)〉에 실린 혜거국사비(惠居國師碑) 내용에 의하면, 갈양사는 854년(문성왕16)에 염거국사(廉巨國師(?~844)가 창건하였으며, 970년(광종21)에 혜거국사(惠居國師, 899~974)가 중건했던 사찰이다. 이 비는 남아있지 않으며, 현재의 용주사와 갈양사의 관계, 혜거국사비의 설립연대에 대해서는 학자들 간의 여러 이견들이 있으므로 앞으로 연구할 과제이다.

용주사 대웅전 내부 모습

'금불' 봉안하며 무차대회 개최

현재의 용주사 모습은 1790년 정조 때 완성됐다. 정조는 용주사를 완성하고, 마지막으로 1790년 9월 금불(金佛)을 봉안하면서 무차대회(無遮大會)를 개최했다. 이 무차대회는 망자의 천도를 주된 목적으로 하는 수륙재라 할 수 있다. '금불'은 대웅보전에 봉안된 '목조삼세불상'이다. 중앙의 석가모니불과 향우측의 약사불, 향좌측의 아미타불로 구성되어 있다.

용주사에서 무차대회가 개최된 날은 '목조삼세불상'이 봉안되는 1790년 9월 30일이다. 이때 용주사에서 성대하게 치러진 무차대회 모습은 이덕무(李德懋)의 〈청장관전서(靑莊館全書)〉에 잘 나타나 있다. 용주사를 창건한 후 정조를 비롯한 문무백관 등이 사찰에 가서 금불이 완성된 날 무차대회를 열었으며, 이 때 채제공(蔡濟恭, 1720~1799)이 지은 '화산용주사상량문(花山龍珠寺上樑文)'을 읽었다.

고려와 조선 전기까지 왕실에서 거행하는 국행 수륙재가 크게 유행했지만, 조선 후기에는 왕실 수륙재는 중지되고, 사찰과 개인이 개최하는 수륙재가 시행됐다. 용주사 수륙재는 왕실에서 직접 건립한 용주사에서, 왕실에서 거행하는 수륙재가 개최된 것으로 그 의의가 더욱 크다.

천상 · 지상 · 지하의 여러 신중 묘사

이 때 무차대회 의식을 거행하기 위한 불화로 '삼장보살도'와 '감로도'가 조성됐다. 따라서 '삼장보살도'와 '감로도'는 1790년 용주사 무차대회의 성격과 모습을 잘 보여주는 불화이다. 무차대회를 지낼 때 단을 차리고 불화를 봉안했다면, 대웅보전 내 후불벽을 상단으로 하고 중단에는 '삼장보살도', 하단에는 '감로도'를 걸고 의식을 거행했거나 대웅보전 밖에 괘불도를 걸고 좌우에는 '삼장보살도'와 '감로도'를 걸고 의식을 했을지도 모른다.

'용주사 삼장보살도'는 1790년 조성된 불화로, 화기에 의하면 황덕순과 윤흥신이 감독했다고 하는데, 두 사람 모두 정조의 명을 받들어 용주사 불사에 관여했던 주요 인물들이다.
가로 324cm, 세로 188cm의 가로로 긴 화폭에 삼장보살과 33명의 권속들을 함께 그린 불화이다. '삼장보살도'의 주인공은 제목에서 알 수 있듯이 천상세계의 교주인 천장보살(天藏菩薩), 지상세계의 교주 지지보살(持地菩薩), 명부세계의 교주인 지장보살(地藏菩薩)이다.

수륙재를 행할 때는 먼저 도량을 청정하게 한 후에 불교의 여러 신중들을 모신다. 천상과 지상, 그리고 지하 불교의 모든 신중들을 불러 모시고, 공양을 드린 후에야 불교의 삼보를 청하여 공양하는 의식을 행하는데 이를 상징하는 것이 바로 '삼장보살도'이다.
이 불화의 구성은 화면 중앙에는 천장보살이, 향우측에는 지지보살이, 향좌측에는 지장보살이 배치되어 있다. 이 세 보살은 니뭇결 문양이 있는 긴 대좌 위에 나란히 앉아있으며, 각 보살 주변으로는 관련 여러 신중들이 함께 그려져 있다.
천장보살은 높고 화려한 보관을 쓰고, 두 손으로 경책을 들고 있다. 천장보살의 협시로는 소매가 넓은 옷을 입은 천신의 모습으로 두 보살이 양쪽에 서 있다. 협시보살은 앞을 보고 있으며, 보살의 양쪽 옆에는 2위의 천녀가 과일, 책, 정병 등이 놓인 접시를 들고 몸을 틀어 협시보살을 향해 서 있다. 천장보살의 대좌 위 좌우에는 하얀 부채를 든 선인과 영지 등 풀이 담긴 바구니를 든 선인, 어깨에 나뭇잎을 두른 선인, 복숭아를 든 여러 선인들이 둘러싸고 있다.

지지보살은 천장보살과 마찬가지로 보관을 쓴 모습이다. 오른손은 가슴 부근으로 들어 올리고, 왼손에는 경책을 들고 있다. 협시로는 용관(龍冠)을 쓰고 두 손으로 칼을 잡은 용왕(향우측)과 두 손에 긴 칼을 잡고 있는 용왕(향좌측)이 앞을 향해 서 있다. 협시로 신장상 중에서 용왕을 채택하여 부각시켰다. 지지보살 옆에는 무기를 들거나 합장한 호법신들이 배치됐다.

두건을 쓴 지장보살은 오른손은 가슴 위로 들어 손가락을 맞대고, 왼손은 가부좌한 오른발 위에 올렸다. 협시로는 도명존자(道明尊者)와 무독귀왕(無毒鬼王)이 합장하고 서 있으며, 좌우로 10위의 시왕과 판관 등이 지장보살을 둘러싸고 서 있다.

당대 최고 화원·화승들이 조성

용주사 창건 시 조성된 불화들은 당대 최고의 화원과 화승들이 참여했는데, '삼장보살도'도 마찬가지이다. 민관(旻官)이 수화승이였으며, 돈평(頓平)·학인(覺仁)·처성(處性)스님 등이 함께 조성했다. 민관스님은 경기 지역에서 활약한 화승으로,

용주사 불사 때 '삼장보살도' 뿐 아니라 용주사 대웅전의 단청 도편수(都片手)로도 참여했다. 1794~1796년에는 화성성역(華城城役)에서 참여하는 등 국가에서 장인으로 인정받았던 인물이다.

이 불화는 밝은 다홍색과 짙은 녹색과 황토색 등을 적절하게 배열하였고, 화면을 크게 상단과 하단으로 나누었다. 상단의 세 보살은 좌상이지만 늘씬한 모습이며, 하단에 서 있는 협시와 주변 인물들은 얼굴에 비하여 신체가 유난히 짧은 모습이다.
그러나 협시들은 정면을, 그 주변 인물은 보살을 향하게 하여 화면의 지루함을 덜어주도록 표현하는 등 적절한 배치가 돋보인다. 삼장보살의 옷에 그려진 화려한 문양과 금니의 사용 등에서 왕실 발원 불화의 특징을 잘 보여주고 있다.
18세기 궁중 회화의 책가도(冊架圖)나 도석인물화(道釋人物畫)에 보이는 인물들이 '삼장보살도'에 등장하고 있어 눈길을 끈다. 이와 같은 궁중 회화의 모티프를 불화에서 수용한 것은 수화승 민관스님이 경기 지역 출신의 역량 있는 작가라는 점과 연관되어 보인다.

'삼장보살도'는 한동안 명맥이 끊겼던 왕실에서 거행했던 수륙재에 사용했던 불화라는데 더욱 그 가치가 크다. 용주사에서 사도세자의 극락왕생을 기원하며 성대하게 치러졌던 수륙재가 하루속히 복원되길 기대해 본다. 다시 열릴 수륙재에 새로운 기원과 바람을 담아보고 싶다.